EUROPA BAUEN

Herausgegeben von
Jacques Le Goff

MICHEL MOLLAT DU JOURDIN

Europa und das Meer

BÜCHERGILDE GUTENBERG

Aus dem Französischen übersetzt von Ursula Scholz
Titel der französischen Originalausgabe L'Europe et la mer

Mit 18 Karten und 2 Abb.

Lizenzausgabe für die Büchergilde Gutenberg.
Frankfurt am Main, Wien,
mit freundlicher Genehmigung der
C. H. Beck'schen Verlagsbuchhandlung (Oscar Beck), München

Satz: Fotosatz Janß, Pfungstadt
Druck- und Bindearbeiten: Franz Spiegel Buch GmbH, Ulm-Jungingen
Gedruckt auf alterungsbeständigem (säurefreiem) Papier,
gemäß der ANSI-Norm für Bibliotheken
Printed in Germany

ISBN 3 7632 4176 0

Europa bauen

Europa wird gebaut. Getragen von großen Hoffnungen. Doch erfüllen werden sie sich nur, wenn sie der Geschichte Rechnung tragen. Ein geschichtsloses Europa wäre ohne Herkunft und ohne Zukunft. Denn das Heute entstammt dem Gestern, und das Morgen entsteht aus dem Vergangenen. Dieses Vergangene soll die Gegenwart jedoch nicht lähmen, sondern sie befähigen, bei allem Bewahren eine andere und im Fortschritt eine neue Gestalt zu gewinnen. Unser zwischen Atlantik, Asien und Afrika gelegenes Europa besteht ja schon seit sehr langer Zeit, so wie die Geographie es gezeichnet, die Geschichte es modelliert hat, seit die Griechen ihm diesen Namen gaben, der stets beibehalten wurde. Auf dieses Erbgut, das seit der Antike, ja seit prähistorischer Zeit dieses Europa befähigt hat, gerade wegen seiner Einheit und Vielfalt einen solchen Reichtum an Kulturgut, eine solch außergewöhnliche Kreativität zu entfalten, muß sich die Zukunft stützen.

Die aus der Initiative von fünf Verlegern unterschiedlicher Sprache und Nationalität entstandene Reihe «Europa bauen» will die Gestaltung Europas und seine nicht zu unterschätzenden Erfolgschancen erhellen, ohne die überkommenen Schwierigkeiten zu vertuschen. Daß dieser Kontinent in seinem Streben nach Einheit so manch internen Zwist, so manchen Konflikt, so manches Trennende und Widersprüchliche erst überwinden mußte, soll in dieser Reihe nicht verschwiegen werden, denn wer sich auf das Unternehmen Europa einlassen will, muß die gesamte Vergangenheit kennen und eine Zukunftsperspektive besitzen. Daraus erklärt sich der «aktive» Titel unserer Reihe. Es scheint uns in der Tat nicht an der Zeit, eine Universalgeschichte Europas zusammenzufügen. Wir wollen das Thema mit Essays umkreisen, die von den besten zeitgenössischen Historikern stammen, wobei es für uns unerheblich ist, ob sie Europäer oder Nicht-Europäer, ob sie schon berühmte oder noch kaum bekannte Autoren sind. Sie werden die entscheidenden Themen europäischer Geschichte aufgreifen – im wirtschaftlichen, politischen, sozialen, religiösen, kulturellen Bereich – und sich dabei auf die lange, von Herodot begründete historiographische Tradition und zugleich auf die in Europa entwickelten neuen Konzeptionen stützen, die die Geschichtswissenschaft im zwanzigsten Jahrhundert und insbesondere in den letzten Jahrzehnten von Grund auf erneuert haben. Durch ihr Bemühen um Klarheit sind all diese Essays für jedermann verständlich.

Wir setzen unseren ganzen Ehrgeiz darein, all denen, die am Aufbau und Ausbau Europa beteiligt sind, aber auch jenen in der Welt, die sich dafür interessieren, Bausteine zur Beantwortung der fundamentalen Frage «Wer sind wir? Woher kommen wir? Wohin gehen wir?» zu liefern.

Jacques Le Goff

Inhalt

Zweiter Teil
Europa und das Meer in der menschlichen Gesellschaft

Anhang

Einleitung

Welche Rolle spielte das Meer im Abenteuer Europa, welche spielt es darin in Gegenwart und Zukunft? Europa ist ein Kontinent, dessen Bewohner das Meer zumeist kaum oder überhaupt nicht kannten, bis Surfbretter und Wettfahrten über den Ozean in Mode kamen. Und doch umspülen Meere diesen Kontinent. Als Barrieren der Angst oder Gestade der Hoffnung sahen die europäischen Meere Waren, Ideen und Menschen kommen und gehen. Die Geschichtswissenschaft richtete ihre Aufmerksamkeit immer schon auf die Beziehungen zwischen dem Zentrum Europas und seiner Peripherie, die größtenteils aus Küsten großer Meere besteht. Im Süden das Mittelmeer mit seinen antiken Kulturen, an dessen Horizonten sich die griechische und die arabische Welt abzeichnen, sowie der Nahe Osten und Nordafrika, der Islam und das Erdöl. Im Norden die Welt der Wikinger und der Sagas, mit Hering, Lachs und Wal, die Welt des Nordpols und des Nordseeöls. Im Westen die – heute beträchtlich verminderte – Weite des Atlantiks mit Amerika und Afrika am Horizont und dem Zugang zu dem einst sagenumwobenen West- und Ostindien, zu den Ländern mit Menschen schwarzer, roter und brauner Hautfarbe – eine weite, bis zum Ende des Mittelalters unbekannte und nur vage erahnte Welt, die aber in der Folgezeit für Europa lebenswichtig wurde. Meere isolieren und verbinden zugleich; trotz des Flugzeugs waren und sind sie immer noch eine der wichtigsten Grundbedingungen der europäischen Geschichte – Hindernis und Chance zugleich. Im Rahmen dieser Reihe erschien es daher unumgänglich, den historischen Beziehungen zwischen Europa und dem Meer einen eigenen Band zu widmen. Je weiter man zurückschaut, um so umfassender werden allerdings die Untersuchungsgegenstände. Ginge man sehr weit in die Vergangenheit zurück, träfe man auf ein Erdzeitalter, in welchem die Meere und der europäische Kontinent eng miteinander verflochten waren. Hier soll jedoch die historische Zeit untersucht werden, in der Menschen sich an

den Küsten niederließen, ihr Leben organisierten, um den Besitz der Gewässer und die Ausbeutung ihrer Ressourcen untereinander rivalisierten und kämpften, bestenfalls miteinander wetteiferten. Alle Europäer nahmen auf ihre Weise die Weite, die Farben und die Stimme des Meeres wahr, bis es sie schließlich verlockte, seine Horizonte zu erkunden und sie zu überschreiten.

Europa, eine kleine Halbinsel

Die Vorstellung der Europäer von ihrem Teil der Welt veränderte sich im Laufe der Zeit. Zunächst gruppierten sie das Universum eurozentrisch, rund um ihre kleine Welt und ihre Kultur, ganz so wie die Chinesen ihr Reich als Weltenmitte verstanden. Auch die gesamte Erdkarte zeichneten sie von Europa aus, überzeugt von ihrer eigenen Überlegenheit. Nun sind geographische Karten zwar Ausdruck der jeweiligen Kultur, was

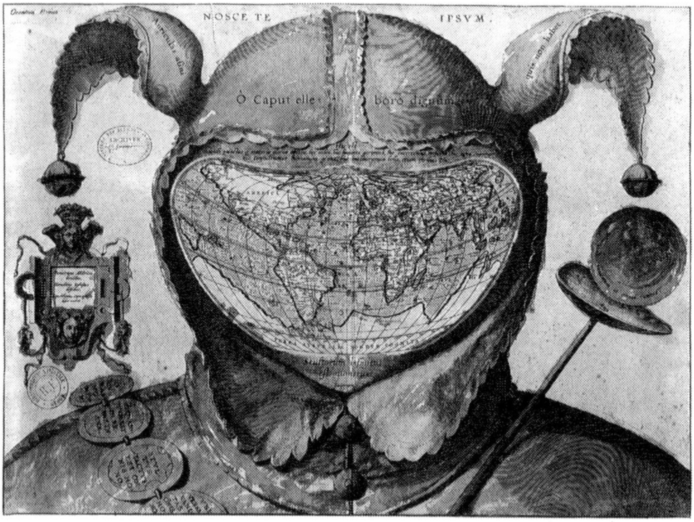

Die Welt in einer Narrenkappe (vermutlich von Oronce Finé). Aquarellierter Stich; Bibliothèque nationale Paris, Cartes et plans, Réserve Ge D 7895.

jedoch nicht besagt, daß das Bemühen um die Genauigkeit der Proportionen nicht mit einem gewissen Humor verbunden sein kann.

Einige Beispiele solchen Humors stimmen recht nachdenklich: Um 1337 verbüßte Opicinus de Canistris, eine Art Illuminat mit genialen Zügen, in Avignon eine Gefängnisstrafe wegen seiner Irrlehren; unter anderem hatte er sich als den Antichrist bezeichnet. Er nutzte die Zeit, um eine eigenartige anthropomorphe, reich kommentierte Karte zu zeichnen: An der Meerenge von Gibraltar sehen zwei Menschen einander an, eine Frau mit langen Haaren und ein Mann mit semitischer Nase, der einen Burnus trägt: Eva (Europa) und Adam (Afrika) im Augenblick des Sündenfalls. Die Meerenge, als Quelle alles Bösen dargestellt, drückt die Angst vor dem Ozean aus; das Mittelmeer (Diabolicum mare) umschlingt wie eine teuflische Krake mit ihren Fangarmen die europäischen Halbinseln.

Das Ganze ist mit kritischen und ironischen Kommentaren übersät.

Ein weiteres Beispiel aus dem Jahre 1536 wird Oronce Finé, einem großen Gelehrten der Renaissance, zugeschrieben. In eine Narrenkappe mit all ihren Attributen projiziert er mit wissenschaftlicher Genauigkeit an der Stelle des Gesichts eine Weltkarte mit den Umrissen einer Herzform, in der die bescheidenen Ausmaße Europas so recht deutlich werden. Kommentare variieren mehrfach das Bibelzitat «Vanitas vanitatum et omnia vanitas» – Eitelkeit der Eitelkeiten, und alles ist Eitelkeit, in der Zeit der großen Entdeckungen eine wagemutige Verspottung des europäischen Anspruchs auf Weltherrschaft.

Ein drittes Beispiel, eine satirische Karte Europas aus dem Jahre 1870, illustriert die europäischen Rivalitäten. Die Staaten Europas werden als Personen oder Tiere karikiert, welche die verschiedenen Temperamente und Ambitionen oder die Spannungen untereinander darstellen, wodurch die innere Zerrissenheit Europas auf drastische Weise verdeutlicht wird.

Man muß die Reihe der Beispiele nicht fortsetzen, um verständlich zu machen, daß die Zeit zwar die politischen Macht-

Europa im Jahre 1870;
Karikatur von Hadol. Bibliothèque nationale, Paris.

verhältnisse in Europa, aber weder die Präsenz noch die fundamentale Bedeutung der Meere verändert hat. Diese erscheinen vielmehr als unveränderliche Komponenten der europäischen Identität, deren Beständigkeit Vergangenheit und Gegenwart mitprägt. Als Element der langen Dauer veränderte sich die Einwirkung der Meere dennoch, und sie wird sich auch weiterhin verändern gemäß den Wechselfällen der Geschichte, deren Wellen, so beständig sie als solche auch sein mögen, sich unaufhörlich verändern wie die Wellen des Meeres.

Erster Teil

Europa und das Meer: Der Raum und seine Geschichte

Erstes Kapitel

Wie ein Puzzle

Urzeit und Legende

Die Bindungen Europas an das Meer gehen auf mythische Urzeiten zurück. Die Meeresnymphe, die dem Kontinent seinen Namen gab, wurde am Gestade des Mittelmeers geboren. Als sie gerade am Strand Blumen pflückte, entführte sie Zeus, dessen Bruder Poseidon das Meer beherrschte, auf dem Rücken eines Stieres, dessen Gestalt er angenommen hatte, über das Meer. Mythos und Legende müssen nicht unbedingt im Widerspruch zu Geographie und Geschichte stehen. Herodot räumt ein, er wisse nicht, wie der westliche Kontinent seinen Namen erhalten habe. Die von Ovid überlieferte Sage griff Dante auf und tradierte sie der Neuzeit. Minos, der aus der Verbindung zwischen Europa und Zeus hervorgegangene Sohn, der Herrscher über Kreta und die angrenzenden Gewässer, konnte nicht verhindern, daß Ikarus, der Sohn des Dädalus, durch die Lüfte aus dem Labyrinth entfloh. Vielleicht erblickte Ikarus, bevor er sich wie ein Schmetterling die Flügel an der Sonnenglut verbrannte, in der Ferne schon das Panorama «des Peloponnes und der von den Fluten umspülten Inseln», die ein Hymnus an Apoll aus dem 8. Jahrhundert v. Chr. bereits Europa zuordnet, womit der Dichter die Länder des westlichen Mittelmeerraumes bezeichnet. Der auf diese Weise auf den Bereich der Geographie übertragene Begriff wurde später vom Teil auf das Ganze ausgedehnt und entspricht in dieser Definition dem Bild, das wir heute von einem Satelliten empfangen, nämlich den Teilen eines Puzzles, dessen Einzelteile Vorstellungskraft und Beobachtungsgabe im Laufe der Jahrhunderte emsig zusammenfügten. Horaz, der den Mythos in einer seiner Oden (III, 27) verarbeitete, läßt Venus der am Meeresstrand weinenden Nymphe tröstend sagen: «Lerne so zu leben, wie es deiner hohen Stellung würdig ist. Die Hälfte der Welt wird dir ihren Namen verdanken.»

Enge Verbindung mit dem Meer

Wie auch immer man die Erde darstellt, auf einer Karte oder einem Globus, welche kartographische Projektionsweise oder welche photographische Perspektive man auch wählt, in jedem Falle belegen die Umrisse Europas dessen innige Verbindung mit den Weltmeeren: Der Kontinent erscheint als kleine, sogar sehr kleine Halbinsel, die in die anbrandenden Meere hinausragt. Während er im Osten fest mit der asiatischen Landmasse verbunden ist, fasert er im Westen in feine Gliederungen aus und zerbricht im Süden wie im Norden in Inseln.

Wo aber endet Asien, wo beginnt Europa? Während die Geographen diese Frage nur zögernd beantworten, bieten die Historiker immerhin Hypothesen an. Herodot bezeichnet ohne nähere Begründung als Grenze den Fluß Tanais, den Don, eine Ansicht, die das Mittelalter, getreu seinen «Autoritäten» folgend, übernahm, wie z. B. im 13. Jahrhundert der flämische Franziskaner Wilhelm von Ruysbroeck, der schon vor Marco Polo bis zu den Mongolen vorgedrungen war. Später entschieden sich andere für die Wolga; für General de Gaulle endete Europa am Ural. Die Geographen bleiben in dieser Frage ungenauer und konkreter zugleich. Sie sehen den Hauptunterschied zwischen Europa und Asien im Grade der kontinentalen Prägung. Damit bestätigen sie ungewollt die Ansicht, die Paul Claudel aus dem fernen Orient übernahm: «Der Okzident schaut zum Meer und der Orient zum Gebirge» *(L'oiseau noir dans le Soleil Levant)*.

Der Kontrast ist eindeutig: Kein Westeuropäer muß mehr als 350 Kilometer zurücklegen, wenn er im Meer baden will. Für den Mitteleuropäer verdoppelt sich die Entfernung; für einen Bauern der russischen Ebene beträgt sie 11 000 Kilometer. Die Nomaden Zentralasiens jedoch bekamen das Meer nie zu Gesicht, obwohl sie endlos lange Strecken in Steppen und Wüsten zurücklegten, was nicht verwundert, wenn man das Verhältnis der Kontinentalfläche zur Länge der Küste betrachtet; in Europa sind es 4 Kilometer, in Asien nur 1,7 Kilometer Küste pro 1000 Quadratkilometer Landfläche.

Das Klima

Keine europäische Region ist so trocken wie die wadiartigen Becken Zentralasiens, deren spärliche Flüsse nirgends in ein Meer münden und oft im Sand versiegen. Selbst die ungarische Puszta bot den wandernden Reitervölkern dank der Donau bessere Lebensbedingungen als diese unendlichen Steppen. Im Mittelmeerraum verhindern Küstengebirge das Vordringen der subtropischen Wärme und behindern andererseits den Abfluß von Wasserläufen, sieht man vom Po, der Rhone und dem Ebro ab. Dagegen kommen westlich dieser Gebirge der Atlantik und seine Ausläufer zur Geltung, tragen Wind, Regenfälle und vom Regen angeschwollene Flüsse die feuchten Niederschläge des Atlantiks bis zu den Hängen des Alpenbogens. So atmen die nach Nordwesten offenen Ebenen Europas den Hauch des Atlantiks, ganz im Gegensatz zu den Regionen des Mittleren und Pazifischen Westens Amerikas, die durch die Rocky Mountains von den milden Klimaeinflüssen des Pazifiks abgeschnitten und nur am Unterlauf des Mississippi von der Luftfeuchtigkeit des Golfs von Mexiko erreicht werden. In Europa dagegen sind nur wenige Regionen der belebenden Wirkung des Jods und des Meersalzes entzogen.

Schließlich erleichtern die europäischen Flüsse die Verbindung der Küste mit dem Hinterland. Obwohl sie in der Länge weder mit dem Amazonas noch mit den chinesischen Flüssen vergleichbar sind, ermöglichen sie doch die Schiffahrt bis ins Innere des Kontinents, die Donau bis Budapest und Wien, der Rhein bis Straßburg.

Zweifellos könnten weitere Beispiele die starke maritime Prägung Europas bestätigen. Am wichtigsten erscheint jedoch die Frage, wo Europa beginnt. Offensichtlich trennen weder Gebirge noch Flüsse noch politische Grenzen den Kontinent von Asien, sondern die Zone, in der vom Osten oder Westen aus Verbindungen durch Handelswege oder Flüsse geknüpft wurden zwischen den beiden östlichen Seegebieten Europas, der Ostsee und dem Schwarzen Meer, dem Finnischen Meerbusen und der Krim bzw. im Mittelalter zwischen Nowgorod und Caffa, dem heutigen Feodossja. Diese beiden Binnenmeere bilden die Brennpunkte, von denen aus sich die Einwirkung des

Meeres durch Land- und Meerengen, von Insel zu Insel, über die Golfe zu den Halbinseln fortsetzte.

Der Atlantik und seine Randgebiete

Der zweifellos eindrucksvollste Zug am Luftbild Europas ist die gegenseitige Durchdringung, um nicht zu sagen Verschlingung von Land und Meer. Diese enge Verbundenheit entstand aus den Auffaltungsbewegungen der Gebirge und dem unterschiedlichen Vordringen der Eiszeitgletscher. Der Atlantik umspült Europa in einer Weise, welche die der Antike und dem Mittelalter geläufige Vorstellung verständlich macht, daß die Erde eine vom Ozean umgebene Scheibe sei. Von der Barentssee, seinem arktischen Ausläufer, erstreckt er sich ohne Unterbrechung bis in die subtropische Zone vor Gibraltar, zum «atlantischen Mittelmeer», wie Fernand Braudel formulierte. Diese enorme Wassermasse ist jedoch nicht einheitlich; unterschiedliche Sektoren besitzen einen jeweils eigenen Charakter, grenzen sich voneinander ab und kommunizieren untereinander mehr oder weniger intensiv. Der Golf von Biskaya, dann die See zwischen der Bretagne und Cornwall einerseits und Irland andererseits locken die Küstenbewohner auf die Hochsee, kanalartige Verengungen dagegen lenken ihre Fahrt nach Norden. Die Irische See, die an ihrer engsten Stelle 23 Kilometer mißt, öffnet sich nach Nordosten zwischen Schottland und Island zum Europäischen Nordmeer. Der Ärmelkanal, der an seiner engsten Stelle zwischen Dover und Calais 34 Kilometer breit ist, verdient seinen Namen, weil er zur Nordsee führt, die als Vorzimmer der Ostsee, als nördliches Mittelmeer eine ähnliche Funktion ausübt wie das oben erwähnte atlantische Mittelmeer. In diesen Ausläufern des Atlantiks übernehmen Inseln, deren Kontinentalsockel ihre Zugehörigkeit zu Europa beweist, die Rolle der Vorhut. Dies gilt für Großbritannien und Irland wie für die zugehörigen Inselgruppen (die Insel Man, die Shetland-Inseln, die Orkney-Inseln, die Hebriden und weiter nördlich im arktischen Bereich die Lofoten und Spitzbergen), ebenso für Island und sogar ganz im Süden für die Azoren.

Die Pforten der Binnenmeere: Der Sund und die Straße von Gibraltar

Die Ostsee und das Mittelmeer, zwei Binnenmeere, zwischen denen es ebenso viele Unterschiede wie Ähnlichkeiten gibt, umschließen das Herz Kontinentaleuropas. Natürlich läßt sich das viereckige Massiv der Iberischen Halbinsel nicht mit der feingliedrigen Silhouette Jütlands vergleichen. Und während seit dem Hochmittelalter die friesischen Seeleute an der engsten Stelle der dänischen Halbinsel ihre Fracht umladen mußten, um sie auf dem Landwege von der Nordsee zur Ostsee zu transportieren, wurde die aquitanische Landenge, soweit sie diesen Namen überhaupt verdient, erst im 17. Jahrhundert durch den Canal du Midi durchbrochen, der aber «ein nicht eingelöstes Versprechen» (Ph. Wolff) darstellt. Die Zugänge zu den beiden europäischen Binnenmeeren waren vielfältigen natürlichen, wirtschaftlichen und geostrategischen Wechselfällen unterworfen.

Die Bedeutung und die Rolle der dänischen Meerengen und der Straße von Gibraltar erkennt man, wenn man sie durchfährt oder überfliegt. Vergleichbarkeiten und Unterschiede fallen sofort ins Auge. Für den Reisenden, der von Westen her kommt, verengt sich das Skagerrak zu einem Kanal, bevor es sich im Trichter des Kattegat verliert. Ganz anders die Straße von Gibraltar; sie steht zwischen dem Golf von Cadiz und Marokko weit offen. In beiden Fällen sehr beeindruckend ist dagegen die Einfahrt aus den Meerengen in die Binnenmeere. Wäre im Norden die Fahrrinne nicht von der langen Reihe mit gedrosselter Geschwindigkeit fahrender Schiffe gekennzeichnet, könnte ein unerfahrener Schiffer nur schwer den Weg durch die zahllosen Inseln finden; allein zu Dänemark gehören 474 Inseln, deren größte, die Insel Seeland, den Zugang zur Kögebucht markiert. Und sogar der Kapitän eines Schiffes mit geringem Tiefgang liefe Gefahr, auf eine der Untiefen des Großen oder Kleinen Belts aufzulaufen. Die Fahrt durch den Sund dagegen ist sicher, obwohl dieser teilweise nur acht Meter tief und die Passage zwischen dem südschwedischen Helsingborg und dem dänischen Helsingör nur etwa fünf Kilometer breit ist. Mit Helsingör verbindet wohl jedermann den Namen Hamlet. Zwar muß seit 1857 der 1429 eingerichtete Zoll nicht mehr entrichtet werden, aber es kommt doch Nachdenklichkeit auf in einem Augen-

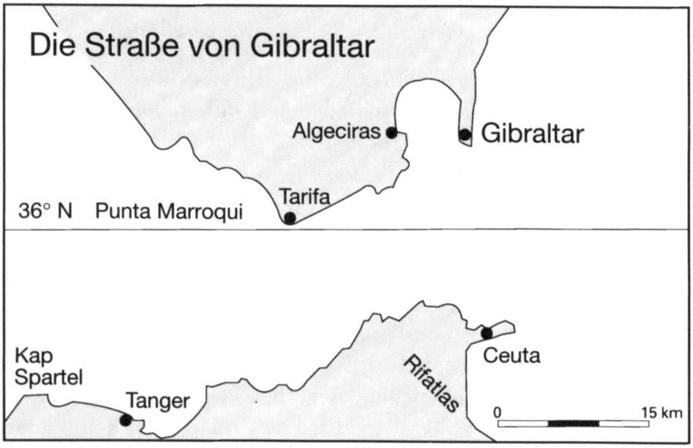

blick, da man in einen neuen Bereich des Meeres vordringt. Natürlich spräche nichts dagegen, die Reise durch den Nord-Ostsee-Kanal abzukürzen, der die Halbinsel Jütland an ihrem Fuße durchbricht, aber der Gewinn an Zeit bringt den Reisenden um das Erlebnis der Passage von der Nord- in die Ostsee.

Beträchtlich unterscheiden sich die eintönigen Strände des Sund von dem großartigen Panorama der Straße von Gibraltar. Die Insel Seeland ist nirgends höher als 172 Meter, kaum höher erhebt sich das südschwedische Schonen; denn die Gletscher des Quartärs haben das Land glattgehobelt und dem Meer zugänglich gemacht. Ganz andere Eindrücke vermittelt die Durchfahrt durch die Straße von Gibraltar: An Backbord gleiten die flachen Strände Andalusiens vorbei, die in der Ferne von kahlen Gebirgszügen beherrscht werden; dann Punta Marroqui mit Tarifa, wo Europa mit nur 7,7 Kilometer Entfernung Marokko am nächsten kommt, bis man schließlich in der herrlichen Bucht von Algeciras den Felsen von Gibraltar erblickt, der abrupt aus dem Meer zu einer Höhe von 425 Metern aufsteigt, eine Art «Sphinx aus Granit, riesig und maßlos» (Théophile Gautier). Ganz im Gegensatz zum flachen Grün der Sundküste ist diese Landschaft von herber Schönheit, und während der Himmel über der Ostsee selbst bei klarem Wetter gedämpft erscheint, strahlt der Mittelmeerhimmel in intensivem Licht.

Noch beeindruckender ist die Sicht vom Flugzeug aus. Es eröffnet sich ein weites Panorama, und ein einziger Blick erfaßt die Konturen der Meerengen. Wenn das Flugzeug auf dem fast amphibisch wirkenden Flughafen von Kopenhagen niedergeht, erscheint die Landschaft verschwommen und unendlich zugleich, die dänischen Inseln, die Meeresarme und das schwedische Flachland bilden ein komplexes und scheinbar grenzenloses Universum. Im Gegensatz dazu präsentiert sich über Gibraltar ein klar umrissenes Panorama in hartem Licht, die andalusische Gebirgskette, der Felsen von Gibraltar, die Ceuta beherrschenden Gipfel und in der Ferne die Kämme des Rifatlas. Die Gegensätze und die Verwandtschaft zwischen der europäischen und der verschwisterten afrikanischen Seite stellen sich in aller Deutlichkeit dar. Allerdings mildert das Meer die harten Linien des Bildes durch den Zauber seiner Farben. In geringer Höhe läßt das nuancenreiche Spektrum der Wasserfärbung im Mittelmeer und im Atlantik zwar nicht die genaue Meerestiefe, aber doch die Tiefenunterschiede und die unterschiedliche Qualität der sich mischenden Wassermassen erkennen. Hier begegnen sich Europa und Afrika, ein Binnenmeer und ein Ozean. Ein Ort, der wie kaum ein anderer geeignet ist, die Bedeutung der See für das Schicksal Europas verständlich zu machen. Die Säulen des Herkules sind nur ein paar Kabellängen von Trafalgar entfernt. Im Norden erinnert das Schloß von Helsingör zwar auch an das «verfaulte Königreich» Shakespeares, aber noch stärker an die Größe der Hanse, die ehrgeizigen Pläne Gustav Adolfs und Peters des Großen und an die deutsch-englische Flottenrivalität. An beiden Orten hat die Geschichte konkrete Symbole erhalten. Denn nicht ohne Grund hat das Königreich Dänemark am Sund einen Zoll eingerichtet, der ein halbes Jahrtausend erhalten blieb, kontrolliert England die Schiffahrt seit fast drei Jahrhunderten von Gibraltar aus.

Rechtfertigen die geographischen Gegebenheiten schon ihrer Konsequenzen wegen einen ausführlichen Vergleich, so verdienen die Schiffahrtsbedingungen wenigstens im Überblick untersucht zu werden. Zunächst die Oberflächenströmungen: In der etwa 32 Seemeilen breiten Straße von Gibraltar fließt das Wasser des Atlantiks von West nach Ost mit einer Geschwindigkeit von zwei bis drei Knoten über einer salzhaltigeren, wärmeren und schwereren Strömung, die in etwa 100 Meter Tiefe in umgekehrter Richtung fließt. Aus dem entgegengesetzten Grund verläuft die Oberflächenströmung in den dänischen Meerengen von Ost nach West. Die Erklärung dieses Phänomens liegt in der Zu- und Abflußbilanz der beiden Meere. Diese fällt für das Mittelmeer negativ aus, weil dort mehr Wasser verdunstet als an Süßwasser zufließt, während die Ostsee reichlich von Flüssen gespeist wird. Die Schiffahrtsbedingungen hängen aber von anderen Faktoren ab. Große Schwierigkeiten bieten die umspringenden Winde. Allerdings leidet die Gibraltarpassage manchmal unter absoluter Windstille im Mittelmeer. Vor Malaga blieben Handelsschiffe manchmal tage- oder wochenlang liegen, im 17. Jahrhundert lagen große Schiffe sogar schon vier Monate lang fest. Gefährlicher aber sind sowohl vor Gibraltar als auch in den dänischen Meerengen die häufig vorkommenden Nebel. Dann droht das Auflaufen auf Untiefen oder die Kollision mit anderen Schiffen. Schwierig, manchmal sogar unmöglich ist die Schiffahrt einige Wochen lang im Winter, und zwar sowohl zwischen Mittelmeer und Atlantik als auch zwischen Ost- und Nordsee. Aber nicht in jedem Jahr kommt es in den dänischen Engen zu Eisgang, und auch dessen Dauer ist recht unterschiedlich. Bei solchen Witterungsbedingungen wird das Sicherheitsproblem angesichts des ständig zunehmenden Schiffsverkehrs immer prekärer. Besonders gefährlich ist die Straße von Dover, ein neuralgischer Punkt der internationalen Seefahrt. Neuere Statistiken schätzen die Zahl der Schiffe, die diese Meerenge von West nach Ost bzw. von Frankreich nach England durchfahren, auf 90000, fast doppelt so viele wie in der Straße von Gibraltar (57000). Dabei sind die naturbedingten Gefahren im Ärmelkanal nicht größer und nicht geringer als anderswo; die Risiken erwachsen aus der Verkehrsdichte, die im Ärmelkanal ähnlich wie an der bretonischen Küste mit dem RAIL-System geregelt werden mußte. Zusätzlich verengen Untiefen bei Calais und Dünkirchen und oft auch die von der Nordsee ausgehenden Sturmwellen die Passage zwischen Dover und dem Kap Gris-Nez, die ohnehin nur knapp 34 Kilometer breit ist. Ein berühmtes Beispiel für diese Gefahren liefert der Untergang der als unbesiegbar geltenden Armada 1588, aber es ließen sich noch viele weitere zitieren, wie etwa die historischen

Katastrophen von 1421 und 1953. Dennoch lohnt sich offensichtlich der Einsatz; denn die Europäer nutzen die Möglichkeiten, die ihnen die Seeverbindungen zwischen Gibraltar und dem Sund, zwischen England und Frankreich bieten, sehr intensiv.

Ihre volle Bedeutung gewinnt eine Meerenge erst, wenn sie sich zur Kreuzung entwickelt. Als Kreuzung kann sie die Funktion eines Scharniers, aber auch eines Riegels entwickeln und so eine ganze Seeroute beherrschen. In diesem Sinne konnte man Dänemarks historische Rolle mit der Bezeichnung «Türhüter der Ostsee» umschreiben. In vergleichbarer Weise entwickelten sich der englische Anspruch auf die Kontrolle über Gibraltar und die wörtlich zu verstehende Schlüsselrolle Konstantinopels am Schwarzen Meer.

Die Halbinseln und die Inseln

Fernand Braudel bezeichnet die mediterranen Halbinseln als die ersten Akteure der Geschichte. Sie bilden die wichtigsten Teile des oben erwähnten Puzzles, in welchem sich die Buchten, die tief eingeschnittenen Golfe und die umliegenden Meere abzeichnen. In nord-südlicher Richtung angeordnet, bieten sie sich nach R. Blanchard als «Landstraßen in Richtung Afrika» an, sie eröffnen Wege nach Übersee, erleichtern aber gleichzeitig das tiefe Eindringen der Schiffahrt ins Herz des europäischen Kontinents. Dies gilt für Italien, das vom Golf von Genua und der Adria umschlossen wird, wo das Meer in die sogenannten *Canali* des dalmatinischen Archipels vordringt.

Die Orientierung von Nord nach Süd ermöglicht vielfach das Eindringen der Schiffahrt, zum Beispiel am Ende des italienischen Stiefels zwischen seinem Fuß und seiner legendären Ferse. Anderswo überwiegen Ausformungen, die eher mit der menschlichen Hand zu vergleichen sind, stark ausgeprägt am Peloponnes, in geringerem Ausmaß in Chalkidike (drei Halbinseln, fünf Golfe), lediglich angedeutet in der Krim. Hinzu kommt ein Gewirr von Inseln verschiedenster Größen, Geschenke an das Meer oder dessen Beute in der Folge von Beben, vulkanischen Ergüssen und manchmal von Uferverschlammung. Im westlichen Mittelmeer treten Inseln noch vereinzelt auf (die Balearen, Korsika, Sardinien, Sizilien); im östlichen Teil dagegen, vor der Adriaküste und im Ägäischen Meer, sind sie kaum noch zu zählen. Die gegenseitige Durchdringung von Land und Meer scheint also im Westen geordneter und rationaler, im Osten phantasievoller.

Die Halbinseln des Atlantiks traten zwar in der Geschichte später auf, sie spielen aber eine ähnliche Rolle, zumal sie ebenfalls vorwiegend in Nord-Süd-Richtung verlaufen. Die von Norden bis Süden durchgehend massive Iberische Halbinsel bestimmt den individuellen Charakter des Mittelmeerraums, die Individualität der Ostsee prägen die Nord-Süd-Ausrichtung Jütlands und die Ausdehnung Skandinaviens über 16 Breitengrade. Diese «Personen» sind nicht einzigartig. Mitten im Ärmelkanal reckt sich das Cotentin einladend – oder auch drohend – gen England. Zur offenen See des Atlantiks hin kennzeichnen die drei keltischen Kaps, Lands End in Cornwall, die bretonischen Ausläufer des französischen Finistère und das Finisterre in Galicien den Endpunkt der Völkerwanderungen in Richtung Westen, zur untergehenden Sonne. Alphonse Dupront hat dies im Zusammenhang mit Santiago de Compostela erkannt und eindrucksvoll beschrieben. Aber umgekehrt signalisieren diese hoch aufragenden Landzungen zusammen mit den vorgelagerten Inseln Sein, Ouessant und Scilly dem vom Westen kommenden Seemann das Herannahen einer Welt, in der das Meer und der Kontinent gemeinsame Sache machen.

Die Regionen des Mittelmeers

Daß die europäischen Meere sehr unterschiedliche Sektoren aufweisen, zeigt sich besonders im Mittelmeer, wo sich als Folge der Bewegungen der Kontinentalplatten deutlich zwei Becken abzeichnen. Sizilien und seine Nachbarinseln, die den Angelpunkt zwischen beiden Becken bilden, ruhen zwischen Trapani und dem Kap Bon auf einem Sockel, der nur 100 Meter unter dem Wasserspiegel liegt, bei Malta sogar nur 20 Meter. Westlich dieser Schwelle beginnt beim Verlassen der Straße von Gibraltar eine besondere Zone mit dem von Braudel so genannten atlantischen Mittelmeer; nördlich daran anschließend erstreckt sich das «Meer der Balearen» bis Korsika mit einer Tiefe von 3420 Metern. Untiefen verbinden Sardinien mit Tunesien und bilden die Grenze zum Tyrrhenischen Meer, das zu den Pontinischen Inseln hin 3730 Meter tief ist. Dazwischen liegen jedoch keine großen Entfernungen; denn von einem Flugzeug aus, das in sehr großer Höhe über den Süden Sardiniens fliegt, kann man zu gleicher Zeit den Golf von Cagliari erkennen, Sizilien erahnen und in der Ferne die vom Herbst an verschneite Gebirgskette Kalabriens verfolgen, die Europa und Afrika zu verbinden scheint.

Schon Aristoteles staunte in seinen *Meteorologica* über die Tiefe des Mittelmeers, deren wahres Ausmaß zu seiner Zeit nicht einmal erahnt wurde. Dabei wußte er noch nichts von den mehr als 4000 Meter tiefen Abgründen südlich des Kap Matapan. Aber wie alle seine Zeitgenossen kannte er die Gefahren der Passage zwischen den beiden Teilen des Mittelmeers. Die Schrecken dieser Route hatte Homer schon beschrieben und Vergil zur Legende erhoben. Uns kann es heute weder erstaunen noch erschrecken, «zwischen Scylla und Charybdis» zu geraten. Die angeblich gezeitenlosen Meere bergen allerdings immer noch einige Überraschungen. Tatsächlich genügt der geringe Tidenhub von 20 bis 40 Zentimetern, der zwischen dem Ionischen und dem Tyrrhenischen Meer im zeitlichen Abstand von sechs Stunden auftritt, um alle sechs Stunden in der weniger als drei Kilometer breiten Straße von Messina die Strömung um fünf Knoten zu beschleunigen. Das Aufeinandertreffen dieser Strömung mit den Gegenströmungen vom Ufer aus erzeugt die gefährlichen Wirbelströme über den Felsen der Scylla nördlich von Messina. Obwohl solche Phänomene auch in anderen Weltgegenden auftreten, bezeugt die von der antiken Kultur überlieferte und die gesamte Literaturgeschichte hindurch bewahrte Erinnerung an die dort lauernden Gefahren das ganze Gewicht der Beziehungen der europäischen Völker zum Meer.

Im übrigen befinden wir uns hier im Meeresgebiet der antiken Götter und Helden. Platon bemerkte: «Wir sitzen um das Mittelmeer wie Frösche um einen Teich.» Ein hartes Wort; begnügten sich die Zeitgenossen des Philosophen doch keineswegs damit, am Ufer herumzuquaken. Die Adria, die im Mittelalter nicht ohne Grund Golf von Venedig genannt wurde, bildet sowohl einen Golf als auch einen Meeresarm, mehr aber noch einen 460 Meilen langen Meereskanal, der bis zum Fuß des

Alpenbogens führt, ganz in die Nähe der Gebirgspforten Zentraleuropas. Recht deutlich unterscheidet sich das mit Ausnahme von Ancona recht ungastliche adriatische Westufer vom Ostufer, wo das Meer hinter zahlreichen wie zu einem Festungswall aufgereihten Inseln manchmal tief ins Innere der dinarischen Alpen vordringt, wie etwa in der Bucht von Kotor. Die zu Unrecht als Kanal bezeichnete Straße von Otranto ist in Wirklichkeit eine nur 40 Meilen breite und 740 Meter tiefe Meerenge; sie beherrscht sowohl den Zugang zur Adria als auch

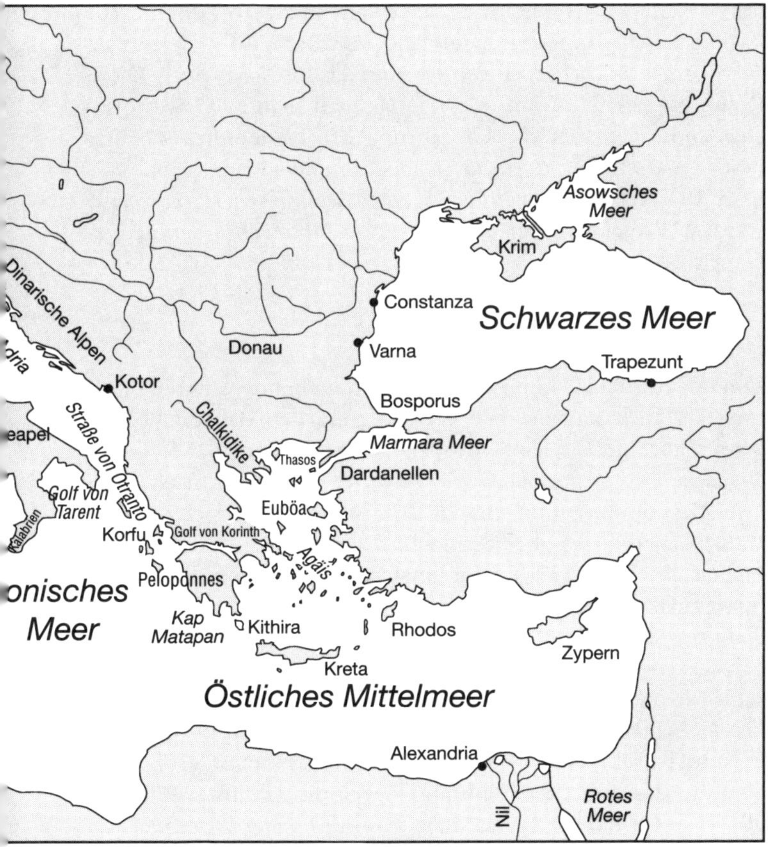

die Seeroute entlang der Küste von Albanien und Griechenland. An der Straße von Otranto, einer echten Kreuzung, stießen Orient und Okzident aufeinander. In diesen Gewässern, an deren Ostufer die Via Aegnatia beginnt, eine antike Straße nach Konstantinopel, entschied sich mehrmals das Schicksal Europas: 31 v. Chr. Actium, 1571 Lepanto, 1827 Navarino. Erneut bestätigte sich dabei die schicksalhafte Bedeutung des Meeres für den gesamten Kontinent.

Wer die Straße von Otranto beherrscht, dem steht der Weg in

das östliche Mittelmeer offen. Der von einer Strömung durchzogene Kanal von Korfu bietet eine geschützte Route, wenn sie auch länger ist als die Fahrt quer über das Ionische Meer. Diese Route ist zweifellos am günstigsten, will man nach Westgriechenland. Wer aber die Umfahrung des Peloponnes scheute, mußte warten, bis 1893 der sechs Kilometer lange Kanal von Korinth zwischen den hohen weißen Kalkfelsen fertiggestellt war, ein Projekt, das im Jahre 67 unter Nero schon einmal geplant worden war.

Die Meerengen

Von der Antike bis in unsere Tage wurde über die sowohl maritime als auch kontinentale Orientierung der Balkanhalbinsel bereits alles gesagt. Aus europäischer Sicht wird der Verkehr, abgesehen vom internen Seeverkehr der Ägäischen Inseln, von zwei Brennpunkten beherrscht. Mit Suez entzieht sich der eine Europa, betrifft es aber dennoch; denn die Beziehungen zum Nahen Orient und über Suez hinaus berühren die europäischen Interessen. Der andere gehört zum europäischen Kontinent; denn mit zwei weiteren Meeren, dem Marmarameer und dem Schwarzen Meer, umfaßt er neuralgische Bereiche der Geschichte, die Dardanellen und den Bosporus, die Meerengen im klassischen Sinne. Die Bündelung aller Seerouten in Richtung Istanbul ist für die gesamte griechische Inselwelt von großer Bedeutung und führt die Schiffahrt durch die zahllosen Windungen ihrer Gestade. Im Jahre 1992 darf ein solcher Überblick die anatolischen Küstengebiete nicht übergehen; zwar gehören sie im geographischen Sinne nicht zu Europa, aber sie sind mit der europäischen Geschichte vielfältig verbunden und gehören heute zu einem Allianzpartner Europas. Ihre Berücksichtigung kann unsere Betrachtung nur bereichern.

Die Meerengen stellen ein politisches und militärisches Problem dar, auf welches wir später noch eingehen werden. Begnügen wir uns hier mit den geographischen Gegebenheiten, soweit sie die Seefahrt betreffen. Alle Schiffe, die nach Istanbul fahren, treffen sich in Tenedos, bevor sie in die Dardanellen einfahren, ob sie aus Alexandria oder Beirut kommen, von Rhodos, Izmir, Thessaloniki oder Athen, durch die Straße von

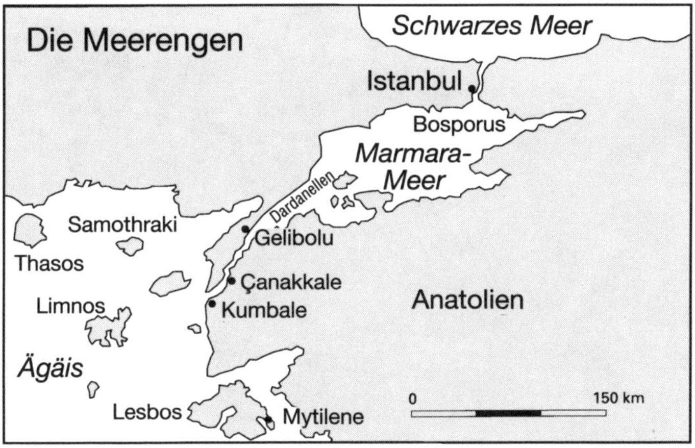

Korinth oder unmittelbar aus den Häfen des westlichen Mittelmeers. Im Osten sammeln sich vor der Einfahrt in den Bosporus die Schiffe aus den europäischen Häfen Warna, Konstanza, Odessa, von der Krim und dem Asowschen Meer und – nicht zu vergessen – aus dem kleinasiatischen Trapezunt. An beiden Enden der Engstellen drängen sich die Schiffe, und allein schon die Vielfalt ihrer Flaggen deutet auf die komplexe Problematik der Meerengen hin.

Vom Ägäischen Meer zu den Dardanellen zu gelangen, ist selbst heute noch schwierig, war aber weit schwieriger zur Zeit der Segelschiffahrt. Im Winter wehen in der Ägäis unbeständige Winde. Die 70 Kilometer lange Durchfahrt durch die Dardanellen birgt allein schon wegen der Enge der Passage zahlreiche Risiken; die Einfahrt ist vier Kilometer breit, die engste Stelle nur noch 1800 Meter. Gefährlich ist es auch, von der Fahrrinne abzukommen, die in Friedenszeiten gekennzeichnet ist (im März 1915 war sie es natürlich nicht!) und deren Strömung die Schiffahrt in Richtung Bosporus behindert, während sie die Fahrt in der entgegengesetzten Richtung beschleunigt. Im Winter bringt ein eisiger Nordwind starke Windböen bis zu 35 oder sogar 50 Knoten, im Sommer dagegen begünstigen regelmäßige Nordwinde die Schiffahrt in der Ägäis.

Ähnlich sind die Verhältnisse im Marmarameer. Schwierig-

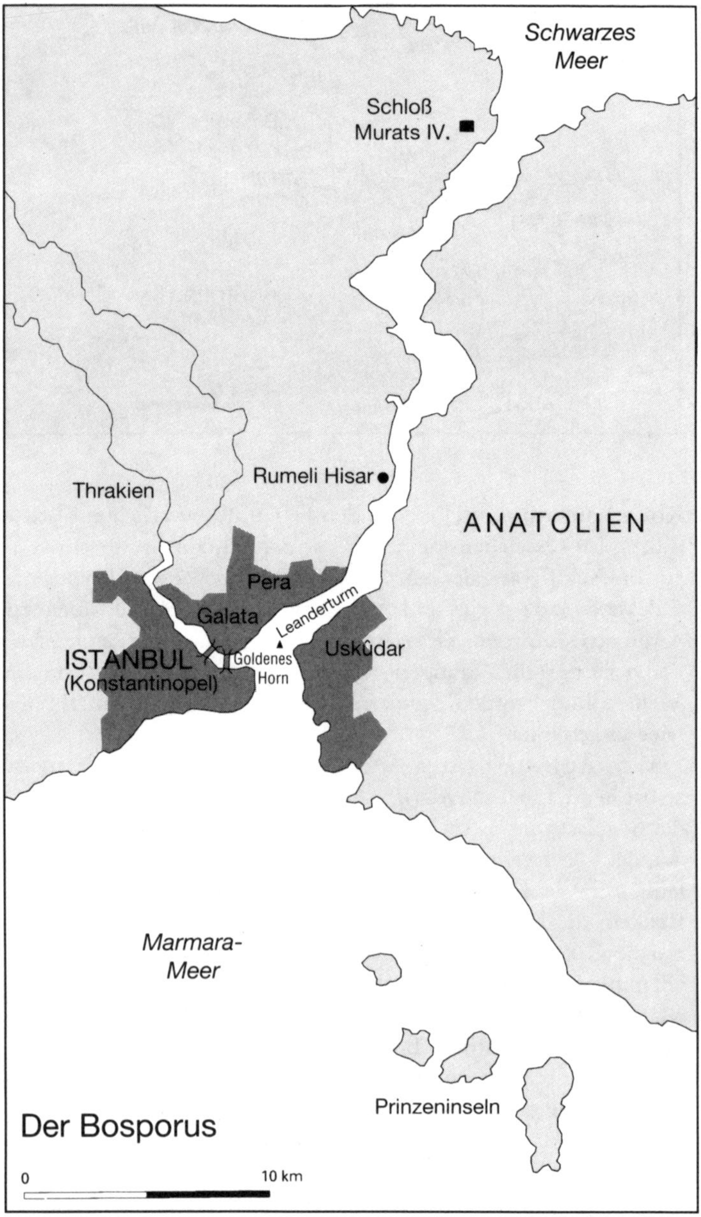
Schwarzes Meer
Schloß Murats IV.
Rumeli Hisar
Thrakien
ANATOLIEN
Pera
Galata
Leanderturm
ISTANBUL (Konstantinopel)
Goldenes Horn
Uskûdar
Marmara-Meer
Prinzeninseln
Der Bosporus
0
10 km

keiten verursachen dort die Oberflächenströmungen, obwohl diese hinter dem Bosporus langsamer werden, und die Küstennebel, die sogar im Sommer die Schiffahrt gefährden können. Außerdem müssen die Navigatoren beachten, daß zwischen den Dardanellen und dem Bosporus die Seezeichen umgekehrt gesetzt sind: In den Dardanellen liegt Europa an Backbord, im Bosporus an Steuerbord; denn das internationale Seerecht behandelt juristisch das Mittelmeer und das Schwarze Meer gleich und verleiht den beiden Ufern Europas und Asiens gleichen Status, da sie fast fünfeinhalb Jahrhunderte lang zum osmanischen Hoheitsgebiet gehörten. Allerdings wird dieses Prinzip durch das internationale Durchfahrtsrecht für alle Nationen eingeschränkt, was ganz besonders für die Anrainerstaaten des Schwarzen Meeres gilt und womit ein weiteres wichtiges Kapitel der Beziehungen zwischen Europa und dem Meer angeschnitten wäre.

Die Ankerplätze des Marmarameeres bieten keine vollständige Sicherheit, so zum Beispiel an der kleinasiatischen Küste vor Dolma Balce, am legendenumwobenen Leanderturm, wo die Anker keinen festen Halt finden; der von Wracks übersäte Meeresgrund bietet eine wahre historische Fundgrube. Es war schon immer günstiger, sich von der Flut mit Hilfe eines Lotsen in das sichere, sieben Kilometer tiefe Goldene Horn tragen zu lassen, dessen ruhige Gewässer an beiden Ufern ausgezeichnete Ankermöglichkeiten bieten. Auch das Goldene Horn garantiert allerdings nicht das ganze Jahr über einen idyllischen Aufenthalt, was schon die antiken Autoren bezeugen. Bereits die Fahrt der Argonauten war keine Luxuskreuzfahrt, und in der modernen Literatur nimmt uns Pierre Loti in *Les Désenchantées* die Illusion vom ewigen Frühling und prophezeit für den Winter einen «düsteren Schlauch, in den sich unter einem bleiernen Himmel alle eisigen Winde Rußlands und alle gefährlichen Strömungen stürzen, welche die beiden Meere miteinander verbinden». In diesem Wirbel von Gegensätzen bietet der Sommer jedoch verführerische Bilder von sonnendurchglühten Meeren. Kaum ein schönerer Anblick ist vorstellbar als das Schauspiel, das sich vom Flugzeug aus an einem strahlenden Spätnachmittag bietet: Der Wind weht von Westen, das Flugzeug hat in den Landeanflug eingeschwenkt, quer zur Mündung des Bosporus ins

Schwarze Meer; die Minarette von Istanbul zeichnen sich auf dem azurblauen Himmel ab, umrahmt vom Marmarameer und den Hügeln Thrakiens. Hier endet Europa mit einem Meerespanorama, das zu den schönsten der Welt zählt.

Endet es hier tatsächlich? Die beiden Ufer des Bosporus gleichen sich wie die Hänge eines Tales, was er ursprünglich auch einmal war. Aber was für ein Tal! 32 Kilometer lange Windungen, die sich in den Fels eingraben und sich zu einer Schlucht von 2,5 Kilometer Breite auf 550 Meter verengen, bevor sie sich bis zu einer Breite von 4,7 Kilometern an der Mündung ins Schwarze Meer öffnen. Der Übergang von Europa zu Asien wäre hier kaum wahrnehmbar ohne die wilde Großartigkeit der Natur und die von Menschen geschaffenen Bauwerke, die mittelalterlichen Festungen und die moderne Brücke zwischen beiden Kontinenten. Vom Schwarzen Meer her bringt eine ungestüme Strömung kaltes, wenig salzhaltiges Wasser: Welch ein Kontrast zu den Dardanellen!

Das Schwarze Meer ist eine Welt für sich. Als östlicher Ausläufer der Europa umgebenden Meere schien es den antiken Autoren sehr fern zu liegen. Ovid versank während seines Exils an der Schwarzmeerküste in Melancholie, Herodot beschreibt düster die Kälte des Pontus. Allerdings werden diese pessimistischen Eindrücke in etwa aufgewogen durch den Enthusiasmus der Soldaten Xenophons beim tröstenden Anblick des ihnen vertrauten Meeres. Die Ausfahrt aus dem Bosporus ins Schwarze Meer erfordert nicht weniger Vorsicht als die Einfahrt, selbst für den Benutzer der modernen *Nautischen Instruktionen*, und die europäischen Küstenbereiche sind abgesehen von den großen Flußmündungen schwierig zu befahren. Die europäischen Meere enden schließlich nordöstlich der Krim in einem Ausläufer, dessen hydrologische Bilanz sehr positiv ausfällt. Das Asowsche Meer, das in reichem Maße vom Don gespeist wird, ist in seiner Mitte weniger als 14,5 Meter tief; seine Verbindung mit dem Schwarzen Meer, die Straße von Kertsch, die auch Kimmerischer Bosporus genannt wird, ist nur ein 130 Meter breites und maximal 7,3 Meter tiefes Rinnsal. Damit endet der lange Meeresgürtel, der von Gibraltar bis zum Fuße des Kaukasus führt.

Die Meere im Norden und Süden Europas

Im Norden wie im Süden ist Europa umgeben von Meeren, die in halbwegs symmetrischen Kreisbögen angeordnet sind. Der Mittelmeerbogen, das Schwarze Meer eingeschlossen, verläuft von 6,5° westlicher bis 41° östlicher Länge und erstreckt sich zwischen 31 und 47° nördlicher Breite bis zum Asowschen Meer. Der baltische Bogen steigt auf bis 54° nördlicher Breite in die Nähe des Polarkreises und umfaßt 19 Längengrade, von 11 bis 30° östlicher Länge. Schon im 11. Jahrhundert erklärte Adam von Bremen, der Verfasser einer Chronik der Erzbischöfe seiner Stadt, die allgemein verbreitete Bezeichnung Baltisches Meer damit, daß die Ostsee die Form eines Ringgrabens habe *(in modum baltei)*. Seiner Meinung nach geht der Name etymologisch auf das Wort *belt* zurück. Vor seiner Zeit hielten Einhard, der Ratgeber Karls des Großen, und Pytheas von Marseille die Ostsee für eine tief eingeschnittene Bucht des Atlantiks. Eine vergleichbare Bezeichnung für das Mittelmeer existiert nicht. Immerhin beinhaltet der römische Name *Mare nostrum* zwar nicht die Bedeutung von Binnenmeer, aber er bringt doch zum Ausdruck, daß es sich um ein Meer innerhalb eines politischen Universums handelt, das zunächst auf Europa ausgerichtet war und schließlich auch Nordafrika umfaßte.

Der kleinere baltische Bereich bildet eine rein europäische Welt. Im Sund könnte der Reisende geneigt sein, Helsingör mit Gibraltar, die Ostseeinseln mit den Mittelmeerinseln zu vergleichen. Bornholm, Öland und vor allem Gotland mit dem historischen Hafen Visby könnten an Malta und Zypern erinnern, und die finnischen Inseln sind ebenso zahllos wie die der Ägäis. Die Golfe nehmen manchmal die Ausmaße von Meeresarmen an, wie zum Beispiel der Bottnische Meerbusen hinter den Inseln von Åland. Die Küsten der Ostsee sind weit weniger zerklüftet als die des Mittelmeers, obwohl die Häfen in gewisser Weise an die flachen Mündungsbuchten des Schwarzen Meeres erinnern, die im Winter ebenfalls zufrieren, wenn auch nicht so stark und für kürzere Zeit.

Im Ensemble der europäischen Meere spielen das Schwarze Meer und die Ostsee je nach Sichtweise eine ausgleichende bzw. eine Ausnahmerolle, und zwar auf Grund ihrer eiszeitlichen

Entstehung, ihres Klimas und ihres Wasserhaushalts. Zwar betrifft winterliche Vereisung nur die nördlichen Ränder des Schwarzen Meeres, während der Bottnische Meerbusen jedes Jahr zufriert und das Eis manchmal wie im Jahre 1942 die gesamte Ostsee bedeckt. Gemeinsam ist beiden Meeren aber ein überreicher Süßwasserzufluß, den Jütland bzw. die Türkei wie Barrieren zurückhalten, woraus in beiden Fällen der schwache Salzgehalt und eine defizitäre hydrologische Bilanz resultieren.

Von den hydrologischen Fakten zu den biologischen Bedingungen ist nur ein kleiner Schritt. Der Nordatlantik und die Nordsee verfügen über reichere Fischgründe als der Südatlantik und das Mittelmeer. Das Wachstum des Planktons, das der nordatlantischen Strömung folgt, kann sich dort durch die Überlagerung und Vermischung von Gewässern mit unterschiedlichen Eigenschaften besonders vorteilhaft entwickeln. Reiche Artenvielfalt und die Wanderung der Fischschwärme beleben die Fischerei von den dänischen Meerengen bis zur Irischen See. Im weniger fischreichen Mittelmeer dagegen werden die meisten Fische dort gefangen, wo die Kontinentalplatte weniger tief liegt.

Andere Ressourcen wie etwa Mineralien finden sich in den europäischen Gewässern relativ wenige. In erster Linie wäre das Salz zu erwähnen, das für die Ernährung von Mensch und Tier sowie für die Konservierung von Lebensmitteln unerläßlich ist und von der chemischen Industrie benötigt wird. Da der Salzgehalt der europäischen Meere unterschiedlich ist, Salz aber überall benötigt wird, werden alle Verfahren zu seiner Gewinnung eingesetzt, Verdunstung in der Sommersonne, wo der Salzgehalt sehr hoch ist wie im Mittelmeer und an der Atlantikküste, Erhitzung des Meerwassers an den Nordküsten. Salzgewinnung in allen europäischen Meeren bildet eine wichtige Komponente der Beziehungen zwischen den Europäern und dem Meer. Im Unterschied zum Salz, das seit Menschengedenken gewonnen wird, wurde das Erdöl erst vor einigen Jahrzehnten in den Sedimentschichten der Nordsee zwischen England und Norwegen entdeckt und wird seitdem gefördert.

Mag der Reichtum der europäischen Meere auch ungleichmäßig verteilt sein, so bildet er doch ein gesamteuropäisches Erbgut, dessen Verwertung eine Absprache zwischen den europäischen und nichteuropäischen Nutznießern erfordert.

Die ungleiche Verteilung der Meeresressourcen sowie der Küstenverlauf verweisen auf die naturgegebene Notwendigkeit der gegenseitigen Ergänzung und Solidarität, wie ein Vergleich der Küstenlänge der europäischen Länder deutlich macht. Insgesamt gehören zu Europa fast 68000 Kilometer Küste, hinzu kommen 10000 Kilometer in der russischen Arktis. An erster Stelle steht Norwegen (20000 km), es folgen Griechenland (13 575 km), Schweden (7624 km), Italien (7458 km), Dänemark (7438 km), Frankreich (5400 km) und Spanien und Portugal (4359 km). Bereits aus dieser unvollständigen Aufzählung ergibt sich ein leichtes Übergewicht Nordeuropas. Zur Gesamtlänge trägt die Vielzahl der Halbinseln bei, ganz besonders in Skandinavien, aber das gilt auch für Italien, die Westküste des Balkans und für Griechenland; ferner die oft tiefen Einschnitte in die Felsküsten, besonders am Atlantik, und schließlich die beträchtliche Anzahl von Inseln der unterschiedlichsten Größe, die der Gebirgsauffaltung und der Überformung durch Erosion ihre Entstehung verdanken. Die Form der Küste bestimmte weitgehend die Entstehung und die Entwicklung von Häfen. Und nicht zuletzt übt der Verlauf der Küste einen beträchtlichen Einfluß auf die gegenseitige Durchdringung von Land und See aus sowie auf die Beziehungen zwischen den von der Seefahrt geprägten Gesellschaften und den Bewohnern des Binnenlandes.

Wir stellten oben bereits fest, daß nur wenige Punkte des Kontinents Europa übermäßig weit von einer Küste entfernt sind. Außerdem wurde die natürliche Atlantikverbindung zwischen den beiden großen Seebereichen des Nordens und des Südens ergänzt durch den mit den unterschiedlichsten Schwierigkeiten verbundenen Durchbruch von Landengen. Schon frühzeitig wurden solche Verbindungen unter Ausnutzung natürlicher Gegebenheiten und durch den Bau von Kanälen geplant. Einige bereits in der Antike konzipierte Projekte wie Suez und Korinth bzw. im Mittelalter der Nord-Ostsee-Kanal wurden erst in der Neuzeit realisiert. In Frankreich gibt es zwei schiffbare Verbindungen zwischen den Meeren, die eine in Aquitanien, die andere zwischen der Seinemündung und dem Rhonedelta. Durch Mitteleuropa hindurch verbindet der Rhein-Main-Donau-Kanal die Nordsee mit dem Schwarzen Meer; geplant war sogar eine Autobahn von der Ostsee bis zum Schwarzen Meer. Eine kartographische Erfassung aller durchgeführten oder geplanten Projekte brächte besser als lange Berichte zum Ausdruck, wie groß an sich der in der Realität wenig ausgeprägte Zusammenhang zwischen den zu Europa gehörenden Meeren eigentlich ist. Der Fortschritt der modernen Technologie fußt zum Teil auf älteren Planungen, deren Realisierung allerdings nicht das Hauptanliegen beim Bau des Suezkanals, des Kanals von Korinth und des Nord-Ostsee-Kanals war. Vorgesehen ist auch eine Verbindung zwischen dem Finnischen Meerbusen und dem Schwarzen Meer. Dann wird auch die Schiffahrtsverbindung durch Rußland kein reines Gedankenspiel mehr sein, und die warägischen Schiffer des Hochmittelalters werden als Vorläufer ganz besonderer Art erscheinen.

So zeichnete sich also im Laufe der Jahrhunderte die Silhouette Europas zwischen den Meeren des Nordens und des Südens immer genauer ab, und die sie umgebende Meereswelt wurde immer besser bekannt. Die Ordnung der Teile unseres Puzzles wird schwierig, erscheint aber notwendig. Dies auszusprechen bedeutet kein Plädoyer für irgendeinen europäischen Seeimperialismus. Aber es wäre zu wünschen, daß beim Aufbau des Puzzles die Präsenz und die Ausstrahlung des Meeres weder vergessen noch unterschätzt werden. Man muß allerdings eingestehen, daß die Geschichtswissenschaft dieses Problem bis auf wenige Ausnahmefälle vernachlässigt hat und sich stärker für die Feldarbeit der seßhaften Menschen und die dröhnenden Soldatenstiefel der Eroberer interessierte. Sie richtete ihren Blick vorzugsweise auf das ausgefaserte Festland, wo die Völker herbeiströmten und sich drängten. Die plausibelste der zahlreichen Erklärungen liefert wohl der Hinweis darauf, daß die beiden maritimen Außenseiten Europas sich hartnäckig und über lange Zeit hinweg nicht zur Kenntnis nahmen. Wie alt und wie tief verwurzelt diese gegenseitige Unkenntnis war, belegen die beiden Begriffe Morgenland und Abendland, französisch *Levant* bzw. *Ponant*, Begriffe, die sich in den Sprachen der romanischen Länder Frankreich und Spanien besonders leicht reimen, Länder, die sowohl ans Mittelmeer als auch an den Atlantik grenzen.

Zweites Kapitel

Der Vorsprung des Mittelmeerraumes

Die Veränderung des Weltbildes

Bis ins Hochmittelalter, das heißt bis gegen Ende des 13. Jahrhunderts, nahmen die beiden Meeresregionen Europas nur wenig Notiz voneinander. In nahezu geschlossenen Kreisläufen führten sie ihr Eigenleben, die Seeleute aus unterschiedlichen Sprachbereichen erlebten jeweils andere Bereiche der Welt und wußten nichts voneinander. Vom Meer aus glich das Bild Europas zwar nicht einem zerbrochenen, aber doch einem seit jeher gesprungenen Spiegel.

Europa war eher ein Symbol – wie die Geburt der Seenymphe, die dem Kontinent ihren Namen gab, an den phönikischen Seeufern, bevor sie auf dem Rücken eines geflügelten Stiers nach Kreta davonflog. Ein weiteres Symbol ist das Erwachen des Kontinents zum Seeleben dank der Flotte des Königs Minos, des Sohnes der Europa, der nach Thukydides den Hellenen als Vorbild diente. Die großartige Rolle, die das Mittelmeer dabei seit der Antike für Europa spielte, beschrieben Victor Bérard und Albert Thibaudet. Jacqueline de Romilly griff das Thema im Zusammenhang mit Thukydides erneut auf. Maurice Lombard verdanken wir anregende Hypothesen über die Mittlerfunktion dieses Binnenmeeres. H. Ahrweiler, J. Rougé und M. Reddé veröffentlichten grundlegende Arbeiten über die Mittelmeer-Seefahrt der Antike. Und schließlich hinterließ uns Fernand Braudel seine unübertrefflichen Arbeiten über das Mittelmeer. Wir können uns deshalb damit bescheiden, dieses Meer und seine europäischen Küsten zu betrachten und zu versuchen, einige Elemente der geschichtlichen Beziehung zwischen Europa und dem Mittelmeer herauszuarbeiten.

Die Attraktivität des sonnigen Südens

Seit mehr als tausend Jahren üben die sonnigen Küsten auf die Völker des Nordens eine große Anziehungskraft aus. Die heute üblichen Mittelmeerkreuzfahrten kann man als späte Nachfahren der Seefahrten von Nordeuropäern zu südländischen Gestaden bezeichnen. Einer der zahlreichen Gründe dafür waren die aufeinander folgenden Wellen des Bevölkerungswachstums. Zwar wandten sich nicht alle Hellenen, die in mehreren Wellen nach Süden wanderten, der Seefahrt zu, aber die Piraterie und die Raubzüge der «Meeresvölker» hinterließen doch böse Erinnerungen. Die langen, schmalen und mit einem festen Deck versehenen Schiffe der Mykener waren den bauchigen, schweren Schiffen der Kreter überlegen und ermöglichten eine schnelle Expansion bis ins Tyrrhenische Meer und ins Schwarze Meer. Damit fassen wir den historischen Hintergrund der ersten Epen der europäischen Seefahrtsgeschichte, der Irrfahrt des Odysseus und der Fahrt der Argonauten. Wanderungen von Germanen auf der Suche nach dem Meer besiegelten das Ende des Römischen Reiches. Wie die Franken erreichten zwar nicht alle das Mittelmeer, andere aber ließen sich wie die Goten rund um das westliche Mittelmeer nieder, und den Vandalen gelang es schließlich als dritter Gruppe, sowohl an der europäischen Mittelmeerküste als auch in Nordafrika Fuß zu fassen.

Die Orientierung der Wanderungsbewegung nach Süden, die sicher ebenso stark war wie die in Richtung Westen, erfolgte aus unterschiedlichen Gründen, wurde aber nicht zuletzt gefördert durch die Kunde von den angenehmen Lebensbedingungen in den Mittelmeerländern. Ebenso attraktiv erschien das Schwarze Meer. Erinnern wir uns nur an die Fahrt der Waräger durch die russischen Flüsse bis nach Konstantinopel, wo der Basileus ihre Stoßkraft dadurch brach, daß er aus ihren Reihen eine Garde rekrutierte. Im 9. Jahrhundert suchten auch die Wikinger das westliche Mittelmeer heim. Alle diese Episoden erscheinen aber nur als Vorboten der großen Wanderungen, die erst später, aber aus denselben Motiven einsetzten, ausgelöst durch die Anziehungskraft der besseren Lebensbedingungen und des Reichtums. So zogen die Normannen vom Cotentin, die Kampfgefährten des Tankred von Hauteville und der Brüder Guiscard, nach Süden und gründeten das Königreich Sizilien zur selben Zeit, als ihr Landsmann Wilhelm England eroberte. Als Erben der in Sizilien ansässigen Normannen führten die Hohenstaufen Deutsche, die vom milden Klima des Mittelmeerraums angelockt wurden, bis in den äußersten Süden Italiens. Schon der Name des im 13. Jahrhundert regierenden Kaisers Friedrich II. steht für die Anpassung germanischer Einwanderer an die verführerischen Annehmlichkeiten des Mittelmeerraums. Die meisten Neuankömmlinge waren denn auch keineswegs begierig, in ihre feuchtkalte Heimat zurückzukehren, ganz im Gegenteil; begeistert von der Mittelmeerwelt planten sie, ihre Eroberungen bis jenseits des Meeres in Richtung Byzanz voranzutreiben. Neben der Anziehungskraft des Mittelmeers führten auch die Kreuzzüge des 12. Jahrhunderts zahlreiche Nordeuropäer nach Süden und in einer langen Schiffsreise über das Mittelmeer.

Entstehung und Wachstum der Stadt an den Mittelmeerküsten

Die Siedlungen an den Mittelmeerküsten schufen zahlreiche zukunftsträchtige Kontakte zwischen Europa und dem Mittelmeer. Dort wurden Häfen gebaut, zwischen denen Verbindungen oder Abhängigkeiten entstanden, während sich zur gleichen Zeit das städtische Leben entwickelte. Lassen wir einmal die örtliche und zeitliche Distanz außer acht, und vergleichen wir die Karte der von den griechischen Stadtstaaten aus gegründeten Häfen an der europäischen Mittelmeerküste mit Karten der genuesischen und venezianischen Niederlassungen im 14. Jahrhundert: Archäologische Funde und schriftliche Quellen belegen, daß es sich oft um dieselben Orte handelt; in den neuzeitlichen Städtenamen überlebt manchmal noch die antike Namengebung. Eindeutig ist dies der Fall an den Küsten des Peloponnes, in Korfu und Großgriechenland, in Sizilien, den Inselstützpunkten auf der Route zum Bosporus wie zum Beispiel in Thasos und an den Küsten des Schwarzen Meeres. An der Westküste des Schwarzen Meeres und auf der Krim besetzten Genuesen und Venezianer dieselben Orte wie zuvor die Griechen. Auf dem Wege dorthin lag Byzanz, der Vorläufer Konstantinopels. An der Adria, die lange Zeit wegen der direkten

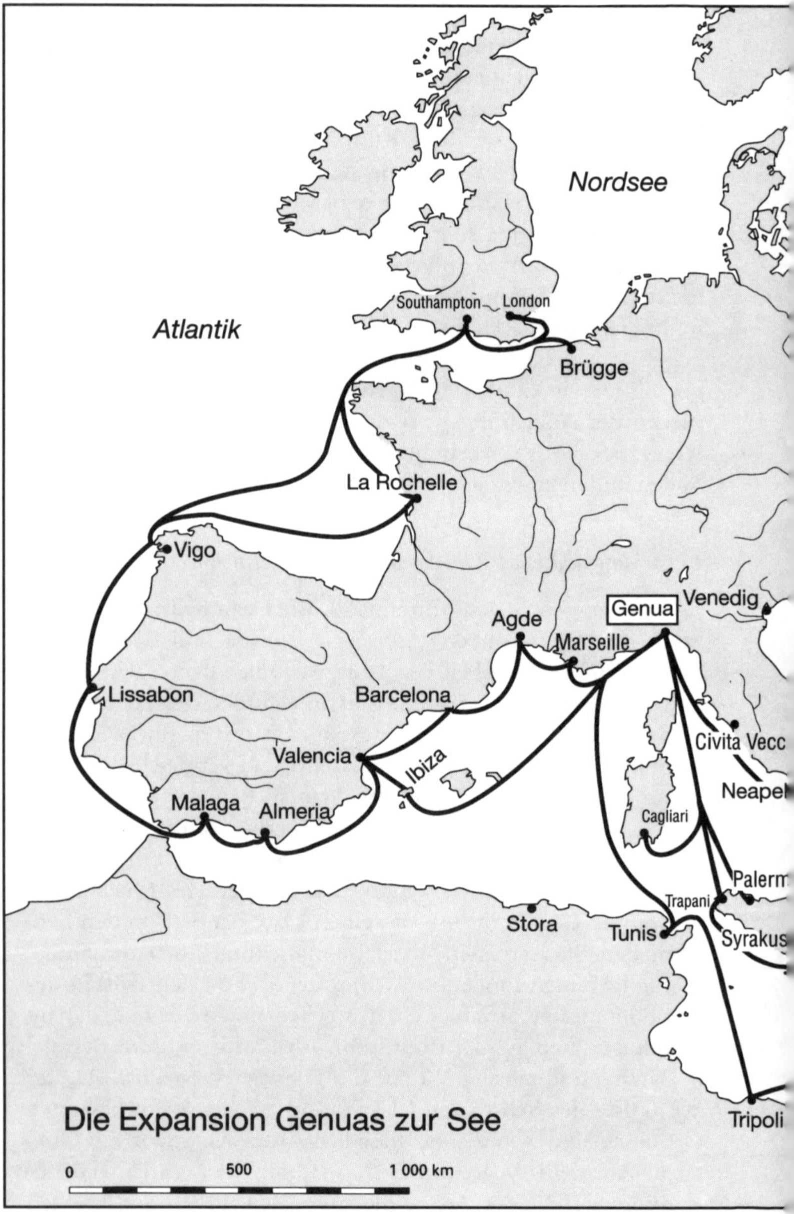

Die Expansion Genuas zur See

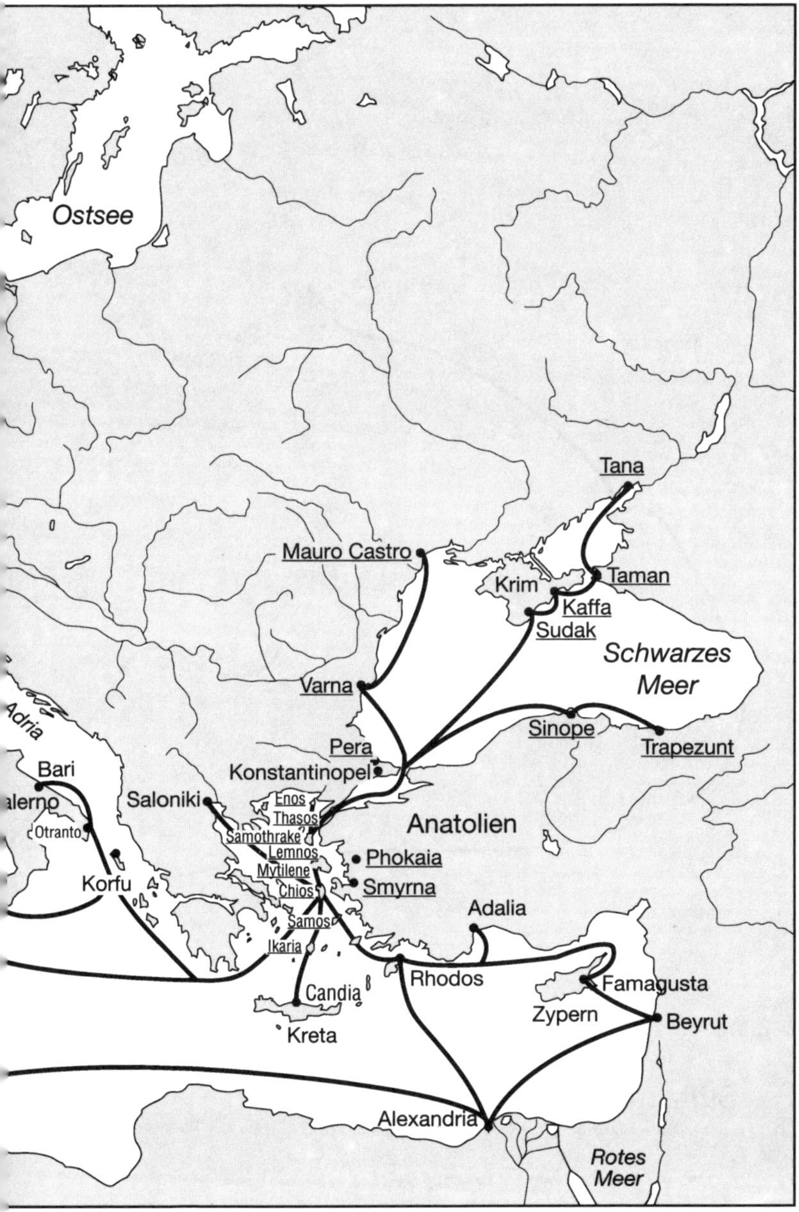
Ostsee
Tana
Mauro Castro
Krim
Taman
Kaffa
Sudak
Schwarzes
Meer
Varna
Sinope
Trapezunt
Pera
Konstantinopel
Adria
Bari
alerno
Otranto
Saloniki
Enos
Thasos
Samothrake
Lemnos
Mytilene
Chios
Samos
Ikaria
Anatolien
Phokaia
Smyrna
Korfu
Adalia
Rhodos
Famagusta
Zypern
Beyrut
Candia
Kreta
Alexandria
Rotes
Meer

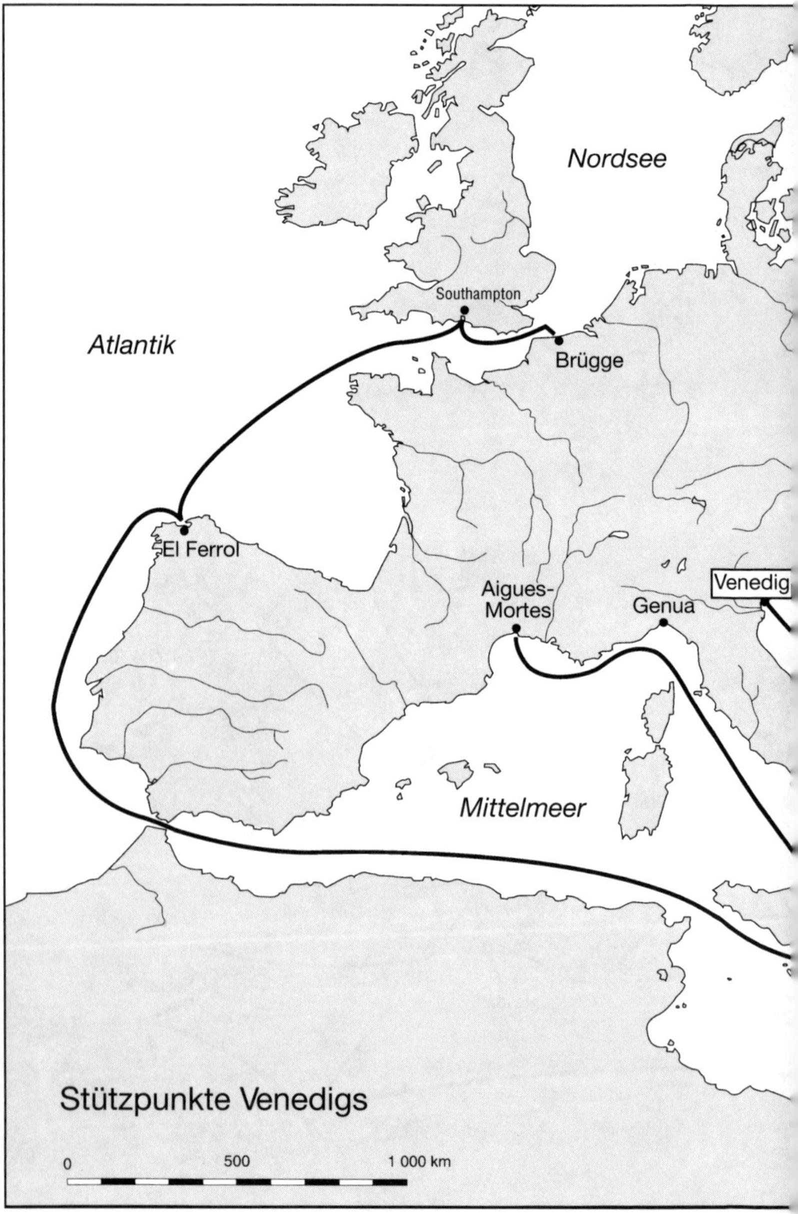
Nordsee
Southampton
Atlantik
Brügge
El Ferrol
Aigues-Mortes
Genua
Venedig
Mittelmeer
Stützpunkte Venedigs
0
500
1 000 km

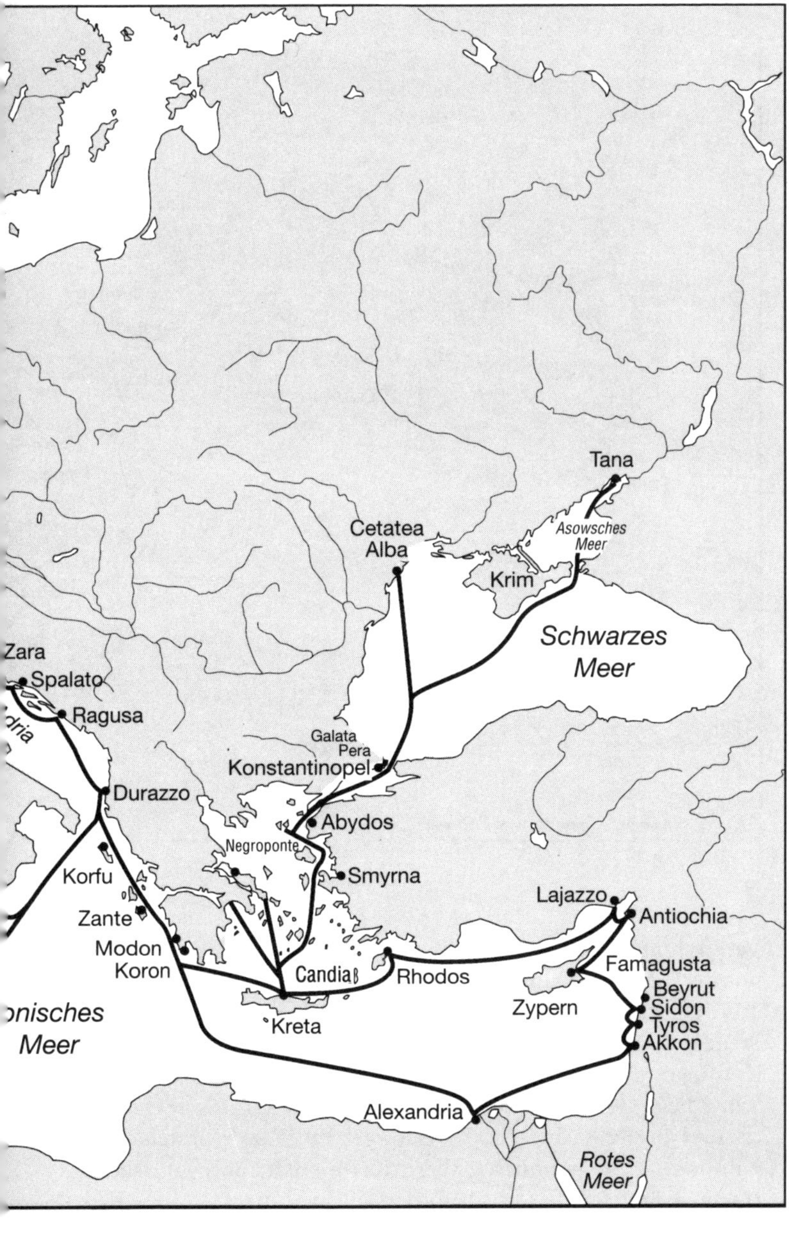
Tana
Asowsches Meer
Cetatea Alba
Krim
Schwarzes Meer
Zara
Spalato
Ragusa
Galata Pera
Konstantinopel
Durazzo
Abydos
Negroponte
Smyrna
Korfu
Lajazzo
Antiochia
Zante
Modon
Koron
Famagusta
Candia
Rhodos
Beyrut
Sidon
Zypern
Tyros
Akkon
onisches Meer
Kreta
Alexandria
Rotes Meer

Verbindung durch die Straße von Otranto weniger beachtet wurde, führte derselbe Vorgang zum Aufstieg von Ragusa, der illyrischen Häfen und später von Aquileja, bevor Venedig an der Stelle gegründet wurde, an der das Meer am weitesten in den Kontinent eindringt, am Ausgang der Alpentäler. In ähnlicher Weise liegt Genua am tiefsten Einschnitt des Ligurischen Meeres und am Fuße aufragender Gebirge. Im Westen besteht eine unmittelbare und unbestreitbare Kontinuität; auf gallischem Boden gründeten die Griechen Marseille und Arles, weitere Ko-

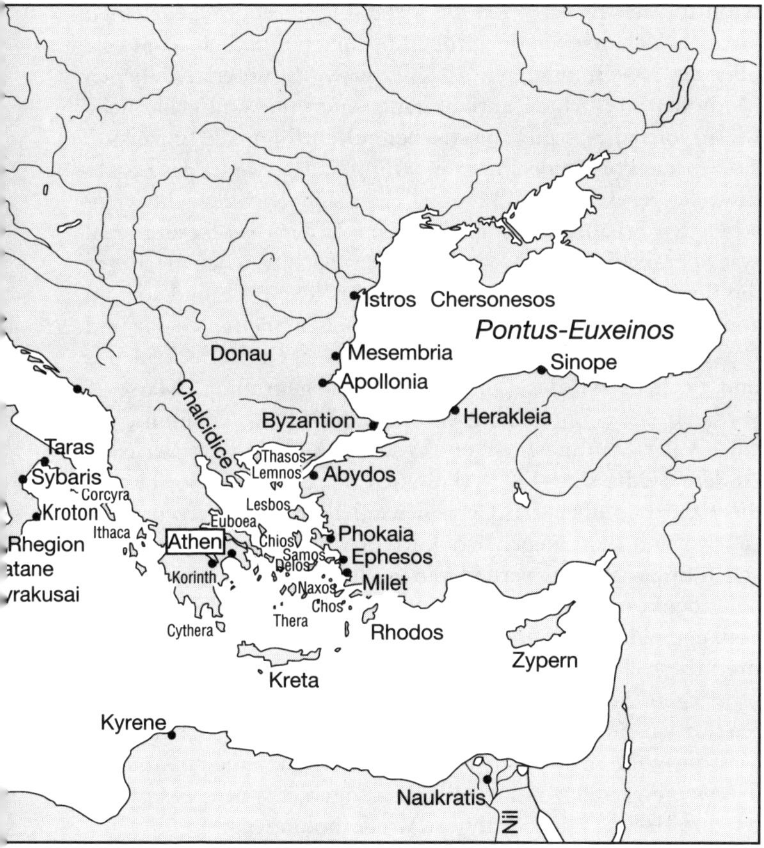

lonien auf der Iberischen Halbinsel, an den Küsten des späteren Katalonien und des spanischen Ostens.

Vom Seehafen zur Seeherrschaft

In der Antike wie im Mittelalter war die Beherrschung der See das natürliche Ziel der Seestädte. Der Begriff Seeherrschaft mit seinen vielfältigen Bedeutungen war ihnen keineswegs fremd; er beinhaltete vor allem die Verfügung über eine Flotte, die sowohl für den Erwerb und die Sicherung eines großangelegten Handels als auch für die Eroberung der politischen Kontrolle über die Seeverbindungen geeignet war. Mit unterschiedlichen Methoden versuchten antike Stadtstaaten und mittelalterliche Metropolen dieses Ziel zu erreichen. Oft erfolgte die Expansion zunächst in Form einer Auswanderung, die entweder das Ergebnis relativer Überbevölkerung, eines Ungleichgewichts zwischen den Ernährungsmöglichkeiten und der Bevölkerungszahl war oder die Folge von Parteikämpfen, nach welchen die Sieger die Unterlegenen ins Exil vertrieben. Solche Fälle sind sowohl aus Athen als auch aus den mittelalterlichen Städten Genua und Barcelona bekannt. Auch mehrere Häfen Großgriechenlands und Siziliens wurden von Flüchtlingen gegründet. Marseille verdankt seine Entstehung einer Niederlassungserlaubnis, die ein lokaler Stammesfürst phokäischen Auswanderern erteilte. Andere Städte sind Tochterkolonien der Stadt Athen, die sich die Kontrolle über den Getreidehandel zum Schwarzen Meer sichern und diese gegen Konkurrenten bzw. gegen den persischen Imperialismus verteidigen wollte. In diesem Zusammenhang denkt man in erster Linie an die Rivalitäten zwischen den antiken Stadtstaaten und an den Kampf Athens gegen die Großmachtbestrebungen der Könige Darius und Xerxes in den Perserkriegen. Aus dem Mittelalter wären etwa die erbittert geführten Auseinandersetzungen zwischen Amalfi, Pisa, Genua und Venedig vom 11. bis zum 14. Jahrhundert zu nennen. Könnten die Meeresgeister von ihren Erinnerungen erzählen, so enthielten ihre Berichte sicher zahllose Wiederholungen.

Um die Herrschaft über die See zu erringen, bemühten sich die antiken Stadtstaaten wie die mittelalterlichen Städte, das Monopol über einige Fernhandelsverbindungen besonders zum Schwarzen Meer und zum Nahen Orient mit Hilfe einer großen Galeerenflotte zu erlangen. Auf diese Weise errichteten Athen, Venedig, Genua, Marseille und Barcelona ihre Seeherrschaft, wenn auch in unterschiedlicher Stärke und mit erheblichen institutionellen Unterschieden. Athen baute seine Macht durch den Attisch-delischen Seebund aus. In der Form geschmeidiger, hielt Venedig seine Kolonien in Illyrien, Morea, auf den griechischen Inseln und am Schwarzen Meer ebenfalls unter strikter Kontrolle. Größere Handlungsfreiheit räumten die Genuesen ihrem Kaufmannspatriziat ein, wofür Pera und Caffa bezeichnende Beispiele bieten. Die Entscheidungen über die Märkte und die saisonalen Flottenbewegungen wie zum Beispiel die der *mude* genannten Konvois venezianischer Großschiffe fielen aber stets in den Metropolen. Der Begriff Seeherrschaft ist deshalb durchaus angebracht, bezeichnet er doch ein politisches System, das auf die Beherrschung der Seerouten gründet. Für das mittelalterliche Italien bezeugen dies unwiderlegbar die Titel *Serenissima* und *Dominante,* bezeichnend sind auch die Riten bei der Einsetzung des Dogen von Venedig; vom 12. Jahrhundert an wurde die Übernahme der *dignitas aquarum*, der Befehlsgewalt über die See, prachtvoll als Hochzeit mit dem Meer *(spogliato del mare)* gefeiert.

Weder in der Antike noch im Mittelalter war Seeherrschaft jedoch ein spezifisch städtisches Phänomen. Imperiale Seeherrschaft übten auch Rom und Byzanz, im 13. Jahrhundert das Deutsche Reich und das angevinische Königreich Sizilien aus, später schließlich das Königreich Aragon. Gemeinsames Kennzeichen dieser Machtausübung waren jeweils die Vorherrschaft im gesamten Mittelmeerbereich, das Bemühen, diesen vollständig zu kontrollieren, sowie die Tatsache, daß dieses Bemühen von Europa ausging. Zweifellos war das Ziel all dieser Thalassokratien, ihren Einfluß über das Mittelmeer hinaus nach Asien und Afrika auszudehnen. Dabei wurde das Mittelmeer im wesentlichen als nützliches Instrument betrachtet, das Europa dazu verhalf, seine Eigenständigkeit gegenüber den anderen Kontinenten zu wahren und sich gegen die Expansion des Islam zur Wehr zu setzen.

Mare nostrum

Die römische Bezeichnung *Mare nostrum*, die das Mittelmeer als europäischen Besitz kennzeichnet, blieb lange erhalten. Ohne den anachronistischen Anspruch, den Mussolini mit diesem Namen im 20. Jahrhundert verband, übernahm Byzanz unter Justinian den Begriff von dem zerfallenden Weströmischen Reich, später benutzten ihn das aufblühende Venedig und das Heilige Römische Reich Deutscher Nation zur Zeit Friedrichs II. Dessen 1239 veröffentlichte *Capitula* dokumentieren den

Willen, die Seefahrt gesetzlich zu regeln, ein Erbe der normannischen Könige von Sizilien, das internationale Bedeutung erlangte. Die ehrgeizigen Mittelmeerpläne Karls von Anjou im 13. und Alfons des Großmütigen von Aragon im 15. Jahrhundert knüpften zweifellos an diese Vorbilder an.

Mare nostrum: Diese stolze römische Formulierung fand ihre erste Rechtfertigung im Sieg Roms über die punische Metropole Karthago, deren Zerstörung das Mittelmeer endgültig unter europäische Herrschaft brachte. Damit endet jegliche Seeherrschaft afrikanischer oder asiatischer Städte oder Königreiche; denn nach Karthago wurde auch Syrien besiegt. Zuvor aber mußten die Römer, die ja kein Seefahrervolk waren, mehr schlecht als recht mit nachgebauten Schiffen Seestreitkräfte aufbauen und die Seefahrt erlernen, wobei ihnen die Flotten der verbündeten Griechen als Vorbild dienten. Der Kampf gegen die weit verbreitete Seeräuberplage führte sie durch eine harte Schule, gab aber Pompeius Gelegenheit, das östliche Mittelmeer gründlich zu erforschen und die Überlegenheit der römischen Flotte zu erproben. Damit schuf er die Voraussetzungen für die Handelsschiffahrt und die weiteren Unternehmungen der römischen Kriegsflotte, also für die römische *sea power*, die nach den Untersuchungen von M. Reddé ursprünglich auf einer Vielfalt regionaler Kriegsflotten basierte und später auf der Organisation der von M. Rougé beschriebenen Lebensmitteltransporte aus Alexandria und Karthago nach Ostia, Aquileja und Thessaloniki. Europa war also der wichtigste Zielbereich dieses Handels, ein Übergewicht, das neben anderen Faktoren das maritime Kräfteverhältnis in den Zeiten der Völkerwanderung erklärt.

Als Justinian das Byzantinische Reich zurückeroberte, errang Byzanz noch einmal die Seeherrschaft im Mittelmeer, aber nur unvollständig und für kurze Zeit. Die Aufteilung des Reiches in Militär- und Verwaltungsbezirke, die sogenannten Themen, ermöglichte es Byzanz, die Seestreitkräfte sektorenweise aufzubauen und die Piraterie zu bekämpfen. Doch konnte das Byzantinische Reich nicht verhindern, daß die Normannen in Süditalien und die Araber in der Ägäis seine Machtgrundlagen unterminierten; auch gelang es ihm nicht, sich gegen die Konkurrenz der italienischen Städte zu behaupten. Vom Fall Konstantinopels im Jahre 1204 profitierte in erster Linie Venedig; 60 Jahre später konnte Michael VIII. Paläologus nach der Rückeroberung seiner Krone die letzte Phase der Seemachtpolitik des Byzantinischen Reiches vor der Eroberung durch die Türken 1453 einleiten.

Das Mittelmeer als Lebensnerv des antiken und mittelalterlichen Europa

Der Dialog zwischen Europa und dem Mittelmeer setzte sich bis ans Ende des Mittelalters und wohl auch darüber hinaus unter Bedingungen fort, die denen der Antike durchaus vergleichbar sind. Für Europa übernahm das Mittelmeer als Binnenmeer die regulierende Funktion einer Lunge, die mit dem Wind aus dem Orient den Hauch des Geistes und der Wissenschaft einatmete, während der Seeverkehr die Ernährung sicherte.

Fast alle intellektuellen und geistigen Strömungen haben im Mittelmeerraum ihren Ursprung. Jacqueline de Romilly weist etwa nach, wie sehr die Begriffe der staatlichen Souveränität und der persönlichen Freiheit dem antiken Griechenland verpflichtet sind und welch hohen symbolischen Wert insbesondere der Sieg der Griechen über die Perser bei Salamis besitzt. An diesem Beispiel zeigt sich besonders deutlich, wieviel die europäische Philosophie und Wissenschaft den mediterranen Randgebieten verdankt, basiert doch unsere gesamte Kultur auf der klassischen Bildung.

Nur dank ihrer Seeverbindungen kam die römische Gesellschaft in Kontakt mit den östlichen Kulten und Mysterien. Um den Preis mühevoller Seereisen brachte Paulus das Christentum nach Italien. Seinem Beispiel folgend, zogen orientalische Mönche über das Meer zur Küste der Provence, woran die Benennung eines Klosters der Lérins-Inseln nach dem hl. Honorat heute noch erinnert. In umgekehrter Richtung kam im Westen die Wallfahrt zu den heiligen Stätten Palästinas in Übung, die mehr als ein halbes Jahrtausend lang als Privatangelegenheit und Pilgerfahrt zu den Quellen des Glaubens betrachtet wurde, wofür die Reise der Spanierin Etheria im 4. Jahrhundert einen der ältesten Belege liefert. Sogar die Kreuzzüge waren ursprünglich außerordentliche, aus Frömmigkeit und zur Buße unternommene gemeinschaftliche Wallfahrten, und sie blieben dies in den Augen sehr vieler Teilnehmer auch dann noch, wenn das religiöse Ziel kaum noch erkennbar war. Der Ausdruck «Fahrt nach Übersee» für den Kreuzzug war schwer von Bedeutungsgehalten: Er implizierte natürlich Frömmigkeit, aber auch Selbstverleugnung und die ganze Angst vor den Schwierigkeiten und der Länge einer Reise in einem gefürchteten Element, der See. Wer besaß schon die Gewißheit zurückzukehren? Und doch war das Mittelmeer in diesem Fall ein Weg des Heils.

Dies war es übrigens nicht nur für die Christen, wenn diese auch in Europa bei weitem in der Überzahl waren. Denn nicht das Schisma von 1054, sondern erst die Eroberung Konstantinopels durch die Westeuropäer 1204 führte zur endgültigen Spaltung der Christenheit. Die zahlreichen westeuropäischen Juden in Spanien, der Provence und Mitteleuropa bewahrten die Erinnerung an ihr Heimatland Palästina jenseits des Meeres. Und schließlich verdankt der Islam den kurzen Seeverbindungen einen großen Teil seiner Ausbreitung nach Sizilien, den Balearen und von Marokko nach Andalusien.

Wollte man den Warenaustausch zwischen Europa und dem Mittelmeerraum beschreiben, müßte man die Geschichte aller Häfen, die Art, den Umfang und die Modalitäten des Handels und die Verteilung der Waren untersuchen, wozu allein schon ein Buch nicht ausreichen würde. Am wichtigsten wäre nicht so sehr, den Handel zu beziffern, was sowieso nicht mit letzter Genauigkeit möglich wäre, sondern vielmehr, die Frequenz und vor allem die Art der Handelsbeziehungen sowie die Orte zu erfassen, an denen der Austausch zwischen Kontinent und Meer stattfand.

Über das Meer bezogen die Mittelmeeranrainer in erster Linie Nahrungsmittel, schon seit der Antike vorwiegend Getreide, das die griechischen, allen voran athenischen Schiffe aus den Häfen des Schwarzen Meeres herbeitransportierten. Bekanntlich hingen von der Aufrechterhaltung dieser Handelsverbindung das Überleben und die Freiheit der Griechen ab.

Bedingt durch das Bevölkerungswachstum ihrer Hauptstadt unterlagen die Römer demselben Zwang zum Getreideimport. Die Entstehung der Hafenstadt Ostia, die der bedeutendste Hafen im römischen Italien werden sollte, erklärt Joël Le Gall wie folgt: Nachdem die Nachkommen des Aeneas die Reiselust ihrer Vorfahren verloren hätten, habe sie in Gestalt der Griechen das Seeleben im 4. Jahrhundert über den Tiber wieder eingeholt. Dann aber übertrafen die Schüler ihre Lehrer, und der Seehandel mit Getreide wurde zu einer festen Institution, die von Afrika aus unterstützt wurde. Neben dem Getreidehandel belebte der von A. Tchernia beschriebene Weinhandel alle europäischen Seehäfen. Hinzu kam der Handel mit Öl und Salz, das überall dort gewonnen wurde, wo die Berge Platz für Salzgärten an der Küste ließen. Nicht vergessen seien die selteneren und daher besonders teuren Waren aus dem Orient, vor allem Gewürze und Parfüms. Neben dem Geographen Strabo hat ein anonymer Autor im 4. Jahrhundert in einer Schrift mit dem Titel *Expositio totius mundi et gentium* einen ganzen Katalog von Waren aufgeführt, die Europa über das Mittelmeer bezog. Allerdings wird daraus ersichtlich, daß der Austausch nicht mehr so intensiv war wie in früheren Zeiten.

Daran änderte selbst die Ausbreitung des Islam nicht viel, auch wenn Henri Pirenne einen anderen Standpunkt vertrat. Sie verhinderte keineswegs, wie er meinte, daß auch nur eine einzige «Planke» auf dem Mittelmeer schwamm. Im 9. Jahrhundert verfaßte beispielsweise Erzbischof Theodulf von Lyon eine Beschreibung des Hafens von Arles und berichtete begeistert über dessen Betriebsamkeit.

Venedig verfügte schon zu Beginn seines Aufstiegs über umfangreichere Handelsbeziehungen als Arles. Während Arles das Rhonegebiet und insbesondere Lyon versorgte, erstreckten sich die Handelsverbindungen Venedigs bereits durch die Alpentäler nach Süddeutschland und entlang der illyrischen Küste. Maurice Lombard hat dargelegt, daß die Mittelmeerhäfen aus dem Landesinneren die vielfältigen Hölzer bezogen, die für den Schiffbau benötigt wurden, sowie Metalle aller Art und Woll- und Leinentuche im Tausch gegen orientalische Seide. So schuf die gegenseitige Abhängigkeit zwischen Kontinent und Meer schon sehr früh die Voraussetzungen für eine verheißungsvolle Entwicklung.

Bereits vor dem Ende des 13. Jahrhunderts führte diese Entwicklung über die Grenzen des Mittelmeerraumes hinaus, und zwar sowohl aus politischer, militärischer und ökonomischer

Notwendigkeit als auch als Ergebnis geistiger und religiöser Ausstrahlung einerseits und geographischen Wissensdurstes andererseits. Die weit entfernten Horizonte jenseits von Alexandrien hüllten die außereuropäischen Beziehungen der Antike in ein geheimnisvolles Halbdunkel, worin Gold und Gemmen durch die duftenden Weihrauchwolken unbekannter Kulte schimmerten. Solche Bilder überlieferte die hellenistische Welt, und die Geschenke des Kalifen Harun al Raschid an den fränkischen Kaiser Karl entfachten die phantastischsten Vorstellungen.

Was Phantasievorstellungen betrifft, so stand der neblige Norden dem Fluidum des Roten Meeres und des Indischen Ozeans in nichts nach. Genaue Kenntnisse waren kaum vorhanden. Von Zeit zu Zeit brachten barbarische Händler auf dem Landweg von der Ostsee über Polen, Böhmen und die Steiermark ein fossiles organisches Material, eine Art Harz, das an den Stränden gesammelt wurde, nach Venedig, Arles oder Konstantinopel. Schon Nero sandte einen römischen Ritter aus, um ihre Route, die Bernsteinstraße durch Europa, zu erkunden. Aber die Mittelmeeranrainer bezogen auf dem Landweg quer durch Europa nicht nur Bernstein, sondern auch Honig, Wachs und Pelze, besonders Biberpelze und – nicht zu vergessen – in beachtlichem Ausmaß auch Sklaven. Archäologische Funde von Münzen, Keramik- und Bronzeprodukten römischer Provenienz in Zentraleuropa liefern den Beweis für die Existenz dieser Handelsbeziehungen.

Schon Herodot berichtete, daß neben dem Bernstein auch das Zinn «vom Ende der Welt» komme. Um Bronze aus einer Verbindung von Kupfer und Zinn herzustellen, wurde in der Antike nach Zinn geschürft, im keltisch besiedelten Gebiet in Galicien, im Küstengebiet zwischen Seine und Loire, im Finistère und in Cornwall. Die Römer übernahmen die Kenntnis der Zinnrouten von den Karthagern und brachen auf, um auf dem Landweg nach Zinn zu suchen; sie fuhren aber auch über das Meer bis zu den Scilly-Inseln, die auch Zinninseln genannt werden, und bis zur Mündung der Vilaine, die zu Recht Pénestin (lat. *stannum* = Zinn) genannt wird. Vermutlich war die Suche nach Bernstein und Zinn Inhalt der Mission, mit der Alexander Pytheas von Marseille betraute; seine Reise führte ihn an die Küste Britanniens und zur Nordsee, vielleicht sogar bis in die Höhe von Bergen. Diese frühe Episode blieb ohne unmittelbare Folgen, darf aber als Vorbote späterer Unternehmungen betrachtet werden. Caesar zog bekanntlich an den Küsten der Bretagne gegen die Veneter zu Felde, bevor er den Ärmelkanal überquerte; Drusus führte um 4–6 n. Chr. ein Kommando bis Jütland, der Heimat der Kimbern, und das Reich unterhielt eine Flotte im Ärmelkanal. Dies waren die ersten Unternehmungen der Mittelmeeranrainer außerhalb der ihnen vertrauten Gewässer in Richtung Norden. Ihre Vorstöße sollten keine Ausnahme bleiben, ihre Erfahrungen waren nicht umsonst. Vor 700 schiffte sich Bischof Arculf, der von einer Reise aus dem Orient zurückkam, in Sizilien nach England und Irland ein. Einen weiteren Markstein setzte Bischof Gelmirez von Santiago zu Beginn des 12. Jahrhunderts, als er einen Genuesen und einen Pisaner nach Galicien kommen ließ, die zwei Schiffe für den Kampf gegen die Sarazenen bauen sollten.

Vorwiegend hielten sich die Mittelmeeranrainer jedoch an ihr Binnenmeer und überließen den Seeleuten des Atlantiks und des Nordens die Ausübung der Seefahrt in diesen Gewässern. Von der zweiten Hälfte des 13. Jahrhunderts an ändert sich jedoch die Aufteilung der Aufgaben zwischen den beiden Sektoren, während sich gleichzeitig ein erheblicher Wandel des Weltbildes vollzieht.

Die Portolankarte

Am Ende des 13. Jahrhunderts verändert sich die kartographische Darstellung binnen kürzester Zeit; die Neuerung taucht im westlichen Italien, an der Küste des Golfs von Genua, auf. Bis zu dieser Zeit stellten Karten den Erdkreis ausgehend von einem theologisch geprägten Weltbild dar. Gemäß seiner Bedeutung als Drehscheibe für die Verbreitung des Evangeliums lag das Mittelmeer auf diesen Karten jeweils in der Mitte. Europa nahm eine bevorzugte Stellung ein, war jedoch recht ungeschickt und in den unglaublichsten Proportionen dargestellt. Die beste dieser Weltkarten, die ungefähr 1240 entstand, wurde im deutschen Ebstorf aufbewahrt, bis sie durch einen Luftangriff zerstört wurde; glücklicherweise gibt es ausgezeichnete Reproduktionen. So gut er konnte, hatte der Kartograph versucht, die traditionelle Darstellung mit seinem Wissensdrang und der Treue zum Detail in Einklang zu bringen. So finden sich die verschiedenen Teile Europas zwar an ihrem richtigen Platz, aber ihre Formen entspringen reiner Phantasie.

Innerhalb eines halben Jahrhunderts änderte sich das alles. Die berühmte Karte von Pisa, die in der Pariser Nationalbibliothek aufbewahrt wird, ist nach einem völlig neuen Schema aufgebaut. Sie ist das Werk eines genuesischen Kartographen um 1296–1300 und erhielt ihren Namen, weil eine alteingesessene Familie aus Pisa sie kaufte. In schlechtem Erhaltungszustand stellt die Federzeichnung auf Pergament das Mittelmeerbecken vom Schwarzen Meer bis zum Atlantik und Westeuropa dar. Ihre Besonderheit liegt darin, daß sie auf einer präzisen Kenntnis des Küstenverlaufs basiert. Diese verdankten die Mittelmeeranrainer einer genauen Lagebestimmung der Häfen aufgrund der Berechnungen der arabisch-jüdisch-christlichen Wissenschaft, die im 12. Jahrhundert in den nach König Alfons X. dem Weisen benannten Alfonsinischen Tafeln auf den neuesten Stand gebracht worden waren. Hinzu kam der Gebrauch der Magnetnadel, der bereits im 12. Jahrhundert belegt ist und im 13. Jahrhundert nach der Gioia von Amalfi zugeschriebenen Erfindung des Kompasses als Behältnis der Nadel weite Verbreitung fand. Mit dem Kompaß konnte man fortan die Lage der Häfen genau feststellen. Außerdem benutzten die italienischen Seeleute Bücher, in denen die Lage der Häfen beschrieben wurde und die deshalb Portolane (Hafenbücher) genannt wurden. Die darin enthaltenen Informationen wurden graphisch auf den sog. Portolankarten dargestellt.

Wahrscheinlich erfanden italienische Seeleute die Technik, die Namen der Häfen je nach ihrer Bedeutung in roter oder schwarzer Farbe und entsprechend den tatsächlichen Entfernungen auf einer Karte einzutragen. Darüber lag ein Netz von Windrosen, deren Windstrahlen sich überschnitten.

Die Karte von Pisa belegt den Vorsprung des Mittelmeerraumes. Sie entstand in der Zeit, als die ersten Genuesen und Venezianer nach Flandern segelten, eine nautische und fast gleichzeitig eine kartographische Premiere. Symptomatisch sind die in der Karte enthaltenen Angaben: Sie gehen ohne jeden Zweifel auf Erfahrungen der Seeleute zurück, sind präzise, was den Mittelmeerraum betrifft, noch spärlich über die Route zwischen Gibraltar und Brügge und ganz verschwommen in bezug auf die englische Südküste, die kaum wiederzuerkennen ist. Trotz aller Mängel war mit dieser Karte aber ein wichtiger Schritt nach vorne getan.

Der Fortschritt der kartographischen Technik barg große Möglichkeiten, die man damals noch nicht erahnen konnte. Zwar besaßen die Portolankarten weder ein Projektionssystem noch ein Kartennetz. Aber die Pisaner Karte ist genordet, und offensichtlich wurde das Mittelmeer von vornherein bis auf ein Grad Genauigkeit auf seine tatsächlichen Ausmaße reduziert. Zukunftsträchtig war vor allem, daß das System der Windrosen innerhalb eines Ensembles von sich berührenden Kreisen – zwei für die beiden Sektoren des Mittelmeers – die unbegrenzte Möglichkeit bot, die Darstellung nach und nach auszuweiten.

Fassen wir zusammen: Die Seefahrer des Mittelmeers entwikkelten zuerst die Schiffahrt in ihren eigenen Gewässern und suchten dann die Begegnung mit ihren Berufskollegen aus dem Norden; schließlich schenkten sie der Seefahrt eine neue kartographische Technik, die auf die ganze Erde ausgedehnt werden konnte, ein Vorzeichen der europäischen Herrschaft über die Weltmeere.

Drittes Kapitel

Der Atlantik betritt die Bühne

Langsam hebt sich der Vorhang

«Dunkler Nebel über dem eisigen Ozean, in dem das Auge kaum etwas erkennen konnte.» Mit diesem düsteren Szenario beginnt Adam von Bremen im 11. Jahrhundert die Schilderung einer Seefahrt über den Nordatlantik. Der Autor, ein gebildeter Domherr, knüpft an die Formulierung in Genesis 1, 2 an – «Finsternis und Wind lagen über den Wassern» – und an Vergils Aeneis. Aber er gehört zu den wenigen gut informierten und glaubwürdigen Reisenden seiner Zeit; seine Geschichte der hamburgisch-bremischen Bischöfe ist ein wahres Heldenepos über die Missionierung der nordischen Völker. Zur gleichen Zeit begann Venedig als Erbin von Byzanz, Rom und Griechenland in Konkurrenz zu Genua und Amalfi zu expandieren. Nach wie vor jedoch hielten die unterschiedlichen Beziehungen zum Kontinent den Gegensatz zwischen dem Mittelmeer und den Nordmeeren, zwischen dem strahlenden Licht der subtropischen Breiten und den subarktischen Nebelfeldern aufrecht.

Ganz allmählich lichteten sich die Nebel. Bis ins 11. Jahrhundert hatten die aufeinanderfolgenden Wanderungswellen aus dem Osten dazu beigetragen, die Horizonte einer beunruhigenden Welt zu verdunkeln. Legenden und Mythen aus dieser Zeit blieben bis ins Zeitalter der großen Entdeckungen und sogar noch in den träumerischen Vorstellungen der Romantiker lebendig. Scheinbar sehr zögernd, in Wirklichkeit wesentlich beherzter erkundete Europa den Atlantik; im Süden bereits mit dem Meer verwachsen, stießen Europäer immer wieder nach Norden vor, während sie die Westküste des Kontinents mehr und mehr für den Seeverkehr erschlossen.

Zu Lebzeiten Adams von Bremen waren die Geheimnisse nicht mehr so undurchdringlich wie in den vorangegangenen Jahrhunderten. Zwar führten schon einige Seerouten über den Atlantik. Aber wohin führten sie? Wer befuhr sie? Wen verbanden sie, und wer stieß dort mit wem zusammen? Die Welt des Atlantiks war nacheinander – und schließlich gleichzeitig – ein Reich des Traumes, ein Feld der Auseinandersetzung, des Profits und der Machtausübung. Durch alle diese Etappen hindurch wurde sich Europa seiner nördlichen Meereszone bewußt und ergriff mit wachsender Entschlossenheit Besitz von ihr.

Ein Reich des Traumes

Am Anfang war der Traum. Aber was später als Traum erkannt wurde, konnte den Menschen zunächst durchaus als Realität erscheinen. In den Darstellungen, welche die mittelalterliche Vorstellungskraft von menschlichen und geistigen Zusammenhängen der nördlichen Breiten hervorbrachte, nimmt das Meer einen wichtigen Platz ein. Die vielfältigen Bezüge der keltischen, skandinavischen und germanischen Mythologie zum Meer spiegeln eine Vertrautheit mit dem Element wider, die den Mythologien des Mittelmeerraumes in nichts nachsteht, vielleicht nur eine Spur rauher in der Form ausfällt. Der skandinavische Meeresgott Njord etwa kann das Wolfsgeheul in den Bergen nicht ertragen, während seine Frau Skathi, eine Riesin aus den Hügeln, das Geschrei der Meeresvögel haßt und auf dem Wasser nicht schlafen kann; daran zerbricht die Ehe. Es läßt sich kaum ein besserer Beleg für die inneren Spannungen in einer Gesellschaft finden, in der die instinktive Angst vor den Gefahren des Meeres im Widerstreit lag mit der Anziehungskraft des Abenteuers. Eine andere Legende, diesmal aus der Edda, beschreibt den Ursprung des Lebens im Riesen Ymir. Die Erde ist sein Leib, das Meer aber sein Blut; als Kind jedoch wurde er von der Kuh Audumla gesäugt. Der Abkehr von der kärglichen Erde hin zu dem vielversprechenden Meer entsprach die Rückkehr zur Mutter Erde, wie sie in den traditionellen Keramiken der Insel Man und der Shetlands dargestellt wird. Hier verbrennt man in der zwölften Nacht eines jeden Jahres ein Wikingerschiff. Das Überleben solcher Bräuche belegt, wie tief bestimmte Mythen verwurzelt sind, und zwar besser als ihre modische Thematisierung im 19. und 20. Jahrhundert durch Schriftsteller, Künstler und Politiker, welche die Tiefen der germanischen Seele ergründen wollten. 1799 schrieb die Universität Kopenhagen einen Wettbewerb aus zu dem Thema: Die Vorzüge der skandinavischen vor der antiken Mythologie. Sentimentale Sehnsucht nach der Vergangenheit brachte die Legende des schottischen Barden Ossian wieder zu Ehren.

Die Beschäftigung mit der germanischen und der skandinavischen Sagenwelt verdrängte lange Zeit die Erinnerung an die keltische Tradition, die zumindest im maritimen Bereich sehr ausgeprägt ist.

Berühmtestes Beispiel ist die Brendanlegende. Dieser heilige Eremit aus Irland irrte der Legende nach im 6. Jahrhundert drei Monate, nach einer anderen Überlieferung sogar sieben Jahre lang, zusammen mit 17 Seeleuten auf dem Atlantik von Insel zu Insel, und zwar auf einem steuerlosen runden Boot aus Häuten, die über ein Gestell aus leichtem Holz gespannt waren. Im Verlauf ihrer Suche nach der Insel der Glückseligkeit erlebten sie außergewöhnliche Abenteuer; so kenterten sie zum Beispiel an einem Ostermorgen auf dem Rücken eines Wals, den sie für eine Insel gehalten hatten und der sich während der Meßfeier in Bewegung setzte. Diese Legende wurde jahrhundertelang weiter ausgeschmückt und war noch im Zeitalter der Entdeckungen so lebendig, daß sich sogar in der Arbeit des türkischen Kartographen Piri Re'is Reminiszenzen daran finden, der seinerseits an eine genuesische Vorlage anknüpfte. Hier verschmolzen Elemente einer europäischen maritimen Tradition: Ein primitives Boot, eine abenteuerliche Seereise und die Suche nach einer neuen, idealen Welt, ein christianisiertes heidnisches Grundmuster.

Den Hintergrund liefert der weltweite Mythos der Insel, nach Jacques Le Goff «die größte Heldengestalt der menschlichen Phantasie», eine abgeschlossene, geheimnisvolle Welt, die mit der Vorstellung von vollkommener Sorglosigkeit verbunden wird. Mit dem Begriff Insel verbindet sich der Traum von fernen Küsten außerhalb der Ökumene *(extra orbem)*, von neuen Welten *(alterae orbes)* jenseits der Nebel des unendlichen Meeres. Im Laufe des ersten Jahrtausends verlagerte die Christenheit die Höhle der Siebenschläfer von Ephesus, der sieben Greise, deren Körper nicht verwesten und deren Kleidung nicht zerfiel, von der Küste Anatoliens in den hohen Norden. Diese vom Orient in das Abendland verlagerte Legende verleiht dem nordischen

Winter mythischen Charakter, indem sie ihn zum Symbol der Ewigkeit erhebt; andernorts und später verband sich im Zusammenhang mit den Kanarischen Inseln, weitab vom Ende Europas an der Iberischen Halbinsel, und der «Insel Brasilien» der Mythos der Insel mit der Sehnsucht nach einem neuen irdischen Paradies. Ausgehend von alten angelsächsischen und karolingischen Texten, formulierte Patric Gautier-Dalché die Hypothese, daß das Unbekannte der *ultimae fines* von Anfang an für die Psychologie der Einwohner Europas unerläßlich war. Er formuliert diesen Gedanken zweifellos zu Recht; denn viele Menschen hatten sich schon früh gefragt, ob die Landstriche, die «in den unendlichen Nebeln verloren» sind, zu ihrer Welt gehörten. Der christliche Angelsachse Alkuin, der am Hofe Karls des Großen lebte, begriff später den Unterschied zwischen dem heidnischen Erbe der nördlichen Inseln und der römisch-christlichen Kultur des Festlandes und schrieb: «Welche Beziehung kann es zwischen Ingeld (einem germanischen Helden) und Christus geben?» Beowulf, der größte angelsächsische Dichter, sah jedoch keine wesentlichen Unterschiede zwischen den Angelsachsen und ihren Vettern auf dem Festland, den Dänen und Sachsen. Dicuil und Johannes Scotus Eriugena ihrerseits zählten die weit vom Kontinent entfernten Inseln im Westen durchaus zu ihrer Welt. Dicuil war allerdings aus Irland an den Hof Karls des Großen gekommen; er war zuvor bis zu den Färöer-Inseln gereist und erwähnt in seinem Buch auch Thule, das Land der Mitternachtssonne, und er hinterließ ein *Buch über das Maß des Erdkreises*. Johannes Scotus Eriugena, ebenfalls ein Ire, singt das Loblied des Meeres; er sieht in der See keineswegs ein trügerisches Element, sie zieht ihn sogar an. Auf dem Meer, so schreibt er, könne die Vernunft sich voll entfalten. Eine solche Meinung, die möglicherweise aber auch nur einen Topos wiedergibt, findet sich allerdings nur ausnahmsweise. Vermutlich war er geprägt von der keltisch-irischen, von den Angelsachsen beeinflußten Tradition. Als Pippin, der Sohn Karls des Großen, seinem Lehrer Alkuin den Wunsch nach einer Seereise und zugleich seine Angst davor gesteht, spricht Alkuin ihm Mut zu: «Ein Schiff ist ein bewegliches Haus, ist überall Herberge, ist ein Wanderer, der keine Spuren hinterläßt.» Ein Vierteljahrhundert später hätte er anders gesprochen. Da war der Atlantik mit seinen nördlichen Ausläufern für die Küstenbewohner zum Feld zahlreicher Konflikte geworden. Der Wissensdrang wich der Angst.

Ein Konfliktfeld

Sogar die Aggressivität der als Wikinger bezeichneten Völker trug zur Entwicklung der europäischen Beziehungen zum Meer bei. Mehrere Jahrhunderte lang befuhren sie die Meere und Flüsse Europas und lösten dabei erbitterte Konflikte aus, deren Darlegung hier aber weniger wichtig ist als die Feststellung, daß der Beitrag der Wikinger zur europäischen Vorstellung vom Meer in mancher Hinsicht durchaus als positiv bezeichnet werden muß.

Das Meer glich durch seinen Fischreichtum das aus, was der karge Boden der norwegischen Berge einer allzu zahlreichen Bevölkerung verweigerte, und die von den unendlichen Weiten genährten Träume erweckten Hoffnungen auf Siedlungsmöglichkeiten in der Ferne oder zumindest auf reiche Beute. Das Meer lud ein zur abenteuerlichen Erforschung der Inseln des hohen Nordens, zu Fahrten in die reichen Mündungsgebiete des europäischen Kontinents, zur Plünderung von Städten und Klöstern, zum gewinnträchtigen Sklavenfang. Aber die Beutezüge der Wikinger müssen nicht nur vom Standpunkt der heimgesuchten Uferregionen, sondern auch von der Hochseefahrt her beurteilt werden.

Gewiß legten die Verwüstungen des 8. und 9. Jahrhunderts die Westküsten Europas in Schutt und Asche und lösten nach den Berichten der Annalen und Chroniken Panik unter der Bevölkerung aus. Für Hariulf, den Abt von Saint-Riquier, war das Meer die Vorhölle, wenn nicht gar die Hölle selbst; er schreibt: «Das Meer speit die Ungeheuer, die es mit seinen Fischen gespeist hat, auf die Ufer . . . Die Dänen, diese Barbaren, zwischen ihren hochaufgerichteten Masten, sind für uns wie wilde Tiere in den Wäldern.» Vor diesen Ungeheuern flohen die Küstenbewohner ins Landesinnere, die Mönche, wie etwa die von Noirmoutier, nahmen auf der Flucht von Ort zu Ort die Reliquien ihrer Schutzheiligen mit, ihren wertvollsten Besitz. «A furore Normannorum, libera nos, Domine», sangen damals die Litaneien. Vergeblich errichteten die Karolinger zwischen

Schelde und Bretagne zu ihrem Schutz drei Grenzmarken. Sogar die Eremiten verließen die ohnehin schwach besiedelte Küstenregion, und noch im 12. Jahrhundert klagte der Dichter Wace über seine Heimat, die noch junge ‹Normandie›, niemand wage, sich an der Küste niederzulassen. Um das Jahr 1000 schien Europa sich vom Meer abzuwenden.

Während in Frankreich die Ahnen der Kapetinger den Boden verteidigten, da sie zur See nicht handlungsfähig waren, überließ der englische König Alfred, der zu Recht der Große genannt wird (871–899), vorübergehend die nördlichen Regionen den normannischen Brandüberfällen, «dem Gesetz der Dänen» *(Danelaw)*, baute aber gleichzeitig eine Flotte, welche die Südwestküsten vor Einfällen schützte, bis es seinen Nachfolgern gelang, ein binationales angelsächsisch-skandinavisches Königreich zu errichten.

Es erscheint fraglich, ob es nicht ebenso übertrieben ist, die gewiß berechtigten Klagen der Opfer der Wikingerüberfälle zu Land und zu See ganz wörtlich zu nehmen, wie die Heldentaten der «Könige der Meere» kritiklos zu rühmen. Bekanntlich sind die Sagas literarische Texte, die mehrere Generationen nach den Ereignissen von Autoren niedergeschrieben wurden, die es liebten, die Realität phantasievoll auszuschmücken. Es erscheint daher auch keineswegs abwegig, den Wikingern eine Funktion als Katalysator in der Seefahrtsgeschichte des werdenden Europa zuzuschreiben. Zunächst im negativen Sinne: Um sie abzuwehren, mobilisierte England zum erstenmal eine Seeflotte, in der folgenden Generation drängten die Bretonen unter dem Grafen Alain Barbetorte die Skandinavier, die Nantes erobert hatten, aufs Meer zurück. Auch verhinderte die relativ geringe Anzahl der Wikinger die Gründung mehrerer ‹Normandien›. Dagegen wirkte sich ihre Niederlassung in Neustrien positiv aus; denn sie wählten systematisch Mündungsgebiete aus, wobei sie an der Seine erfolgreicher als an der Loire waren. Ihre weitsichtige Klugheit, verbunden mit Unternehmungsgeist, Ausdauer und vollendeter Schiffbautechnik und Seefahrerkunst, ermöglichte es ihnen, in die Tätigkeitsbereiche ihrer Vorgänger und Konkurrenten einzudringen und sie dann mit den ihnen eigenen Methoden daraus zu verdrängen. Zur Piratenbeute der Wikinger kam so der Gewinn aus dem Handel. Die europäischen Meere des

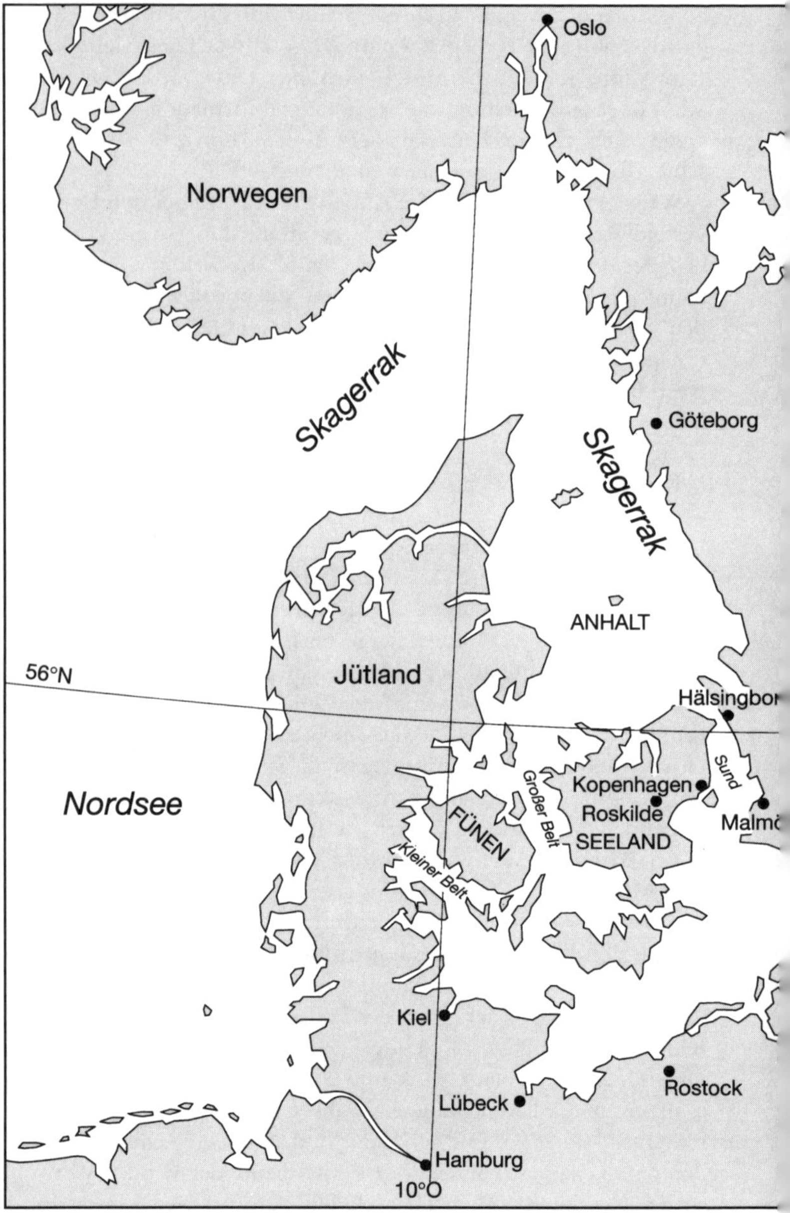
Oslo
Norwegen
Skagerrak
Göteborg
Skagerrak
Jütland
ANHALT
56°N
Hälsingbor
Sund
Nordsee
Kopenhagen
Roskilde
SEELAND
Malmö
FÜNEN
Großer Belt
Kleiner Belt
Kiel
Rostock
Lübeck
Hamburg
10°O

Stockholm
Visby
GOTLAND
chweden
ÖLAND
Ostsee
BORNHOLM
Danzig
Die Ostsee und die dänischen Meerengen
0
100
200
300 km
20°O

Nordwestens und des Nordens gewannen damit wieder ihre Funktion als einträgliche Handelsregion und Spannungsfeld der Macht zurück, die sie im übrigen nie vollständig verloren hatten.

Eine Domäne des Profits

Wie ihre angelsächsischen und keltischen Vorgänger wußten auch die Skandinavier, welche Gewinne im Nordlandhandel mit Zinn, Bernstein, Steinen, Holz, Salz, Wein, Getreide, Waffen, Stoffen und Pelzen zu erzielen waren. Noch charakteristischer erscheinen aber in dieser Beziehung die Handelsaktivitäten der Friesen, die Stéphane Lebecq umfassend untersucht hat. Friesland im weiteren Sinne umfaßte die Nordseeküste zwischen Jütland und der Schelde. Diese Lage verschaffte den Friesen die Vermittlerrolle in den Fernhandelsbeziehungen zwischen dem Baltikum und dem Ärmelkanal, einem Gebiet, das sich die Friesen rasch erschlossen. Außerdem blieb ihnen bei der Topographie ihrer Küstenebene gar keine andere Wahl als die wirtschaftliche Nutzung des Meeres; denn ihr Siedlungsgebiet war nur durch Terpen bzw. Wurte, von Menschenhand erbaute Hügel, mit dem Kontinent verbunden. Ringsherum entzogen sie dem Meerwasser das Salz, das sie zur Ernährung von Mensch und Vieh, aber auch zur Konservierung der Fische benötigten, der zweiten Einkommensquelle, die das Meer ihnen bot. Flüsse wie der Rhein, dessen Lauf noch ungeregelt war, eröffneten einer bereits recht gut entwickelten Flußschiffahrt den Zugang zu den europäischen Binnenmärkten. Damit war Friesland zum Kristallisationspunkt der nach allen Seiten ausgreifenden Beziehungen Europas zum Meer geworden. In erster Linie Kaufleute und weit friedlicher als die Wikinger, unter denen sie zu leiden hatten, erlangten die Friesen eine hervorragende Handelsposition, aus deren größter Ausdehnung im 9. Jahrhundert die Völker des weiten karolingischen Hinterlandes großen Nutzen zogen.

An der Gabelung von Lek und Altem Rhein fanden die Archäologen die Spuren des friesischen Haupthafens Dorestad (heute Wijk-Bij, Duurstede) und auf einer Länge von fast einem Kilometer quer zur Strömung auf Pfahlwerk errichtete Landungsbrücken für die Schiffe. Keramik- und Münzfunde, die im Laufe der Grabungen zutage kamen, bestätigten die schriftlichen Quellen, die Dorestad als ein Handelszentrum von so großer Bedeutung beschreiben, daß es als Vorläufer von Rotterdam bezeichnet werden kann.

Die Friesen benutzten dieselben Handelswege wie die Skandinavier, einerseits nach England, andererseits über Jütland zum Baltikum. Zielorte waren London, wo Beda 678 einen Sklavenhändler traf, den ersten friesischen Kaufmann der Geschichte; York, wo Alkuin sich 780 nach Dorestad einschiffte; Hamwich, das heutige Southampton, von wo aus eine Schiffsroute bis zur Seinemündung verlief, die dort mit der Küstenroute aus dem Norden zusammentraf. Die Schiffahrt nach Osten folgte der sächsischen Küste über Helgoland nach Jütland, von wo man auf zwei verschiedenen Routen zur Ostsee gelangen konnte. Die eine benutzte die dänische Landenge in der Nähe des heutigen Nord-Ostsee-Kanals; sie folgte dem Lauf der Treene und führte nach dem Umladen auf dem Landweg noch 18 Kilometer bis zur Reede von Haithabu. Die andere Route verlief weiter nördlich; sie durchschnitt Jütland bei Ribe und endete an den dänischen Inseln. Die Route über Norwegen und die dänischen Meerengen benutzten fast ausschließlich Schiffe, die aus dem arktischen hohen Norden kamen. Fast der gesamte Ostseehandel aber lief in Haithabu zusammen.

Das Handelszentrum Haithabu, das im 8. Jahrhundert unter friesischer, danach unter dänischer Kontrolle stand, beherrschte zunächst über Öland und Gotland, dann über die Insel Rügen den gesamten Handel zwischen Polen und Schweden bis zu den dänischen Inseln. Die friesischen Handelsrouten endeten zunächst in Birka, vom Ende des 10. Jahrhunderts an etwas nördlicher in Sigtuna. Wie ihre skandinavischen und slawischen Nachahmer faßten die Friesen in den Hafenstädten Englands und der Ostsee ihre Kontore zu Siedlungen zusammen. Die *Vita Ansgari* liefert dazu einen erstaunlichen Beleg: Eine reiche Christin aus Birka namens Frideburg beauftragte vor ihrem Tod in der Mitte des 9. Jahrhunderts ihre Tochter Carla, Almosen an die Armen von Dorestad zu verteilen, da es dort viele Arme, in Birka dagegen keine gebe. Angesichts solcher germanischen Handelsniederlassungen am Mälarsee denkt man unwillkürlich an die italienischen Kolonien auf der Krim und am Asowschen Meer, die einige Jahrhunderte später entstanden.

Trotz des zeitlichen Abstands und unter Berücksichtigung aller Unterschiede erscheint der Vergleich gerechtfertigt, da auf diese Weise bestehende Handelsrouten in die Weiten Rußlands hinein verlängert wurden. Im 11. Jahrhundert benötigte man für eine Reise von den Häfen des Mälarsees über den Ladogasee nach Nowgorod zwei Wochen; von dort erreichte man über Flußverbindungen das Schwarze Meer. Und wie die italienischen Kaufleute die Verbindung zwischen dem Schwarzen Meer und dem Inneren Rußlands herstellten, so erschlossen ihre Kontore am Asowschen Meer und in Tana auch den Zugang nach Asien. Berichte wie der des arabischen Reisenden Ya'qub, der im 10. Jahrhundert Haithabu beschrieb, belegen diese Beziehungen zum Orient, und die Archäologie liefert entsprechende Beweise mit Münzfunden an der Ostseeküste. Was die Hinwendung zur Seefahrt betrifft, steht Nordeuropa dem Süden also nicht nach, auch wenn der arktische Bereich geheimnisumwittert blieb.

Eine Gelegenheit zur Machterweiterung

Nur im Schutz der Territorialfürsten konnte der Nordlandhandel prosperieren. Dies galt für Friesland, das von den angelsächsischen Königreichen und den geistlichen Reichsfürsten abhing, für das Königreich Dänemark wie für die slawischen Fürstentümer des Ostseeraumes. Den Zuwachs an Macht, den die Kontrolle der Seefahrt bot, machten sich alle Herrscher zunutze. Die Formen dieser Macht waren vielfältig; sie bestand aus dem Reichtum, den der Handel und seine Besteuerung hervorbrachte, dem Besitz der Küsten und ihrer Ressourcen sowie aus der Beherrschung der Seerouten. Fast könnte man sagen, daß manche nordeuropäische Fürsten des 8. bis 12. Jahrhunderts eine nahezu neuzeitliche Auffassung von *sea power* vertraten.

Dennoch hatten die Herrscher über die Küstengebiete vor dem Ende des Mittelalters keine genau umrissene Vorstellung vom Umfang ihrer Möglichkeiten und der daraus abzuleitenden Ansprüche. Maritime Ansprüche erhoben einige Herrscher schon früh, mit Nachdruck die Angelsachsen unter Alfred dem

Großen, nur zeitweilig die Norweger und die Dänen. Die Wikinger versuchten noch um 1100, die Inselwelt um England, die Hebriden, die Orkney-Inseln, Irland, die Insel Man und Wales unter ihre Herrschaft zu bringen; aber die Nachfolger Harald Schönhaars von Norwegen konnten an dessen Erfolge nicht anknüpfen. Ganz andere Ausmaße besaß das Unternehmen Knuts des Großen von Dänemark: Sein Reich umfaßte den größten Teil Norwegens, Südschweden und ganz England, erstreckte sich von der Ostsee zur Irischen See. Zentriert auf die Nordsee und die dänischen Meerengen, gestützt auf eine gut organisierte Seestreitmacht, bildete das Reich Knuts einen eigenen Typus von Seeherrschaft, der allerdings an den in seiner Ausdehnung angelegten zentrifugalen Kräften scheiterte.

Aber selbst in geschwächtem Zustand bewahrte die dänische Herrschaft ihr Ansehen und ein nicht zu unterschätzendes Flottenpotential, mit dessen Hilfe die Dänen noch Ende des 12. Jahrhunderts die Seeräuber besiegen und die Ostsee beherrschen konnten. Von daher wird verständlich, daß die Kapetinger, die den Seehandel gerade erst für sich entdeckten, damals im Norden Verbündete gegen den englischen Feind suchten, zum erstenmal gegen Johann Ohneland durch die Heirat Philipp Augusts mit Ingeborg von Dänemark, ein zweites Mal ein Jahrhundert später, als Philipp der Schöne 1295 die Unterstützung durch die norwegische Flotte gegen Eduard I. vertraglich absicherte. Diese beiden Daten markieren die zunehmende Rivalität der europäischen Herrscher im Kampf um die Seeherrschaft.

Die Eroberung Englands durch die Normannen im Jahre 1066 geht in ihrer historischen Bedeutung weit über die Liquidierung der dänischen Seeherrschaft hinaus; sie sollte vielmehr langfristig eine ganz anders geartete Form von Seeherrschaft einleiten. Nach Ansicht von Lucien Musset war die Expedition Wilhelms des Eroberers nicht mehr vom Wikingertum geprägt, obwohl die Wandteppiche von Bayeux seine Flotte in Form von Wikingerschiffen darstellen. Im übrigen war sein Ziel noch nicht die Seeherrschaft an sich, sondern die Nutzung des Meeres als Bindeglied zwischen zwei territorialen Herrschaftsbereichen. Ein ganz neues Gewicht erhielt diese maritime Klammer zwischen England und der Normandie, als die Mitgift der Eleonore von Aquitanien Heinrich II. Plantagenet den Südwesten

Frankreichs bescherte. Mit Recht sieht Yves Renouard das Gravitationszentrum des Plantagenetreiches im Atlantik, irgendwo vor der bretonischen Küste. Nicht anders als der in der Normandie geborene Wilhelm der Eroberer richteten die aus Maine stammenden Plantagenets ihre langfristigen Pläne jedoch immer darüber hinaus auf Gebiete jenseits des Meeres, bevor die Niederlagen des Hundertjährigen Krieges auf dem Kontinent ihren Nachfolgern nachdrücklich die Insellage Englands zu Bewußtsein brachten. Bis dahin verfügte die englische Flotte über einen begrenzten Kern von Seestreitkräften, die von den *Cinque ports* gestellt wurden, während die französischen Könige erst allmählich eine ständige Kriegsflotte aufbauten. Die eigentliche Inbesitznahme des Meeres durch die westeuropäischen Staaten begann also erst in der zweiten Hälfte des Mittelalters. Was für England unter den Plantagenets und Frankreich unter den Kapetingern gilt, gilt ebenso für die iberischen Königreiche und die Bretagne. Letztere erfaßte recht schnell die Vorteile der Halbinsellage, und ihre Herzöge zögerten nicht, wie A. Kerhervé gezeigt hat, das Meer politisch, militärisch, kommerziell und steuerlich zu nutzen.

Die Hanse

In Nordeuropa entstand schon in der Mitte des 12. Jahrhunderts ein Herrschaftssystem, das in erster Linie auf dem Meer basierte. Die Neugründung von Lübeck durch Heinrich den Löwen 1158/59, die Bünde von Kaufleuten und dann von Städten waren das Vorspiel zur Herrschaft der Hanse über die Nord- und die Ostsee und der anschließenden Expansion ihres Handels bis nach Südeuropa. Hier scheint der Begriff Seeherrschaft wirklich angebracht. Die Hanse, deren Geschichte Philippe Dollinger so brillant erforscht hat, faßte nach und nach fast 200 Handelsstädte von der Zuidersee bis zum Finnischen Meerbusen zusammen. Die größten waren Küstenstädte wie Stralsund, Danzig, Visby, Riga, Hamburg und Bremen. Kontore im Ausland sicherten die meistbefahrenen Handelsrouten, Hauptstützpunkte waren die Kontore in Brügge, London, Bergen und Nowgorod. Diese Verteilung ergab sich zwingend aus den Seerouten, wobei aber auch zahlreiche kleinere Hafenstädte einbezogen wurden. In der effektvollen Organisation, die bis zum Mittelmeer reichte, spiegelt sich das ferne Erbe des friesischen Handels. Folgerichtig erwuchs aus der wirtschaftlichen die politische Hegemonie, wobei der Schutz der Seerouten die entscheidende Rolle spielte, wie aus den Beschlüssen der Hansetage und des Rats der Stadt Lübeck hervorgeht, welche die Führungsrolle übernahm. Die Organisation, die aus den günstigen geographischen Bedingungen erwachsen war, vereinte Geschmeidigkeit und Tatkraft. Die vier großen Kontore waren in ihren Entscheidungen autonom; sie regten gemeinsame oder lokale Aktionen an, dienten aber gleichzeitig als Ausführungsorgane kollektiver Entscheidungen. Ein solcher Pragmatismus, der für lateinisch geprägtes Rechtsdenken etwas Verwirrendes hatte, wirkte sich gegen Konkurrenten vernichtend aus. So bekämpfte die Hanse die gefürchtete Piratenorganisation der Vitalienbrüder, setzte sie aber manchmal sogar auf Anregung eines Hansemitglieds für ihre Zwecke ein. Der Anwendung von Gewalt wie in Visby gegen Dänemark oder auch gegen England zog die Hanse jedoch den Einsatz ökonomischer Zwangsmaßnahmen vor, wobei sie das Risiko eines Krieges durchaus in Kauf nahm. Blockaden, Schließung von Kontoren oder Faktoreien oder Belegung der Konkurrenten mit überhöhten Zöllen konnten zu den erstrebten vertraglichen Regelungen führen. Mit Hilfe geschickter Dosierung dieser Mittel drang die Hanse in Skandinavien, den Niederlanden und in England ein, zwang sie sich den Dänen auf, vertrieb sie die Engländer aus Bergen, eröffnete sie sich die Route durch den Ärmelkanal zu den am Atlantik gelegenen Salinen der Bretagne, des Poitou und Portugals, wohin sie Holz und Getreide lieferte.

Die ungeheure Expansion der Hanse und ihre größte Ausdehnung gegen Ende des 14. Jahrhunderts sind dem Unternehmungsgeist der Kaufleute zu verdanken, der Unerschrockenheit der Seeleute sowie der Zahl und der Qualität der eingesetzten Schiffe. Das Meer war in einem Maße zur Quelle von Reichtum und Macht geworden, das den Vergleich mit den großen Mittelmeerhäfen durchaus rechtfertigt. Aus der Verbindung dieser Handelszentren sollte – allerdings erst nach langer Zeit – das maritime Profil des modernen Europa entstehen.

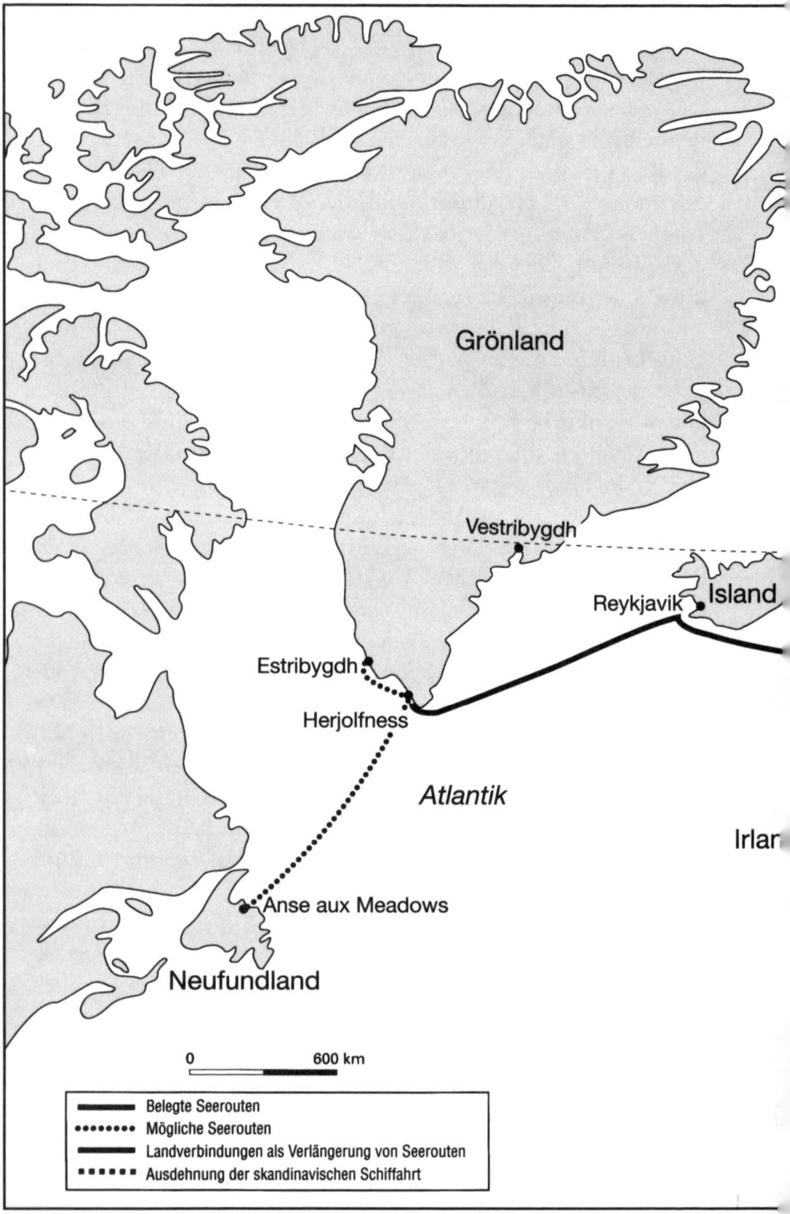
Grönland
Vestribygdh
Island
Reykjavik
Estribygdh
Herjolfness
Atlantik
Irlan
Anse aux Meadows
Neufundland
0
600 km
Belegte Seerouten
Mögliche Seerouten
Landverbindungen als Verlängerung von Seerouten
Ausdehnung der skandinavischen Schiffahrt

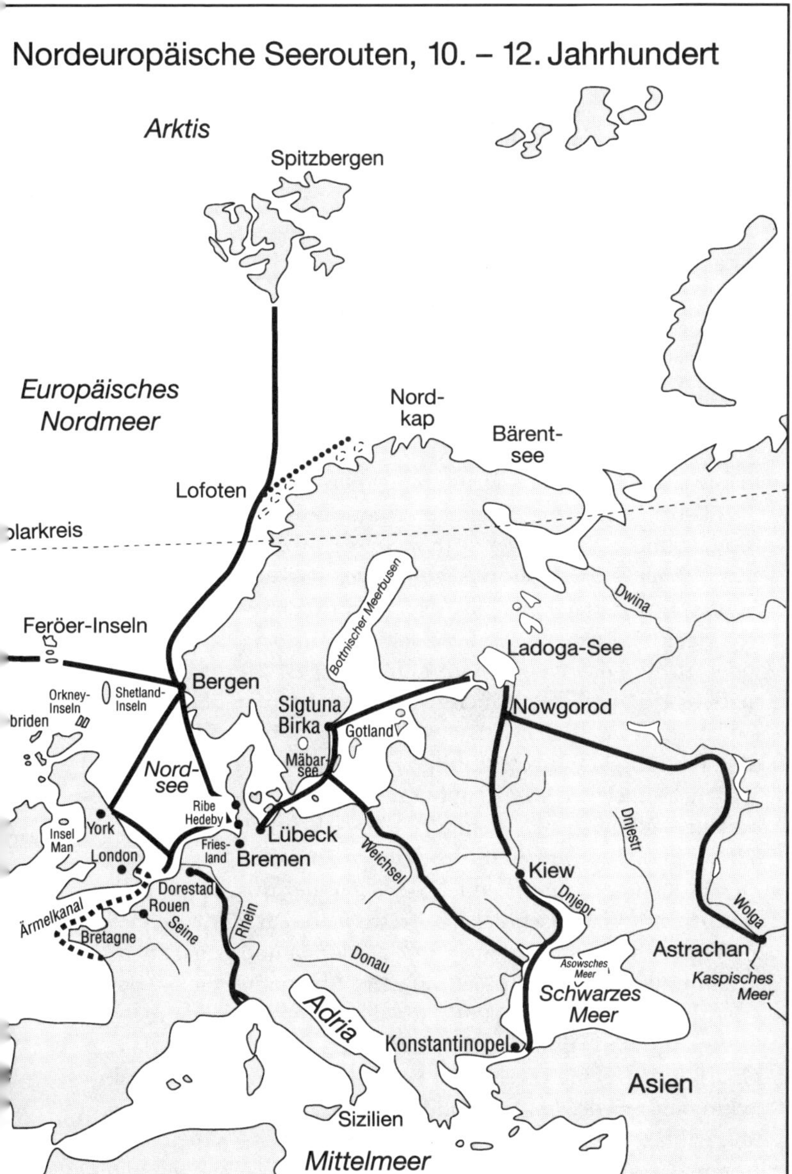
Nordeuropäische Seerouten, 10. – 12. Jahrhundert
Arktis
Spitzbergen
Europäisches Nordmeer
Nord-kap
Bärent-see
Lofoten
Polarkreis
Feröer-Inseln
Bottnischer Meerbusen
Dwina
Ladoga-See
Bergen
Orkney-Inseln
Shetland-Inseln
Hebriden
Sigtuna
Birka
Gotland
Nowgorod
Mälarsee
Nord-see
Ribe
Hedeby
Insel Man
York
Lübeck
Dnjestr
Fries-land
Bremen
London
Weichsel
Kiew
Dorestad
Rouen
Ärmelkanal
Seine
Rhein
Dnjepr
Wolga
Bretagne
Donau
Astrachan
Asowsches Meer
Kaspisches Meer
Schwarzes Meer
Adria
Konstantinopel
Asien
Sizilien
Mittelmeer

Eine Quelle des Wissens

Die Entwicklung der nordeuropäischen Seefahrt vollzog sich jedoch nicht in allen Bereichen gleichzeitig; denn nur langsam hoben sich die Nebelschleier der Unwissenheit. Lange Zeit blieben Legenden und Überlieferungen mit dem vom griechisch-lateinischen Europa übernommenen Wissen verquickt. Beda Venerabilis schrieb scharfsinnige Beobachtungen über die Gezeiten nieder. Alfred der Große fügte seiner Orosius-Übersetzung den Bericht über eine Reise an, die ihn vermutlich im Jahre 890 über das Nordkap hinausführte. Adam von Bremen berichtet, anscheinend auf realem Hintergrund, über ein schreckliches Erlebnis von Seeleuten, die den Stürmen zwar heil entkamen, sich dann aber mit Zyklopen konfrontiert sahen, die der Aeneis entsprungen sein könnten. Kartographen wagten es, auf den theologisch fundierten Weltkarten infernalische, von Drachen bevölkerte Orte einzuzeichnen, ein wahres Reich der Sünde. Eine ähnliche, aber viel orthodoxere Konzeption liegt dem *Imago Mundi* des Honorius zugrunde, das ein Heinrich von Mainz illustriert hat, ebenso einem Kartenentwurf des Hugo von Sankt Viktor. Damit befinden wir uns bereits im 12. Jahrhundert, und das Wissen wird nun immer exakter: Saxo Grammaticus ergänzt die Angaben Adams von Bremen über den Verlauf der norwegischen Küste in Richtung auf das Weiße Meer, das er als abgeschlossene Einheit zu betrachten scheint. Das im 19. Jahrhundert in Schottland entdeckte Manuskript einer Geschichte Norwegens verbindet die schriftlich überlieferten Theorien mit konkreten Informationen über die Orkney-Inseln, die Färöer-Inseln und Island. Aber auch hier mischen sich Lappen, die mit glattgeschliffenen Brettern an den Füßen schneller als Vögel über das Eis gleiten, mit Zyklopen und Amazonen!

Zumindest bis ins 14. Jahrhundert übernahm die «wissenschaftliche» Literatur diese Bilder als Topoi. So stellen die von Gervasius von Tilbury zur Unterhaltung Ottos IV. verfaßten *Otia Imperialia* eine regelrechte Folkloresammlung dar. Die Enzyklopädisten des 13. Jahrhunderts wie Vinzenz von Beauvais übernahmen alles, was die Zeitgenossen für Wissen hielten, wie Roger Bacon etwa unterzogen sie es aber einer kritischen Überprüfung, gaben der Erfahrung Vorrang und ergänzten die Ergebnisse mit eigenen Beobachtungen. Bartholomaeus Anglicus beschreibt z. B. das zugefrorene Meer bei Island und interpretiert die in der *Navigatio Brendani* erwähnten Kristallinseln als Umschreibungen von Packeis und Eisbergen. Die für die Zeitgenossen wundersamen Beschreibungen der Geographen vermischen unbekümmert Überlieferungen des Okzidents und des Orients. Das Publikum bevorzugte den Orient, was auch den Erfolg von Schriftstellern wie Jean de Mandeville und des *Libro del conoscimiento* eines spanischen Franziskaners im 14. Jahrhundert erklärt, die die Schiffahrt des Nordens mit keinem Wort erwähnen.

Dies ändert sich jedoch in der zweiten Hälfte des 14. Jahrhunderts. Das Interesse der Zeitgenossen für das Baltikum und Skandinavien begnügte sich immer weniger mit der Literatur und veränderte die geläufige europäische Vorstellung vom Norden. Dazu trug die Entwicklung des Hansehandels bei, aber auch die Öffnung des Sunds für die internationale Schiffahrt sowie der Aufschwung der Fischerei in der Nordsee und vor Schonen. Neben den wirtschaftlichen Motiven waren die menschlichen Beziehungen auf intellektuellem, religiösem und sozialem Gebiet entscheidend. Nun kamen zahlreiche Besucher aus den Ländern des Nordens und des Ostens nach Westeuropa: Schwedische, norwegische und dänische Studenten zogen in die jungen deutschen Universitäten oder die Kollegs, die an den italienischen oder französischen Fakultäten für sie gegründet wurden, wie etwa Skara in Paris; der Papst entsandte Nuntien und Kollektensammler; Bischöfe statteten dem Heiligen Stuhl ihren Ad-limina-Besuch ab, und Vertreter der skandinavischen Bistümer nahmen an den Konzilien der Zeit der Kirchenspaltung teil; in entgegengesetzter Richtung zogen Ritter, die sich auf der Suche nach Heldentaten am Preußenkreuzzug beteiligten. Alle diese Menschen brachten große Mengen von Informationen nach Hause und trafen auf ein Publikum, das begierig nach Abenteuergeschichten war.

Die wissenschaftliche Kritik hat viele Irrtümer und Übertreibungen aufgedeckt, angeberische Beschönigungen von Teilnehmern des Preußenkreuzzugs, euphorische Schilderungen eitler «Touristen» und herabsetzende Beschreibungen enttäuschter Reisender. Manche bemühten sich redlich um Objektivität, woraus die Kartographie großen Nutzen zog. Giovanni da Carignano stellt das Baltikum und die norwegischen Küsten bereits korrekt dar, leere Stellen füllt er allerdings mit Eisbären. Seine Nachfolger sind schon präziser, besonders jene, die den Vätern des Konzils von Florenz Informationen über die Kirche Islands lieferten. Ein ganzer Literaturzweig rankt sich um das Thema Nordlandreisen. Neben Gaston Phoebus und Jacques de Lalaing ist Philippe de Mézières am weitschweifigsten. Als Kreuzzugsveteran und Teilnehmer am Preußenkreuzzug verfaßte er im «Traum eines alten Pilgers» *(Songe d'un vieux pèlerin)* erbauliche Meditationen, wobei er erstaunliche geographische und nautische Kenntnisse offenbart. Gewöhnt an die Verhältnisse des Mittelmeers, steht er allerdings den Verhältnissen in den nordeuropäischen Meeren hilflos gegenüber. Auf zwei Schiffskatastrophen im Mittelmeer, so berichtet er, kämen 40 im «Land der Teutonen», dessen Bewohner er außerdem für «sehr zurückgeblieben in ihrem Handwerk» hält. In den Meeren Nordeuropas, so führt er weiter aus, müsse man mit dem Lot, ohne Kompaß navigieren; man sehe nur eine flache Küste und Berge im Nebel, und dies nicht ohne «Angst in den Knochen». Um sich zurechtzufinden, heuert er einen erfahrenen Seemann namens Jean an, den er mit dem biblischen Gerechten vergleicht, der die Sünde meidet. Von 100 Seeleuten, die zum hohen Norden segelten, komme kaum ein Drittel zurück. Nach Mézières benötigte man drei Jahre für die Fahrt nach Norwegen und zurück, und «unterwegs begegnet man Wundern, Geistern und Teufelswerk». Antoine de La Salle, ein anderer Held der Preußenkreuzzüge, berichtet über die jahreszeitlich unterschiedliche Ausdehnung des Packeises, das «40 Ellen dick ist, sich 40 Meilen weit über das Meer erstreckt und nur im Juni schmilzt». Während sich so langsam die Grenze der Arktis abzeichnete, besaß der Humanist Aeneas Sylvius Piccolomini, der spätere Papst Pius II., bereits eine recht genaue Vorstellung vom Baltikum und korrigierte die antiken Autoren, die noch nicht wußten, daß die Ostsee im Westen mit dem Atlantik verbunden ist. Die römische Kirche hielt Verbindung mit ihren nördlichsten Bezirken, mit Island seit dem 12. Jahrhundert und mit Grönland bis zu der Katastrophe, die im 15. Jahrhundert den Bischof und seine Herde überraschte, deren gefrorene Leichen erst im 20. Jahrhundert aufgefunden wurden. Daß schließlich auch der Nordosten erkundet wurde, belegt das Vordringen des kaiserlichen Gesandten Sigmund von Herberstein ins Mündungsgebiet der Dwina am Weißen Meer (1512–1526).

Die Eigenständigkeit der nordeuropäischen Meere

Nord- und Nordwesteuropa von der Nordküste der Ostsee bis zur portugiesischen Küste und nach Westen hin ins Unendliche behaupten eine eigenständige maritime Identität. Die Gezeiten beeindruckten die Südeuropäer. Obwohl der Tidenhub sehr unterschiedlich ist, zum Beispiel zwischen der Küste der Insel Wight, wo er am größten, und dem Bottnischen Meerbusen, wo er am geringsten ist, prägen hier die täglichen Schwankungen der Gezeiten die Bedingungen der Seefahrt und den Rhythmus des Lebens sehr viel stärker als an der Mittelmeerküste.

Für den Schiffbau lieferte Nord- und Nordwesteuropa in einem den Mittelmeeranrainern unbekannten Überfluß Eichenholz für die Kiele, skandinavische Fichten für die Masten, Pech für das Kalfatern, Flachs und Hanf für die Segel und das Seilwerk.

Die Forschungsergebnisse der Schiffsarchäologie und die Analyse von Darstellungen wie der Stelen in Gotland aus dem 8. Jahrhundert oder des Wandteppichs von Bayeux aus dem 11. Jahrhundert liefern vielfältige Erkenntnisse über die Schiffbautechnik. Keltische und angelsächsische Schiffstypen sind aus älterer Zeit durchaus bekannt. Aber die Wikingerschiffe trugen gerade durch die Invasionen zur Verbreitung von Schiffstypen bei, die sich besonders für militärische Unternehmungen oder Handelsreisen eigneten. Der von Eric Rieth untersuchte, ganz aus Holz gebaute Prototyp mit flachem Schiffsboden war ein langgestrecktes, klinkerbeplanktes Schiff, dessen Außenplanken also dachziegelartig übereinandergriffen und das lange Zeit sowohl mit Rudern als auch mit Segeln bewegt werden konnte, eine quadratische Rahtakelung besaß und von zwei Seitenrudern gesteuert wurde. Dann benutzte man ein Schiff mit höheren Bordwänden, das sich besser für Transporte eignete. Daraus entstand zunächst die Kogge, dann die Hulk, Schiffe, die nach Jacques Bernard den umfangreichen Frachten einer expandierenden Wirtschaft angepaßt waren, ohne die kleinen lokalen Küstenfahrzeuge zu verdrängen. So waren die atlantischen Küstenregionen Europas schon am Ende des 13. Jahrhunderts gerüstet, den Konkurrenzkampf mit dem Mittelmeerraum aufzunehmen. Zu den technischen Aspekten treten die Komponenten einer eigenen nord- und nordwesteuropäischen Seekultur. Das Meer ist sozusagen der geometrische Ort, der ethnisch verschiedene, aber von ihren Existenzbedingungen her verwandte Völkerschaften miteinander konfrontiert oder sie einander näherbringt. Ein Beispiel dafür liefert das Leben der Fischer rund um die Nordsee. Ein weiteres die Ostsee, an deren Küsten Germanen, Slawen, Skandinavier und Finnen siedelten, Völker, deren Vertreter in Visby trotz der Wirren zusammenlebten, welche die Stadt im 14. Jahrhundert erschütterten. Immer war das Meer eine Verbindung, manchmal sogar ein einigender Faktor über große Entfernungen hinweg. Häufig wird auch übersehen, welche Bedeutung bei der Christianisierung der Kelten und Skandinavier dem Meer als Verkehrsweg zukam; so trugen Norweger von Bergen aus das Evangelium «bis an die Grenzen der Welt», die damals gerade entdeckt worden waren, nach Island und Grönland.

Aber auch die materielle Alltagskultur, etwa Städte- und Hausbau, bezeugt die Verwandtschaft zwischen den Küstenbewohnern Nordeuropas. Gesellschaftliches Leben, Berufs- und Familienleben aller Seefahrer der Region folgten demselben Rhythmus, zum Beispiel richteten sich Ausfahrt und Rückkehr der Schiffe in Bergen wie in Dieppe, in Penmarch, in Pasajes und anderswo stets nach den Gezeiten und dem Wind; den Familienkalender, die Hochzeiten und die Geburten, bestimmten die Fangzeiten auf See, den Launen der Stürme folgten die Trauerriten für die auf See Ertrunkenen. Da sie offensichtlich mit denselben Problemen rangen, überrascht es nicht, daß die Seeleute ganz Nordwesteuropas sich sehr ähnliche Gesetze gaben. Zwischen den *Rôles d'Oléron,* den *Coutumes de Damme* und den *Gesetzen von Visby* besteht eine unleugbare Verwandtschaft, auch wenn die mögliche Verkettung seit dem 12. Jahrhundert und die gegenseitigen Anleihen bei weitem nicht geklärt sind. Schließlich fanden die Seeleute durch den Umgang miteinander auch eine Lösung ihres Kommunikationsproblems: Ähnlich wie die *Lingua franca* im Mittelmeerraum bildete die Sprache der europäischen Seeleute schließlich ein Ganzes, zu welchem jedes der beteiligten Völker seinen Beitrag geleistet hatte. Um 1520 konnte der Kapitän der französischen königlichen Marine Antoine de Conflans schreiben: «Es versteht sich, daß die Sprache der südeuropäischen Meere gemischt ist, und es scheint sogar, daß Normannen und Provenzalen sich verstehen können.» In der Tat standen damals Abendland und Morgenland seit mehr als zwei Jahrhunderten in engem Kontakt.

Viertes Kapitel

Die Begegnung der Regionen

Initiativen des Mittelmeerraumes

Gegen Ende des 13. und zu Beginn des 14. Jahrhunderts erfaßten die Europäer, welche Vorteile eine direkte Verbindung zwischen den beiden Meeresbereichen bot, eine Erkenntnis, die sicher auch von der ständig voranschreitenden Reconquista gefördert wurde. Deren Vollendung in Portugal ermöglichte die Überwachung von Kap São Vicente; Aragon als Herrscher über Valencia (1238), Kastilien als Herr über Cartagena (1245), Sevilla und Cadiz (1248) konnten die Zufahrt zur Straße von Gibraltar überwachen und den in Seenot geratenen oder von Piraten verfolgten Schiffen Zuflucht und einen Ankerplatz in einem Hafen bieten. Außerdem milderte ein mehr oder weniger prekärer Modus vivendi zwischen den christlichen und moslemischen Küstenbewohnern die Risiken der Durchfahrt von einem Meer zum andern.

Fahrten nach Norden

Im letzten Viertel des 13. Jahrhunderts vollziehen sich drei äußerst wichtige Entwicklungen. Als erstes der fortschreitende Ausbau von Handelsrouten zwischen Genua und Venedig einerseits und Flandern andererseits. Im Jahre 1277 segelte der adlige Genuese Nicolozzo Spinola von Genua nach Sluys bei Brügge, im folgenden Jahr fuhren seine Landsleute Nicolino Zaccaria und Uguetto Embriaco nach Southampton, Sandwich und London. Genuesische Galeeren sind 1287 in La Rochelle, 1293 in der Bretagne belegt, andere transportierten 1289 und 1292 Alaun aus Kleinasien nach Flandern. Sie waren die Vorboten einer regelmäßigen jährlichen Schiffsverbindung, die von 1298 an bis mindestens zur Mitte des 14. Jahrhunderts in den Quellen belegt ist. Genua wahrte seinen Vorsprung, aber von 1314 an segelten auch venezianische Galeeren nach Flandern.

Parallel zu diesen Handelsbeziehungen entwickelten sich zweitens militärische Aktivitäten zwischen Mittelmeer und Nordsee. Die Könige von Frankreich und England, die miteinander Krieg führten, aber keine Seestreitkräfte besaßen, begannen zur gleichen Zeit, sich aus dem Mittelmeer Unterstützung zu verschaffen. Der französische König Philipp der Schöne bestellte 1292 dreißig Galeeren in Genua, die am 1. April 1295 in Marseille ablegten, zwei Monate später die Seinemündung erreichten und dort mit den auf dem Landweg angereisten Spezialisten aus Genua und der Provence zusammentrafen, die in Rouen den *Clos des Galées royales*, die königliche Galeerenwerft, unterstützen sollten.

Nautische Verbesserungen

Die dritte, technische, eng mit den beiden vorgenannten verbundene Entwicklung betrifft die Schiffe und die Navigation. Die Tatsache, daß Galeeren und damit mittelmeerische Schiffstypen den Atlantik befuhren, ist weder auf bauliche Veränderungen noch auf geänderte nautische Gewohnheiten zurückzuführen. Auch überwinterten die Schiffe aus dem Mittelmeerraum weiterhin in den Häfen, in denen sie sich gerade befanden. Andererseits berichtet der berühmte Florentiner Geschichtsschreiber Giovanni Villani, daß 1304 Genuesen, Venezianer und Katalanen aus dem Golf von Gascogne die *coca*, die Kogge, übernahmen, einen größeren und wirtschaftlicheren Schiffstyp mit fest eingebautem Deck. Die Werften des Mittelmeers bauten diesen Typ in den folgenden Jahrzehnten und vergrößerten ihn beträchtlich, bis er in Genua die Maße eines großen Handelsschiffs erreichte. Die Sicherheit dieser Schiffe beruhte zum Teil darauf, daß sie ein mittschiffs befestigtes Heckruder besaßen, das die Seitenruder zuerst ergänzte und dann ersetzte und so das Schiff auf genauem Kurs hielt.

Das Vordringen des italienischen Handels in den Atlantik läßt sich an den Portolankarten verfolgen. Die erste Kartengeneration nach der Karte von Pisa verzeichnet eine ständig wachsende Anzahl von Hafenplätzen. Dabei wurde die europäische Atlantikküste anfangs einfach durch eine von Südwest nach Nordost verlaufende Gerade von Lissabon bis Dänemark dargestellt.

Zwanzig Jahre später dagegen beweist das Werk des Genuesen Petrus Visconte, des einzigen Geographen, von dem wir ein Bild bei der Arbeit besitzen, schon bessere Kenntnisse. Die Westküsten sind exakter dargestellt mit einigen kritischen Fixpunkten der Navigation, Kap São Vicente, Kap Finisterre, der Pointe Saint-Mathieu, Kap Lands End und dem Cotentin. Genauere Angaben enthalten vor allem die Portolankarten der Nationalbibliothek in Paris (1313) und der Stadtbibliothek von Lyon (um 1321). Um die Mitte des 14. Jahrhunderts existierten auch genauere Kenntnisse über den Küstenverlauf der baltischen Staaten. Der *Libro del conoscimiento* bezeugt, daß die Lage der osteuropäischen Häfen in Spanien wohlbekannt war. Ortsnamen werden korrekter als erwartet wiedergegeben. Zwar wird die litauische Küste Litefame genannt und Kurland heißt noch Vçibandt, aber ohne weiteres verständlich sind die Bezeichnungen Dançicha für Danzig, Rinalia für Reval und Ungradia für Nowgorod. Insgesamt werden vom Ende des 13. Jahrhunderts an die Kenntnisse der Mittelmeeranrainer von Reise zu Reise, von einer Portolankarte zur nächsten immer präziser.

Routen und Ankerplätze

Auf den mehr oder weniger langen Routen mußten unterwegs natürlich Häfen angesteuert werden. Ganz sicher darf man die Fahrten einiger genuesischer Schiffe, die ohne Zwischenstopp Alaun von Chios nach Sluys transportierten, nicht als Regelfälle ansehen. Die Länge der Reise – drei Monate von Genua bis England –, zusammen mit den Gefahren der Seefahrt und der Notwendigkeit, Frischwasser zu fassen und sich über die politische Lage in manchen Seebereichen oder Landstrichen zu informieren, in denen der Friede bedroht war, all dies zwang zu Unterbrechungen der Fahrt aus technischen Gründen und in vorgeschriebenen Häfen, in denen die Seeleute eventuell neue Anweisungen erhielten. Kaum vorstellbar erscheint, daß ein Schiff von Galicien bis zur Bretagne segelte, ohne einen Hafen am Kap Finisterre einerseits und der Pointe Saint-Mathieu andererseits anzulaufen, zumal die Seeleute aus dem Mittelmeerraum ohnehin meist an den Küsten entlang segelten. Außerdem war die Eröffnung einer neuen Route oft schon lange Zeit vorher logistisch vorbereitet worden. Da die Genuesen westlich von Gibraltar Pionierarbeit leisteten, in Sevilla 1251 und 38 Jahre später mit den Brüdern Vivaldi mitten im Atlantik, scheint es nur natürlich, daß sie schon zu Beginn des 12. Jahrhunderts in Galicien und in Lissabon von 1147 an präsent sind. Wie wir bereits sahen, ließ Erzbischof Diego Gelmirez von Santiago (1100–1140) zwei Schiffsbauer aus Pisa und Genua kommen. Zwei Jahrhunderte später machten die ersten Galeeren auf der Fahrt nach Flandern hier einen Zwischenstopp. Von 1321 an ist belegt, daß die Genuesen La Coruña anliefen, während die Venezianer auf der Rückfahrt von Flandern in El Ferrol vor Anker gingen, um den Genuesen aus dem Weg zu gehen. Zu diesem Thema hat Elisa Ferreira Priegue aufschlußreiche Quellen aus galicischen Archiven ausgewertet.

Sobald Kap Finisterre außer Sicht war, konnten die Schiffe zwischen zwei Routen wählen. In La Rochelle empfing sie eine kleine genuesische Kolonie, deren erste Siedler vielleicht auf dem Landwege von Montpellier oder Narbonne aus über die aquitanische Landenge, einem kurzen und sicheren Reiseweg, gekommen waren. Andere hatten sich vielleicht schon über das Meer gewagt. Als im Jahre 1224 die Stadt zum königlichen Krongut geschlagen wird, verzeichnet die Liste der Einwohner, die seit mindestens einem Jahr in der Stadt wohnen, auch zwei italienische Kaufleute. Einer davon hieß Tommaso da Genova. Wie er dorthin gelangte, weiß man nicht; acht Jahre später jedoch wich einer seiner Landsleute, Gherardo Pessagno, einem Sturm aus und fuhr durch die von der Insel Oléron geschützten Fahrrinnen, wobei er nur mit Mühe und Not den Inselbewohnern entkam, die hofften, er werde Schiffbruch erleiden, damit sie das Wrack ausplündern könnten. La Rochelle kannten die italienischen Seeleute so gut, daß Marco Polo die Gewässer des Poitou und der Saintonge als *mer de Rocelle* bezeichnete. Wie stark die Beziehungen waren, zeigt die Tatsache, daß in La Rochelle am Ende des 13. Jahrhunderts Agenten italienischer Handels- und Bankgesellschaften vorwiegend aus Pistoia arbeiteten, die mit den Häfen Galiciens Geschäftsverbindungen pflegten.

Nicht nur in der Saintonge, sondern auch an den anderen

Etappen in Richtung Flandern nahmen Italiener ihre Landsleute gastfreundlich auf. Renée Doehard hat für das Jahr 1293 genuesische Galeeren in der Bretagne, und zwar in Nantes, Quimperlé, Quimper und Dinan nachgewiesen. Ein 1296 im Herzogtum durchgeführtes Gerichtsverfahren spiegelt die Aktivitäten lombardischer Geldhändler wider und erwähnt unter anderem, daß an der Pointe Saint-Mathieu ein Schiff aus Morlaix Schiffbruch erlitt, welches ein Kaufmann aus Florenz gemietet hatte, um Wein aus La Rochelle nach Flandern zu transportieren. Außerdem belegen die Portolankarten vom Beginn des 14. Jahrhunderts, wie genau der Verlauf der bretonischen Küste nunmehr bekannt war.

In Richtung England verließen die Italiener vermutlich die Bretagne in der Höhe von Saint-Brieuc. In Southampton trafen sie wiederum auf Landsleute, dort fanden sie auch Nachrichten ihrer Geschäftspartner aus Brügge vor, dem Ziel ihrer Reise. Die gesamte Route war gesäumt von italienischen Kolonien, die teilweise schon seit Jahrzehnten bestanden.

Die Alternative Land – Meer

Von der Ägäis aus verbreitete sich offensichtlich bis zur Nordsee eine Art Erschütterungswelle, welche die beiden Wirtschaftszentren in Italien und Flandern zu einer Art Weltwirtschaft verband, wie Braudel formulierte; Zentrum der wirtschaftlichen Aktivitäten war zunächst Genua. Nach den Siegen über Pisa in La Maloria (1284) und über Venedig in Korcula bzw. Curzola in der Adria (1296) übernahm Genua die führende Rolle in der europäischen Expansion zur See. Die Ursachen dieser Entwicklung sind vielfältig. Nicht daß der Warenaustausch auf dem Seewege stattfand, war die eigentliche Neuerung: lange Zeit vorher schon sicherten die Landwege die Nord-Süd-Verbindungen über die Champagner Messen. Die Seeroute ist vielmehr als Ergänzung zu betrachten und als Anpassung des Handelsverkehrs an wirtschaftliche, politische, technische und sogar intellektuelle Veränderungen.

Gewiß fällt die Eröffnung der Seeroute über den Atlantik zeitlich mit dem Niedergang der Champagner Messen zusammen, sie hat ihn aber wohl kaum verursacht. Ein unmittelbarer Zusammenhang wurde zwar lange Zeit vorausgesetzt, er scheint aber weder sehr ausgeprägt und erst recht nicht zwingend gewesen zu sein. Keineswegs haben die Seeleute die Fuhrleute «erstochen». Vielmehr verlagerte sich der Treffpunkt der Kaufleute, zumindest zeitweilig, nach Paris, und die Eröffnung des St.-Gotthard-Passes im Jahre 1237 führte Handelsströme über die Alpen zum Rhein. Immerhin überlebten die Champagner Messen die Eröffnung der Seeroute durch Gibraltar mindestens bis 1320, und die Landwege behielten eine wichtige Funktion, allerdings nicht jenes Übergewicht, das Jan Van Houtte ihnen zuschreibt. Wie gesagt, es handelt sich eher um Ergänzung als um Konkurrenz. Vorteile, die der Seeweg bot, waren die geringeren Kosten – bei allerdings längerer Transportdauer – und die große Ladekapazität. Außerdem mußte man große Ladungen nicht stückeln und ersparte sich zahlreiche Zollabgaben und viel Ärger mit der Bürokratie. Insgesamt aber wogen die Risiken der beiden Transportarten einander auf, die Gefahren der Bergwelt, die Bedrohung durch Gewitter, Lawinen und Räuber waren kaum geringer als die durch Stürme und Piraten zur See. Am meisten überzeugt der Gedanke, daß der Transportweg der Art, dem Gewicht und dem Umfang der Ladung angepaßt wurde. Und gerade am Ende des 13. Jahrhunderts setzte sich vom Norden bis zum Süden der europäischen Gewässer der Transport von Massengütern durch genuesische Unternehmer durch, angefangen mit dem Transport von Alaun.

Hinzu kamen Geschäftssinn und Unternehmergeist der Kaufleute; der markanteste von ihnen war damals Benedetto Zaccaria, dessen Karriere Roberto S. Lopez nachgezeichnet hat. Nach der Restauration des Byzantinischen Reiches hatte er zusammen mit seinem Bruder – unter Verdrängung der Venezianer – eine Konzession zum Abbau und zum Handel mit Alaun von der Schwarzmeerküste und Kleinasien erhalten und besaß damit praktisch das Handelsmonopol für ein Produkt, das zur Tuchfärberei und zur Lederbearbeitung benötigt wurde. Dieser außergewöhnlich agile Geschäftsmann war gleichzeitig Politiker und Krieger. Seine Privatflotte führte alle Handelsunternehmungen und militärischen Operationen Genuas an. Die Gunst des Königs von Kastilien ermöglichte ihm die Niederlassung in Puerto de Santa Maria bei Cadiz, von wo aus er den Zugang zur

Atlantikroute kontrollierte. Wie oben erwähnt, passierten seine mit Alaun aus Phokäa beladenen Galeeren 1292 die Straße von Gibraltar in Richtung Brügge. Sein Ruf brachte ihm sogar die Kundschaft Philipps des Schönen ein, der sich nicht damit begnügte, in Genua Schiffbauspezialisten anzuwerben, sondern dort auch Schiffe anmietete, Zaccaria das Kommando seiner Flotte anvertraute und ihm den Admiralstitel verlieh. Dieser Vorgang bezeugt, wie weit um 1300 Mittelmeer und Atlantik bereits zusammengewachsen waren.

Initiativen des atlantischen Raumes

Im Dialog zwischen Norden und Süden haben die Italiener häufig sowohl die Fragen gestellt als auch die Antworten gefunden. Fragen? Antworten? Für die Anfangszeit erscheinen solche Bezeichnungen noch unpassend. Tatsächlich transportierten die genuesischen, venezianischen und bald auch florentinischen Schiffe bei ihrer Rückkehr aus Flandern oder England oft nur Ballast, und die Genuesen fanden im 15. Jahrhundert erst in den Salinen von Ibiza schwere und reichliche Fracht für ihre Stadt und deren Kunden.

Allmähliche Entwicklung

Der Seehandel entwickelte sich in dem Maße, wie die Küstenregionen ihre Chancen wahrnahmen, ihre Autonomie durchsetzten, sich selbständig machten und sich dann bemühten, die Widerstände zu überwinden, die ihre Aktivitäten behinderten, indem sie zum Beispiel die Öffnung der Sundpassage und größere Sicherheit in den bretonischen Küstengewässern erreichten. Südeuropa lockte mit sonnigen Gestaden und hohen Gewinnen, zwischen der Ostsee und Gibraltar flammten nach und nach die Leuchttürme auf.

Die Hanse organisierte den nordeuropäischen Seehandel, dehnte dann ihre Interessenzone aus und erreichte innerhalb von fast zwei Jahrhunderten an der Schwelle zum Mittelalter die Grenze Spaniens. In ihrem Kielwasser segelten Holländer und Flamen.

Die Engländer ihrerseits lieferten der Hanse in Nord- und Ostsee einen harten Konkurrenzkampf, aber gleichzeitig sicherten sie ihre Präsenz auf der Südroute, die ihnen durch den Besitz Aquitaniens seit dem 12. Jahrhundert und die Allianz mit Portugal seit dem Ende des 14. Jahrhunderts vertraut war. Als neue Konkurrenten brachten Bretonen und Basken ihre Kontingente in die westeuropäische Seeschiffahrt ein.

Im 15. Jahrhundert schließlich hatten die atlantischen Staaten ihre Schiffahrt so weit entwickelt, daß sie die Straße von Gibraltar, bis zu welcher sie immer wieder vorgestoßen waren, schließlich durchfuhren und von West nach Ost in Massen ins Mittelmeer eindrangen.

Die Ausdehnung der Hanse

Der Ausdehnung der Hanse nach Westen und Süden ging notwendigerweise die Eroberung der deutschen, slawischen und skandinavischen Seegebiete voraus. Lübeck und die vier Kontore in Bergen, London, Brügge und Nowgorod bildeten die Basis der Hanse, aber in Brügge, mehr noch als in London, erwachte durch den Kontakt mit den Italienern am Ende des 13. Jahrhunderts der Wunsch, Südeuropa für die Hanse zu erschließen. Verstärkt wurde der Ausdehnungsdrang über den Ärmelkanal zum Atlantik hin durch die außerordentliche Entwicklung der Nordseefischerei um 1300. Die Salzgewinnung durch Verdunstung des schwach salzhaltigen Nordseewassers erbrachte nicht genügend qualitativ ausreichendes Salz für die Konservierung besonders des Herings, und das um Lüneburg gewonnene Steinsalz war zwar reich an Natriumchlorid, aber nur in relativ geringen Mengen verfügbar. Deshalb griff man auf das stark konzentrierte Meersalz des Atlantiks und des Mittelmeers zurück. Vermutlich brachten Hanseschiffe schon um 1300 Salz aus Ibiza, aber das scheint ein Einzelfall gewesen zu sein; denn die Hanse richtete schließlich einen jährlichen Konvoi zu den Salinen der Südbretagne und des Poitou aus, in die Baie von Bourgneuf, südlich der Loire. Dieser Salztransport, die sog. Baienfahrt, umfaßte manchmal eine beträchtliche Anzahl von Schiffen, die Kaufleuten aus den größten Hansestädten sowie dem Deutschen Orden gehörten. 1449 kaperten die Englän-

Bergen
Oslo
Tönsberg
Stockholm
Visb
Schonen
Kopenhagen
Falsterbo
Bornholm
Stralsund
Rostock
York
Hamburg
Wismar
Greifswald
Lübeck
Stettin
Boston
Bremen
Lüneburg
Ispwich
Amsterdam
Kampen
Zwolle
Deventer
Braunschweig
Frankfurt
Utrecht
Magdeburg
Münster
Osnabrück
Dortmund
Goslar
London
Soest
Elbe
Maas
Brügge
Antwerpen
Köln
Weser
Erfurt
Rhein
Schelde
Frankfurt
Dinant

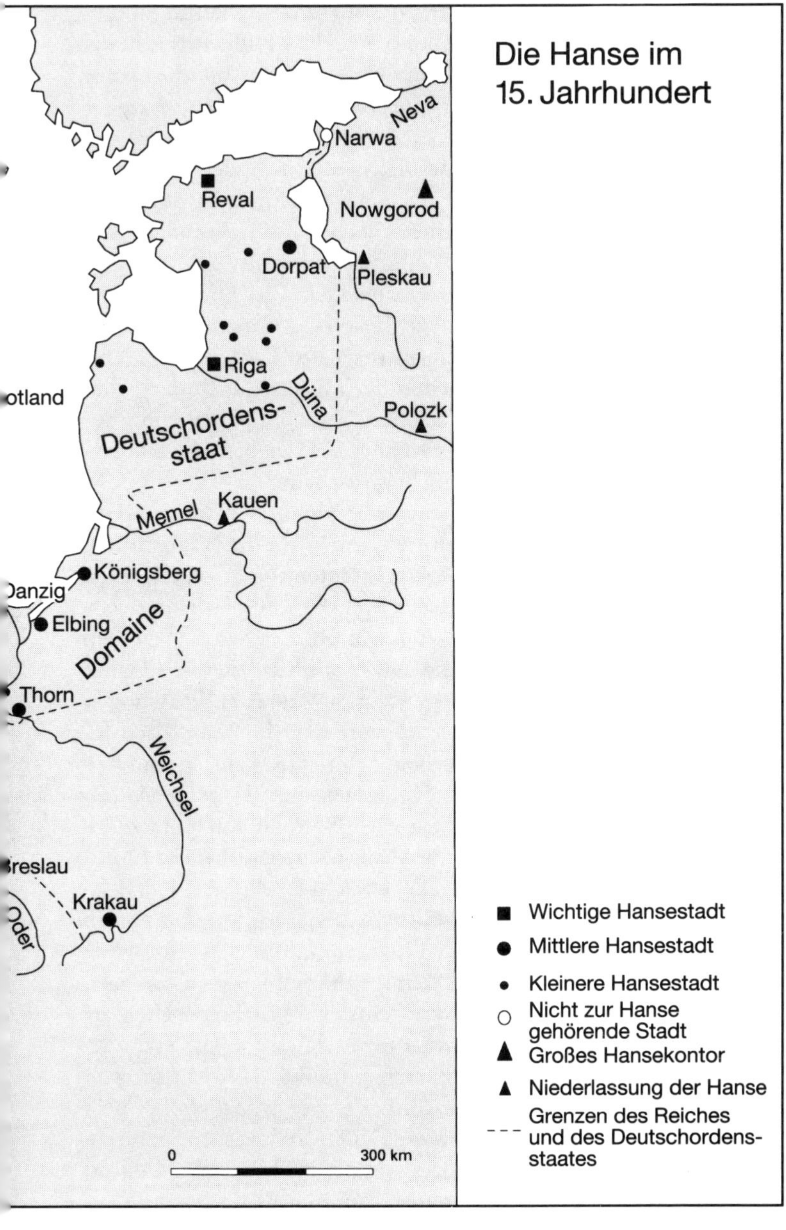
Die Hanse im 15. Jahrhundert
Neva
Narwa
Reval
Nowgorod
Dorpat
Pleskau
Riga
Düna
otland
Deutschordens-staat
Polozk
Kauen
Memel
Königsberg
anzig
Elbing
Domaine
Thorn
Weichsel
reslau
Krakau
Oder
0
300 km
Wichtige Hansestadt
Mittlere Hansestadt
Kleinere Hansestadt
Nicht zur Hanse gehörende Stadt
Großes Hansekontor
Niederlassung der Hanse
Grenzen des Reiches und des Deutschordens-staates

der nicht weniger als 50 Schiffe, die zur Salzbeschaffung unterwegs waren. Den Kapitänen der hansischen Hulken waren die atlantischen Ankerplätze der Baie vertraut, aber bis zum Ende des 15. Jahrhunderts befuhren nur wenige den Atlantik weiter nach Süden. 1418 allerdings stieß ein Teil der 40 Schiffe der Baienfahrt bis Lissabon vor, desgleichen 1421. In der portugiesischen Hauptstadt lebten einige Hansekaufleute, die dort gern gesehen waren und sich an den ersten Unternehmungen der portugiesischen Expansion beteiligten. So nahm ein deutsches Schiff 1415 an der Einnahme von Ceuta teil. Zur Durchfahrt ins Mittelmeer fehlte nur die Gelegenheit. 1404 finden sich wieder Hanseschiffe bei den Salinen von Ibiza. Im Laufe des 15. Jahrhunderts nehmen die Aktivitäten der Hanse südlich der Halbinsel immer stärker zu, in Lissabon besonders zu Beginn der großen Entdeckungen. Zu erwähnen wären hier die Namen Valentin Fernandes, Peter Reinel und Behaim.

Die Schiffahrt zwischen den Ostseehäfen, vor allem Reval und Danzig, barg keine Geheimnisse mehr für die Navigatoren, die den Anweisungen des *Seebuchs* folgten, einer regelrechten Routenbeschreibung in deutscher Sprache, die den Küstenverlauf peinlich genau darstellte. Die Anzahl der Schiffe, die den Sund passierten, hatte ständig zugenommen, seit die Hanse 1432 dem König von Dänemark ihren Willen aufgezwungen hatte. Die erhaltenen Zollbücher von 1497 bis zur Mitte des 19. Jahrhunderts belegen dies schon. Schon 1464 kehrten zum Beispiel 44 preußische Schiffe aus Lissabon zurück. Dort wurde von hansischen Hulken nordeuropäisches Getreide auf portugiesische Lastschiffe umgeladen, die dann nach Andalusien, Nordafrika, Katalanien und Italien segelten. Die Art der Handelsgüter zeigt, daß der Austausch zwischen Norden und Süden ausgeglichen war: Der Norden lieferte Getreide, Wachs, Holz und Pech gegen Obst, Öl, Wein, Kork und vor allem Salz, Alaun und Waid. Das stark konzentrierte portugiesische Salz konnte in den Manufakturen des Nordens besser eingesetzt werden als das französische Konkurrenzprodukt, das nicht so weiß und nicht so trocken war; obwohl es teurer war und über größere Distanz transportiert werden mußte, stellte es eine gefürchtete Konkurrenz des «Baiensalzes» dar. Sobald das Salz zu einem «der einigenden Elemente der abendländischen Wirtschaft» (Virginia Rau) geworden war, wurde Setúbal Treffpunkt von Seeleuten aus dem Norden und aus dem Mittelmeer. Der Massenhandel mit schweren Gütern wie Salz und Getreide und mit sperrigen wie Holz begünstigte eine gewisse Aufgabenteilung zwischen Seerouten und Handelsstraßen. Zur See waren die Frachtkosten niedriger; der Unterschied zu den Fuhrkosten wurde noch größer, als sich im 15. Jahrhundert der Handel mit Alaun und Waid nach Norden entwickelte, Güter, die in den Industriezentren Nordwesteuropas breite Verwendung fanden.

Man fragt sich, warum die Hanse so spät in den Mittelmeerraum vordrang. Die Vorstöße im 14. Jahrhundert blieben vereinzelte Episoden, vergleichbar der Schwalbe, die noch keinen Sommer macht. In Sizilien konnte Henri Bresc in der ersten Hälfte des 15. Jahrhunderts ein einziges deutsches Schiff nachweisen, eine ähnliche Beobachtung machte Jacques Heers für Genua. Die Erklärungen hierfür fallen unterschiedlich aus. Da das unmittelbare Ziel der Hanse die wirtschaftliche Beherrschung der Ostsee und der Nordsee war, mußte sie alle Kräfte konzentrieren, um sich in Bergen durchzusetzen und dem Vordringen Englands in die Ostsee die Stirn zu bieten. Nur die Baienfahrt war westlich von Calais von lebenswichtigem Interesse, keineswegs aber eine Reise über Portugal hinaus. Außerdem liefen die Kontakte mit den Kaufleuten aus dem Mittelmeerraum über die Kontore in Brügge und London, bis Antwerpen die Funktion von Brügge und Amsterdam schließlich die von Antwerpen übernahm, also am Ende des 16. und zu Beginn des 17. Jahrhunderts. In dieser Zeit lösten die Niederländer die Hansekaufleute ab und reisten wie die Engländer nach Livorno und Venedig. Wie Pierre Jeannin festgestellt hat, segelten am Ende des 16. Jahrhunderts doppelt so viele Niederländer wie Hansekaufleute nach Venedig.

Burgundische Initiativen

Ganz am Rande und sehr vereinzelt sind Mitte des 15. Jahrhunderts Bemühungen Philipps des Guten von Burgund festzustellen, im Mittelmeerraum Fuß zu fassen. Wie viele Fürsten seiner Zeit wußte er wohl, welche Gewinne der Handel abwerfen konnte, zumal er Herr über Brügge und die Stadt Antwerpen zu

Beginn ihrer Blüte war und mit Isabella eine portugiesische Prinzessin zur Frau hatte. Darüber hinaus war Philipp französischer Abstammung und hatte von den Valois den Ehrgeiz und die Kreuzzugsträume geerbt. So berief er portugiesische Ingenieure nach Flandern, die ihm eine Flotte bauen sollten; vom Herzog von Savoyen erwarb er zu einem hohen Preis die Nutzung des Mittelmeerhafens von Villefranche. Einige Jahre lang wehte die Flagge des «Großherzogs des Okzidents» über dem Mittelmeer bis zum Orient. War dies nicht der Moment, da Jacques Cœur das Königreich Frankreich an seine mediterrane Bestimmung erinnerte und der Fall von Konstantinopel die – trotz der Türkengefahr – vor sich hin dämmernde Christenheit wachrüttelte?

Das Erwachen von Bristol

Unter den Versuchen, den Südeuropäern die Kontrolle der Seeinteressen Europas streitig zu machen, verdienen auch die Bemühungen von englischer Seite Beachtung. Dabei kam die Initiative weder aus London noch aus Southampton, wo die Anwesenheit der Italiener risikolose Gewinne sicherte. Kaum hatte sich England aus dem Morast seiner Kontinentalkriege befreit, verstrickte es sich Mitte des 15. Jahrhunderts in die endlosen Rosenkriege zwischen den Häusern York und Lancaster. Der entscheidende Anstoß kam vielmehr aus Bristol, einem Hafen, dessen Bewohner weder in die Geschäfte der Hanse verwickelt noch an den Finanzspekulationen der Italiener interessiert und damit frei waren, in den fernen Süden und bald auch nach Westen zu blicken.

Die Affäre Sturmy, die E. M. Carus-Wilson nach allen Seiten durchleuchtet hat, erregte ein Aufsehen, das die weitverzweigten Handelsbeziehungen der Zeit widerspiegelt. Sturmy war ein unternehmungslustiger und umsichtiger Kaufmann; wie sein Zeitgenosse Jacques Cœur ergriff er die Chancen, die sich Mitte des 15. Jahrhunderts boten. Auch er profitierte vom Ende des Hundertjährigen Krieges, aber auf seiten der Engländer, indem er in der Normandie Versorgungsgüter für die Truppen transportierte. Und ebenfalls wie jener versuchte er das Monopol der Italiener im Mittelmeerhandel zu durchbrechen, von welchem in England Southampton, der schärfste Konkurrent der Stadt Bristol, profitierte. 1466 durchfuhr eines seiner Schiffe, die *Cog Anne,* die «Meerenge von Marokko» unter dem Deckmantel einer Exportlizenz von Wolle und Zinn nach Pisa sowie des Transports von 160 Pilgern ins Heilige Land, die in Jaffa ausgeschifft wurden. Während die Pilger es vorzogen, auf dem Landweg zurückzukehren, profitierte die *Cog Anne* wie zur gleichen Zeit die Schiffe des Jacques Cœur von den Spannungen zwischen Venedig und dem Sultan von Kairo und lud in Alexandria Gewürze. Unglücklicherweise sank das Schiff vor der Westküste des Peloponnes gegenüber von Modon mit Mannschaft und Ladung.

Dies tat aber weder seinem Vermögen noch seinem Ansehen Abbruch, ja, seine Mitbürger wählten ihn sogar zum Bürgermeister. Sturmy wagte einen neuen Versuch und rüstete 1457 drei Schiffe für eine Fahrt in die Levante aus, wie Dokumente der Archive des Königreichs Aragon in Barcelona bezeugen. Aber zwei von diesen Schiffen kaperten die Genuesen, die seine Vernichtung beschlossen hatten. Zwar führte dies zu einer vorübergehenden Störung der englisch-genuesischen Beziehungen; festzuhalten bleibt aber, daß das Eindringen der Engländer ins Mittelmeer langfristig den Abbruch ihres Handels mit Aquitanien kompensierte und eine Phase der englischen Politik eröffnete, in der England seine maritimen Interessen in Europa selbst wahrnahm.

Basken und Bretonen

So spektakulär manche Mittelmeerunternehmungen der Hanse oder der Engländer vor dem 16. Jahrhundert auch waren, reichten sie doch nicht an die Beständigkeit und Entschlossenheit heran, mit der neben Portugiesen und Andalusiern Basken und Bretonen das Transportgeschäft beherrschten. Besonders vom 14. Jahrhundert an verfügten diese über eine beträchtliche Anzahl von außerordentlich seetüchtigen Lastschiffen mit meist geringer Tonnage, deren Mannschaften bei jedem Wetter zu segeln wußten und die Fahrrinnen ebenso genau kannten wie die Landmarken, mit deren Hilfe sie ihre Position bestimmten. Schon im 14. Jahrhundert transportierten sie Wolle aus Kastilien nach Flandern, Eisen aus der Biskaya ins Mittelmeer, nach Valencia oder Barcelona oder auch nach Nordeuropa. Andererseits charterten Unternehmer aus dem Norden oder Süden baskische Schiffe für andere Schwertransporte, manchmal über weite Entfernungen. Jean Delumeau datiert das goldene Zeitalter der baskischen Seefahrt, die den größten Teil des Alauns aus Tolfa von Civitavecchia aus vor allem nach Rouen transportierte, um 1500.

Geographisch liegt die Bretagne günstiger an den Seerouten als das Baskenland. Daher kamen die Bretonen in Kontakt mit allen Schiffen, die zwischen dem Ärmelkanal und dem Golf von Biskaya verkehrten; sie konnten nicht nur die Durchfahrt kontrollieren und gegebenenfalls havarierte Schiffe aufgreifen, sondern auch eine gewisse Sicherungsfunktion ausüben. Schon seit dem Hochmittelalter verliehen herzogliche Seebriefe den Fremden durch ein Konvoisystem Schutz entlang der Küsten und die Möglichkeit, Zuflucht und Verpflegung zu finden. Von da aus war es für die Bretonen kein großer Schritt, dem Kielwasser ihrer Kunden zu folgen und ihnen ihre Dienstleistungen zu verkaufen. Auch überließ die Bretagne die Verteilung ihres Salzes nicht allein den Fremden. Die zahlreichen kleinen bretonischen Segler, die schnell beladen und abgefertigt und wenig kostenträchtig waren, fuhren bis ins Mittelmeer, wohin sie Getreide, Tuche und die verschiedensten Waren brachten; auf der Rückfahrt transportierten sie Alaun und Wein. Um 1530 durchfuhren sie nach Fernand Braudel «in dichten Reihen» die Straße von Gibraltar von West nach Ost. Aber bereits mehrere Jahre zuvor, sogar noch vor den abenteuerlichen Unternehmungen des Engländers Sturmy, verkehrten Bretonen in Mittelmeerhäfen. Für 1413 belegt Jacqueline Guiral-Hadjiossif den Aufenthalt eines Schiffes aus Groix in Valencia, in Genua erwähnen städtische Archivalien für das Jahr 1439 zwei bretonische Schiffe. Die Fahrten bretonischer Schiffe ins Mittelmeer nahmen besonders nach 1480 zu, was im übrigen auch für Schiffe aus der Normandie gilt, die in Barcelona schon um 1420 auftauchen.

Die westeuropäischen Seefahrer in den italienischen Kriegen

Die Aktivitäten der Bretonen und der Normandiebewohner im Mittelmeer beschränkten sich nicht auf den Handel. Während der italienischen Kriege benötigte man nämlich Unterstützung durch Kriegsschiffe aus dem Atlantik. Die enge Verbindung zwischen Atlantik und Mittelmeer wurde durch die Personalunion zwischen der Bretagne und der französischen Krone infolge der Ehe zwischen Herzogin Anne mit Karl VIII. gefördert. Hierfür zwei Beispiele: Am 14. Juli 1494 tauchten 30 bretonische Kriegsschiffe vor Alicante auf, zu denen 13 weitere aus der Normandie und La Rochelle stießen; sie sammelten sich zu einer Flotteninspektion, die der Herzog von Orléans, der spätere Ludwig XII., vor Genua durchführte. Knapp sieben Jahre später, zu Beginn des 16. Jahrhunderts, führte ein zum größten Teil aus dem Atlantik stammendes Geschwader eine große Operation gegen Mytilene im östlichen Mittelmeer durch, darunter die berühmte *Cordelière* aus Morlaix, die heute noch in einem Volkslied gefeiert wird. Aber natürlich waren die Franzosen nicht die einzigen Westeuropäer, die an den internationalen Auseinandersetzungen im Mittelmeer teilnahmen; auch Engländer, Spanier und Portugiesen waren mit ihren Kriegsschiffen dabei.

An der Bordartillerie ließen sich zu dieser Zeit allerdings Kriegsschiffe kaum von Handelsschiffen unterscheiden. Denn auch letztere waren alle mehr oder weniger bewaffnet, zu ihrer Verteidigung oder gegen die alltäglichen Gefahren einer Seereise, im Mittelmeer allerdings aufwendiger als im Atlantik. Insgesamt läßt sich feststellen, daß Europa um 1500 – ob zur Ausübung des friedlichen Handels oder zur Vorbereitung des Krieges – alle seine Küstenregionen im Norden, Westen und Süden mobilisierte.

Fünftes Kapitel

Begegnungen und Aufteilungen: Die Entstehung eines Europa der Kaufleute

Das Meer gehört allen

Stellen wir uns einmal vor, um 1450 seien Beobachter gleichzeitig an den Ufern des Bosporus, der Straße von Otranto, der Straße von Messina, bei Gibraltar, in Penmarch an der Pointe de Bretagne, in Calais oder in Dover und an der Sundküste postiert. Stellen wir uns weiter vor, sie hätten die Dichte des Seeverkehrs erfassen können wie etwa das Register von Lloyds oder des Büros Veritas. Trotz mancher Unvollständigkeiten und Lücken würde das Gesamtbild die fast ununterbrochene Bewegung von Schiffen aus ganz Europa widerspiegeln. Gewiß ergaben sich regionale Schwerpunkte überall dort, wo die Küstenschiffahrt überwog; aber die kleinen flämischen, englischen, bretonischen, baskischen und portugiesischen Segelschiffe und die aus dem Mittelmeerraum mischten sich unter die großen italienischen Handelsgaleeren, die breiten portugiesischen Karaken, die französischen Galeeren und Lastschiffe und die schweren holländischen Huker, denen sie auf See begegneten und deren Ladung sie löschten und verteilten. Zu dieser Zeit durchfuhren die genuesischen Schiffe noch den Bosporus in Richtung Caffa; kurz zuvor mochten sie der Flottille des Herzogs Philipp von Burgund begegnet sein, die er, wie wir oben sahen, von portugiesischen Spezialisten bauen ließ in der schließlich fehlgeschlagenen Absicht, den Kreuzfahrern in Warna (1444) zu helfen. Venedig wachte eifersüchtig über die Kontrolle «seiner» Adria, als ob sie venezianisches Territorialgewässer sei. Dennoch bemühte sich Ragusa, seinen Einfluß in der Adria auszudehnen und Beziehungen bis Sizilien, Neapel, Aigues-Mortes und Barcelona zu knüpfen.

Vor Gibraltar tauchten immer mehr Portugiesen, Basken, Bretonen und Engländer auf. Auf hoher See waren sie vielleicht

Schiffen aus dem Mittelmeer begegnet, die nach Southampton, London oder Sluys fuhren. Ganz andere Begegnungen erwarteten sie vor der bretonischen Küste. Besonders der Hafen von Le Conquet war nicht nur ein Nest von Piraten und Wrackräubern, deren Taten die Legende übertrieben darstellt; in erster Linie fand man dort ausgezeichnete Lotsen und Kartographen, die als Vorläufer der Kartographenfamilie Brouscon (16. Jahrhundert) gelten dürfen. Vorsicht war allerdings immer geboten, und nicht ohne Grund hatten die Herzöge der Bretagne ein System von Geleit- und Schutzbriefen errichtet, das im übrigen ihre Einnahmen erheblich erhöhte. Außerdem war die Nordwestküste der Bretagne, die Küste der Landschaft Le Léon, wo sich heute noch Schiffskatastrophen ereignen und Öl die Strände verseucht, nicht die einzige in Europa, an der häufig Schiffe in Seenot gerieten.

Die Küsten der Bretagne bildeten eine Art Vorzimmer des Ärmelkanals, der zu allen Zeiten ein europäisches Meer im strikten Sinne des Wortes war. Nach der Rückeroberung von Cherbourg (1450) kamen die Querverbindungen zwischen Frankreich und England fast in normalem Rhythmus wieder in Gang. Nur dank der *Customs Accounts* von Calais, seit 1347 der englische Brückenkopf auf dem Kontinent, sind wir darüber einigermaßen informiert. Die Regelmäßigkeit der Überfahrten erklärt, warum England so strikt darauf achtete, sie zu kontrollieren und zu besteuern. Jahr für Jahr erfolgten 20 bis 25 % der Wollimporte auf den Kontinent über den Kanal. Auch ein großer Teil des Londoner Handels mit der französischen Atlantikküste (Wein, Salz, Waid) benutzte diese Gewässer. So verband der beständige Warenaustausch England fast wie eine Nabelschnur mit dem Kontinent.

Vom Beobachtungsposten Calais aus hätte man in der einen Richtung die Segel der venezianischen *mude*, der genuesischen *Karawanen* und der kastilischen Wollflotte verfolgen können, in der entgegengesetzten Richtung die Schiffspulks der Hanse auf dem Weg zu den Salinen und den Weinbergen der Atlantikküste, von wo aus sie in Gruppen von zehn oder mehr Schiffen schwer beladen in die flandrischen, holländischen und deutschen Häfen zurückkehrten.

Im Sund schließlich, wo die dänische Krone 1429 einen Zoll

errichtet hatte, nahm die Vielfalt der Flaggen im 15. Jahrhundert zu. Die Hanse kämpfte hart um den Erhalt ihrer Führungsposition. Es war ihr gelungen, die Handelsaktivitäten der Norweger bis nördlich von Bergen zurückzudrängen, aber ihr Verbündeter, der Deutsche Orden, war 1410 bei Tannenberg von den Polen geschlagen worden und mußte sich 1466 auf Königsberg zurückziehen. Engländer und Holländer profitierten ihrerseits von internen Auseinandersetzungen der Hanse und von den Schwierigkeiten des Hansekontors in Nowgorod (das schließlich 1478 von Iwan III. eingenommen wurde) und drangen in die Ostsee, besonders nach Danzig, vor.

Die scharfe Konkurrenz im Norden stand den verbissenen Rivalitäten im Mittelmeer in nichts nach. Aber all dies sind im Grunde Familienstreitigkeiten; denn alle derartigen Auseinandersetzungen drehen sich um die Aufteilung gleichartiger Rechte an einem gemeinsamen Erbe.

Hafentypen mittelalterlicher Prägung

Da das Meer allen gehört, begegnen sich die Europäer nicht nur auf hoher See, sondern auch in den Häfen, über deren Lage die natürlichen Gegebenheiten, aber auch die konjunkturellen Schwankungen entschieden. Als ob ihr Charakter als Familienbesitz bestätigt werden müßte, wurden die Häfen trotz aller Unterschiede überall mit der gleichen Sorgfalt angelegt, ausgerüstet und unterhalten. Unterschiede resultierten aus den hydrologischen Bedingungen des Atlantiks und des Mittelmeers; aber der Mensch verstand es, die geographischen und topographischen Gegebenheiten zu nutzen und sich aus den daraus entstandenen Zwängen zu befreien.

Eine Aufzählung aller Häfen wäre vergebliche Mühe; denn sie käme einer Beschreibung der westeuropäischen Wirtschaft im Spätmittelalter und zu Beginn der Neuzeit gleich. Zahlreiche kleinere Häfen entlang der Seerouten Europas sind ebenso viele Zwischenstationen und Zufluchtsorte. Den Gesamtzusammenhang des Ganzen erfaßt man besser, wenn man bei der Untersuchung dieser wichtigen Epoche, des 15. und 16. Jahrhunderts, seine Aufmerksamkeit auf die beiden Pole des europäischen Seeverkehrs richtet, im Norden auf die Niederlande und im Süden auf die großen Mittelmeerhäfen. Ein solcher Überblick erlaubt dann vielleicht, bestimmte Züge und Verhaltensweisen der einzigartigen Persönlichkeit Europa herauszuarbeiten.

Weiter oben haben wir vom Flugzeug aus die Gegend von Istanbul und von Gibraltar beobachtet. Diese moderne Perspektive ist in etwa vergleichbar mit der Aussicht, die man im Spätmittelalter vom Gipfel eines Berges oder der Spitze eines Monuments genießen konnte, zum Beispiel von den Bergen aus auf Genua, vom Campanile auf Venedig, von Notre-Dame de la Garde auf Marseille, vom Schloß auf Lissabon, von Notre-Dame-de-Bon-Secours auf Rouen, vom Turm der Kathedrale auf Barcelona oder vom Turm des Doms auf Sevilla; der 122 Meter hohe Turm von Notre-Dame in Brügge und der Turm der Kathedrale von Antwerpen sind weithin sichtbare Landmarken.

Bei der Vielzahl der europäischen Häfen bietet es sich an, sie nach Lage und Funktion zu ordnen. Seit der Antike haben der Rhythmus der Gezeiten oder auch das Fehlen von Gezeiten die Art der Hafenanlagen und die jeweils geeigneten Techniken bestimmt. Am wichtigsten war der Bau von Rückhaltebecken und Schleusen, besonders an der Nordsee und am Ärmelkanal. Die geographischen Bedingungen führten im Mittelmeer an den Atlantikküsten zu unterschiedlichen Hafenformen. Im Mittelmeerraum boten in den Fels bzw. das Land eingeschnittene Buchten leicht zu schützende Ankerplätze (Athen, Ragusa, Neapel, Marseille, Collioure mit ihren alten Häfen, Barcelona und Valencia mit ihren weiträumigen Reeden). An den Atlantikküsten wurden schon im Mittelalter besonders die Trichtermündungen genutzt, die bei beträchtlicher Breite und Tiefe doch Schutz vor den Gefahren der See boten, so in Sevilla, Lissabon, Bordeaux, Nantes, Rouen, Southampton, Bristol, London, Antwerpen, Hamburg und Lübeck. Oft nutzten Küstenhäfen eine sog. Ria (in Galicien und der Provinz Guipuzcoa, in der Bretagne und in Norwegen), die von einer engen Passage geschützt wird, oder sie nutzten ihre Lage an den Handelsrouten (La Rochelle, Brest, Saint-Malo, Calais) oder am Rande der Regionen, in denen Ackerbau und Industrie stark entwickelt waren. Südeuropa entwickelte ein reiches Spektrum von Häfen, die den Schiffstypen der jeweiligen Zeit angepaßt waren. Auch wenn die Anzahl der Häfen die Möglichkeiten einer vernünftigen Rentabilität weit überschreitet, ist sie doch Ausdruck der Tatsache, daß man überall den Nutzen des Seeverkehrs erkannte.

Bei allen Unterschieden zeigen die Hafentypen Gemeinsamkeiten, die mehr oder weniger genau einem allgemein verbreiteten Modell entsprechen: ein natürlicher Zugang, der entweder eng war oder von Menschenhand verengt wurde, zwischen Türmen, die bei Nacht mit einer Kette verbunden wurden; bekannt ist das Schicksal der Hafenkette von Marseille, die 1423 von den Aragonesen als Trophäe nach Valencia entführt wurde. Am Ende der schützenden Molen markierten ein oder mehrere Feuer oder Leuchttürme die Einfahrt, zum Beispiel in Genua, Dieppe und Calais. Wehranlagen schützten die Küsten: Man denkt an das Fort Saint-Jean in Marseille, den Torre de Belém in Lissabon, die Verteidigungsanlagen von Brest, die Tour d'Ordre in Boulogne-sur-mer, den Tower in London, den Steen in Antwerpen, die Burgen in Danzig und in Lübeck. Der Hafen umfaßte neben den Ankerplätzen im tiefen Wasser wegen der notwendigen Instandhaltungsarbeiten und der Verladearbeiten auf Leichter Kais aus Erde, dann aus Stein, schräge Landungsbrücken, dann quer zur Küste verlaufende Laderampen mit Lagerhäusern, wo Karren verkehrten und Schauerleute arbeiteten. Zum Heben schwerer Lasten gab es auf den Schiffen Ladebäume und auf manchen Kais Kräne, die von einem mit Menschenkraft angetriebenen Rad bewegt wurden. Die Erinnerung daran ist uns durch die Malerei überliefert (Damme, Antwerpen); einige Kräne existieren noch, unter anderem in Danzig und Lübeck. Die jeweiligen Einrichtungen entsprachen dem Handel mit Massengütern (Wein, Salz, Getreide, Holz, Mineralien, Wolle usw.), auf die bestimmte Hafenbereiche spezialisiert waren. Von einem Ende Europas zum anderen finden sich also zwischen den Häfen Vergleichbarkeiten und Unterschiede, die aus der speziellen Funktion der Häfen und den jeweils angewandten Techniken resultieren.

Die Funktion der Häfen wird von ihren Benutzern bestimmt. Zahllos waren die Fischereihäfen und die kleinen Häfen für Küstenschiffe und für Ausbesserungsarbeiten, die Versorgungshäfen, wo sich die Schiffer mit Verpflegung versorgten, Wasser faßten oder Briefe vorfanden, in denen der oder die Auftraggeber Instruktionen über das Reiseziel erteilten. Hinzu kamen Anlagen, die aus gesundheitspolizeilichen Gründen vom letzten Viertel des 14. Jahrhunderts an nach dem Vorbild der Quarantäne von Ragusa errichtet wurden. Eine besondere Kategorie bilden die Vorhäfen, die es den Schiffen ersparen, einen ganzen Mündungstrichter hinaufzufahren, wie am Guadalquivir, der Gironde, der Seine, der Themse oder der Schelde; dort sind die Wasser tiefer als in den inneren Häfen. Typisch dafür ist Brügge mit seinen beiden Vorhäfen Damme und Sluys, die nacheinander angelegt wurden, als die Mündung der Reye nach und nach verschlammte. Zwei weitere Kategorien von Häfen vervollständigen unsere Typologie: die Militärhäfen, die erst mit der allgemeinen Verbreitung der Seeartillerie als eigene Einrichtung entstanden; schließlich Häfen, in denen sich Schiffe aus Sicherheitsgründen zu Verbänden zusammenschlossen wie die venezianischen *mude*, die kastilische Wollflotte, die Baienflotte der Hanse, die von Bretonen geschützten Geleitzüge zwischen Saint-Malo und La Rochelle und schließlich die italienischen Flotten, die sich vor Rye (an der englischen Kanalküste) in der sog. *Chamber* zusammenfanden, bevor sie die Heimreise zu ihrer Halbinsel antraten. Aus ähnlichen Gründen dienten bestimmte Seegebiete wie die Reede von Winchelsea oder die niederländischen Küstengewässer der Überwinterung; zwischen Oktober und März stellten die Seeleute aus dem Mittelmeerraum die Schiffahrt auf dem Atlantik nach wie vor ein; die Schiffe der Hanse warteten an der niederländischen Küste die Eisschmelze in der Ostsee ab, bevor sie zu ihren Heimathäfen zurückkehrten.

Persönliche Kontakte

Die menschlichen Kontakte an Bord und in den Häfen sind bezeichnend für die Rolle als Schmelztiegel, die die Seefahrt im internationalen Rahmen spielte. Wie Jacques Bernard am Beispiel von Bordeaux darlegte, wurde die Besatzung der kleinen Fischkutter und der Küstenschiffe meist vor Ort bzw. in der engeren Verwandtschaft rekrutiert, was fast bis in unsere Tage in ganz Westeuropa üblich war. Dennoch kamen diese Männer auch in

Kontakt mit Seeleuten aus anderen Regionen; die Härte der Zusammenstöße wurde jedoch manchmal durch das Bewußtsein gemildert, demselben Berufsstand anzugehören. Fischer aus der Normandie, der Bretagne, dem Baskenland, aus Kastilien und Portugal stritten sich bereits um Fanggründe zu einer Zeit, als man noch keine Aufteilung nach Fangquoten kannte, und manchmal weiteten sich ihre Streitigkeiten zu Kriegen aus wie zur Zeit Philipps des Schönen zwischen Frankreich und England. Die Nordsee erlebte Konflikte zwischen einzelnen Schiffen und Häfen, zwischen Heringsfischern aus der Normandie, der Pikardie, aus Flandern, Holland und England. Aber es kam auch vor, daß sie sich trotz des Krieges insgeheim zu gemeinsamen Beutezügen verabredeten. Im Mittelmeer führte die Korallenernte zwischen Provenzalen und Sarden zur Zusammenarbeit, aber auch zu Feindseligkeiten; alle empfanden jedoch zumindest unbewußt eine gewisse Solidarität angesichts ihrer gemeinsamen Aufgabe.

Im Bereich des Handels warfen die Rekrutierung von Seeleuten unterschiedlicher Herkunft und die weitausgreifenden Reisen Probleme auf. Den Zusammenhalt der Mannschaft sicherten abgestufte Solidaritätsbindungen, die von der Verwandtschaft, der Freundschaft bzw. der gemeinsamen Herkunft bis zu der bloßen Zugehörigkeit zur gleichen Mannschaft reichten.

Häufig ging die Solidarität nicht über die Grenzen der vertrauten Gruppe hinaus, ja sie konnte sogar die Matrosen ausschließen, die nicht aus der eigenen Landschaft stammten. Streitigkeiten wurden in irgendeiner Hafentaverne hart ausgefochten, manchmal auf blutige Weise, besonders wenn ein Fremder, ob Engländer oder Franzose, daran beteiligt war. In diesem Augenblick waren alle Spannungen des Bordlebens vergessen, hielten die Mitglieder einer Mannschaft zusammen. Auch kam es vor, daß Matrosen von anderen Schiffen oder aus anderen Ländern eine Mannschaft tatkräftig unterstützten. In La Rochelle ließ sich 1423 sogar eine Dirne namens La Rousse auf einen Faustkampf mit Matrosen ein. Solche flüchtigen Formen von Gemeinschaftssinn basieren auf der Zugehörigkeit zum gleichen Milieu oder zur gleichen Nation und sind nicht etwa Ausdruck einer «europäischen» Solidarität. Es sind Reaktionen auf Verstöße gegen gemeinsame Wertvorstellungen, wie aus den Untersuchungs- und

Gerichtsakten hervorgeht. Beispiele hierfür finden sich in den Gnadenerlassen der französischen Könige und in den Urteilen des Seegerichts von Sluys aus der zweiten Hälfte des 15. Jahrhunderts; die Vielfalt der Verurteilten aus unterschiedlichen Ländern vermittelt den Eindruck, daß ganz Europa bei diesen Auseinandersetzungen vertreten war.

Es gab aber nicht nur mehr oder weniger zufällige Begegnungen. In einigen Wirtschaftszentren von internationaler Bedeutung bildeten Kaufleute und Geschäftsleute Gruppen, die nach ihrer geographischen Herkunft organisiert und als Fremde mit einem besonderen Rechtsstatus und Privilegien der Herrscher bzw. der Obrigkeit ausgestattet waren. Die Beziehungen, die diese Gruppen mit ihren Herkunftsländern und Heimatstädten aufrechterhielten bzw. untereinander pflegten, lassen die allerdings erst rudimentär ausgeprägten Elemente einer europäischen Kaufleutegemeinschaft erahnen.

Südeuropäische «Nationen» im Handelszentrum Brügge

Als 1476 Erasmus, der «Vater Europas», in Rotterdam geboren wurde, regierte Karl der Kühne, Herzog von Burgund, die Niederlande; Brügge stand in seiner Blüte als Wirtschaftszentrum, eine Funktion, die die Stadt später an Antwerpen und dann an Amsterdam abtreten mußte. In großartiger Weise wurde die Rolle der Stadt im darauffolgenden Jahr anläßlich der prachtvollen Hochzeitsfeierlichkeiten des neuen «Großherzogs des Okzidents» demonstriert, als Karl, der Sohn der Königin Isabella von Portugal und Neffe Heinrichs des Seefahrers, Margarete von York, die Tochter König Eduards IV. von England, ehelichte.

Niemand fehlte bei diesem Fest, dessen äußeren Rahmen der Maler Hugo van der Goes entworfen hatte und dessen Pracht Olivier de La Marche in seinen Memoiren beschreibt. Alle Repräsentanten der Kaufleutegruppen waren versammelt und defilierten hinter den Gesandten und Prälaten in folgender Ordnung:

«Die Venezianer kamen als erste: Zehn Kaufleute zu Pferde, in Rot gekleidet und jeder mit einer Fackel, gefolgt von zehn Dienern zu Pferde.

Danach kamen die Florentiner, zuerst 60 Mann zu Fuß, in Blau gekleidet, die Fackeln trugen, dann vier Pagen in silberfarbenem Tuch mit Überwürfen aus dunkelrotem Samt, auf Pferden mit Schabracken aus weißem Satin. Es folgten 11 Kaufleute, angeführt von Tommaso Portinari, ihrem Oberhaupt und Rat des Herrn Herzogs, alle in dunkelroten Satin gekleidet. Nach ihnen kamen 11 Faktoren in einfachem dunkelrotem Satin, schließlich 80 blau gekleidete Diener, alle zu Pferde.

Die Spanier waren 84 Kaufleute zu Pferde, in violettem Damast, mit 80 Pagen zu Fuß in schwarzem Satin. Vor ihnen gingen 60 Fackelträger in violettem und grünem Tuch.

Die Genuesen wurden angeführt von einem schönen Mädchen zu Pferde, das die Jungfrau darstellte, welche Sankt Georg vor dem Drachen gerettet hat; ihr folgte Sankt Georg in voller Rüstung. Danach kamen 3 Pagen und 108 Kaufleute zu Pferde in weißem Damast mit ebenso vielen Dienern in weißem Tuch.

Die Osterlinge [Hansekaufleute] ließen vor sich 72 Fackeln hertragen; nach 6 violett gekleideten Pagen kamen die Kaufleute, 108 an der Zahl, zu Pferde und alle in violettem Tuch.»

Diese anschauliche Beschreibung illustriert die Bedeutung der Kaufleutegruppen und das Ansehen, das sie genossen. Der Autor erwähnt weder die Engländer, die natürlich an der Zeremonie ebenfalls beteiligt waren, noch die Franzosen, die in Brügge nicht als Ausländer galten, da Flandern bis zur Regierungszeit Karls V. zur französischen Krone gehörte.

Engländer wohnten in Brügge nur wenige, weil der Wollimport über Calais erfolgte. Die Franzosen dagegen waren in so großer Zahl vertreten, daß sie über ein gemeinsames Haus, die *Halle de Paris*, verfügten; ihr Einfluß ergab sich auch daraus, daß Geschäftspartner aus Norden und Süden sich auf Französisch verständigten. In diesem Zusammenhang sei angemerkt, daß das Problem der Dolmetscher an den internationalen Handelsplätzen bisher nicht so eingehend untersucht wurde, wie es seiner Bedeutung entspricht. In Brügge wurde eine Vielzahl von Sprachen gesprochen, und der Historiker, der heutzutage seinen Blick träumend über Plätze, Kais und Kanäle dieser Stadt schweifen läßt, erwartet ständig eine Art Fata Morgana, die Begegnung mit Personen, deren Namen ihm aus den Archivstudien vertraut sind.

Das Beispiel Brügge führt uns nicht nur die Vielfalt der seefahrenden Nationen nach ihrer geographischen Herkunft und ihren Sprachen vor Augen. Die «Nation» war hier eine soziale und rechtliche Einheit, die genauso lebendig war wie an den Universitäten oder einige Jahrzehnte zuvor auf den Konzilien zur Zeit des Schismas. Eine nationale, kohärente und einflußreiche Gruppe konnte von der Obrigkeit die Anerkennung als Nation erlangen, deren Rechtsstatus sich von dem einer einfachen Kolonie unterschied.

In Brügge wie in jedem anderen Hafen stimmten die Interessen einer Gruppe, die sich zu einer Art Schutzsyndikat zusammengeschlossen hatte, und der Obrigkeit, die darauf bedacht war, die Aktivitäten der Fremden zu kontrollieren, weitgehend überein.

Der hervorragende Platz der Italiener in dem von Olivier de La Marche beschriebenen Festzug entspricht der Anciennität ihrer Nationen und der jeweiligen Anzahl ihrer Vertreter in Brügge. Schon vor der Einrichtung direkter Seeverbindungen mit Genua und Venedig am Ende des 13. Jahrhunderts waren Italiener in Brügge vertreten; aber ihre Organisation in Nationen erhielt erst im 15. Jahrhundert durch herzogliche Urkunden die endgültige Form. Die Struktur der Nationen war in Brügge die gleiche wie in anderen Städten. Zu einer Nation gehörten verpflichtend alle, die aus dem von ihr beschriebenen Bereich stammten; ihre jährliche Versammlung wählte einen Konsul und Räte; der Konsul übte disziplinarische und rechtsprechende Gewalt über die Mitglieder seiner Nation aus; im Bedarfsfalle mußte er sie auch gegenüber den örtlichen Behörden unterstützen. Die Nation verfügte über ein eigenes Haus. Die ihr meist angegliederte Bruderschaft genoß die Gastfreundschaft eines religiösen Ordens ihrer Wahl.

Der tatsächliche Einfluß der in Brügge vertretenen Nationen entsprach der Schilderung des Olivier de La Marche, angefangen mit den Florentinern. Die Achtung und das Vertrauen, das Tommaso Portinari genoß, strahlten auf seine ganze Nation aus. Nach rund 20 Jahren als Leiter der Medici-Filiale in Brügge war er Rat des Prinzen Karl geworden, bevor dieser Herzog wurde. Wie Prinz Karl fand er Gefallen an der Macht und ihren Versuchungen; er pflegte einen prachtvollen Lebensstil in einer der schönsten Villen der Stadt, dem Hotel Bladelin, einem regelrechten Palast, den er zu einem hohen Preis gekauft hatte. Tommaso, der fließend Französisch sprach, besaß außergewöhnlichen Einfluß und genoß außerordentliches Ansehen. Das heißt aber nicht, daß die anderen italienischen Gruppen weniger gut repräsentiert waren. Olivier de La Marche hätte auch Genuesen und Kaufleute aus Lucca wie Dino Rapondi oder Giovanni Arnolfini nennen können; er hätte auch ihre Beteiligung an den finanziellen Transaktionen im Hotel Van der Beurse erwähnen können, nach welchem die Börsen allerorten benannt sind.

Die anderen Nationen aus dem Mittelmeerraum waren zwar nicht so stark am Finanzgeschäft beteiligt, spielten aber eine bedeutende Rolle im Handel. Zunächst sind vier zu nennen, die Biskayer, die Kastilier, die Katalanen und die Aragonesen; zu Beginn des 16. Jahrhunderts kam die Nation Navarra hinzu. Sie waren ähnlich organisiert wie die italienischen Nationen, jede hatte ihren Konsul und ihr Haus. Die Namen von Straßen und Plätzen in Brügge erinnern noch heute daran, wie etwa die *Rue des Espagnols* oder die *Place des Biscayens.* In den Archiven tauchen einige Familiennamen auf, die häufig auch in anderen Hafenstädten vertreten sind und sich überall dort wiederfinden, wo Iberer sich niederließen.

Hansekontore im Norden und der Fondaco dei Tedeschi in Venedig

Die von Olivier de La Marche vorgestellten Osterlinge schritten am Ende des Hochzeitszuges Karls des Kühnen in Brügge. In dieser wie in anderen Städten bildeten die Hansekaufleute insofern eine Ausnahme, als sie eine geschlossene Nation mit besonderer Organisation und eigenen Rechten bildeten. Ihr Gebäude hat bis ins 20. Jahrhundert den strengen Charakter einer Kaserne und eines Lagerhauses bewahrt. Dabei mischten sich die Hansekaufleute in Brügge mehr als an anderen Orten unter die eingesessene Bevölkerung und pflegten Kontakte mit anderen Nationen. Dies ergab sich aus der Funktion der Stadt als Drehschreibe zwischen dem nördlichen, dem östlichen und dem südlichen Sektor des europäischen Handels. An diesem Umschlagplatz wurde entladen und neue Ladung aufgenommen;

außerdem überwinterten hier häufig Schiffe bis zum Beginn der besseren Jahreszeit. Es war nichts Ungewöhnliches, daß 1457 mehr als 600 deutsche Kaufleute zu einer Versammlung im Brüsseler Kontor erschienen.

Andernorts tendierten die Hansekontore dazu, ihre Kontakte mit anderen Nationen zu beschränken und sich abzusondern. In London hielten die Bewohner des Stalhofs am Ufer der Themse Distanz zur Bevölkerung. Besonders aber in Bergen bildete das deutsche Viertel eine Ansammlung von Baracken, die stärker abgeschlossen war als eine europäische Konzession in China am Ende des 19. Jahrhunderts. Es kam überhaupt nicht in Frage, daß ein Kaufmann außerhalb wohnte oder private Verbindungen pflegte. Eventuell liegt der Grund dafür in der Jugendlichkeit der meisten deutschen Residenten, welche die Lübecker Behörde am Kontakt mit der Bevölkerung hindern wollte. In Nowgorod waren aus Sicherheitsgründen Holzbaracken um eine dem Apostelfürsten Petrus geweihte steinerne Kirche gruppiert, die gleichzeitig als Magazin, Kultstätte und Zufluchtsort diente, und das Ganze, der Peterhof, war von einer Palisade umgeben.

In Südeuropa war der *Fondaco dei Tedeschi* am Rialto in Venedig ein «streng bewachtes» Gebäude (Ph. Braunstein). Die Kaufleute von jenseits der Alpen waren verpflichtet, dort zu wohnen; der Mönch Felix Faber, der nach Jerusalem unterwegs war, notierte 1483 sogar, es gebe dort einen Hund, der Leute, die Deutsch sprachen, begeistert begrüße, bei der Ankunft von Italienern, Franzosen, Griechen oder Slawen aber bösartig knurre. Der *Fondaco* war nicht ausschließlich mit Seehandel befaßt, sondern diente als Bindeglied zwischen Orient und Okzident, zwischen dem Mittelmeer und den Hansestädten Oberdeutschlands, deren Interesse am Seehandel erst allmählich zunahm. Die Imhof aus Nürnberg zum Beispiel hatten im *Fondaco* ein Zimmer, dessen Name «das Paradies» den Rang seines Inhabers zum Ausdruck brachte. Namen wie Imhof erinnern neben anderen an das Geflecht von Familienbeziehungen zwischen Kaufmannsfamilien aus Oberdeutschland. Nicht weniger bedeutend waren die Hirschvogel, schon wegen ihrer Verwandtschaft und ihrer Geschäftsbeziehungen mit den Behaim, die zu Beginn der großen Entdeckungen in der portugiesischen

Hauptstadt vertreten waren. In den iberischen Häfen, vor allem in Barcelona und Valencia, residierten auch die Faktoren der Großen Ravensburger Handelsgesellschaft, befanden sich Kontore der Humpis. Jérôme Munzer, alias Hieronymus Monetarius, stellte bei seiner Rundreise durch Europa 1494 fest, daß große deutsche Kaufleute, deren dynamische Geschäftstätigkeit er beschrieb, von den Niederlanden bis in die spanischen Hafenstädte vertreten waren.

Wenn man nicht ohne Grund angenommen hat, daß das Interesse Oberdeutschlands am Seehandel durch den Einfluß Venedigs angeregt wurde, so darf man den kürzlich von Philippe Braunstein betonten Beitrag der deutschen Handelsnetze zur Entstehung eines kollektiven Bewußtseins von der Bedeutung des Meeres nicht übersehen. Die Geschäftsleute Oberdeutschlands erkannten im Gegensatz zu den relativ träge reagierenden Hansekaufleuten von Venedig aus sehr schnell, welche Chancen sich ihnen bis zum Atlantik hin boten. Auf italienischer und spanischer Seite dagegen scherte man sich wenig um die Zwänge der Nationen, wenn es um die Ausweitung familiärer und wirtschaftlicher Verbindungen auf internationaler Ebene ging.

Italienische Verbindungen

Nachdem das Thema bereits in zahlreichen Arbeiten untersucht wurde, erübrigt sich hier die ausführliche Beschreibung dessen, was Fernand Braudel die «Verstreutheit» der italienischen Kolonien in Europa genannt hat: «Kaufleute» , schrieb er, «und immer mehr Kaufleute.» Um diese Ansicht zu illustrieren, kann man mit R. S. Lopez, der selbst Genuese ist, einen anonymen Versdichter des 13. Jahrhunderts zitieren: «Genuesen gibt es verstreut in aller Welt so viele, daß sie überall dort, wohin sie gehen, ein neues Genua gründen.»

Die italienischen Kolonien detailliert aufzulisten wäre wenig sinnvoll. Wichtiger wäre, einmal mehr ihren europäischen Charakter zu betonen und daran zu erinnern, daß italienische Kaufleute gleichzeitig in verschiedenen Ländern, die sich manchmal befeindeten wie Frankreich und England im Hundertjährigen Krieg, Finanz- und Handelsgeschäfte zu Land und zu See abwickelten, ohne sich um Konflikte und Rivalitäten zu kümmern.

Ein berühmtes Beispiel liefert um 1340 Francesco di Balduccio Pegolotti. Er stammte aus einer vornehmen Florentiner Kaufmannsfamilie und war einer der 330 Angestellten der Firma Bardi, die in deren Kontoren vom Mittelmeer (Konstantinopel, Ajas, Rhodos und Mallorca) bis zur Nordsee (Brügge, Antwerpen, London), in Avignon oder Paris arbeiteten. In seiner *Pratica della mercatura*, einer Art Handbuch, das damals weit verbreitet war, beschrieb er die Handelsbedingungen an allen Orten, zu denen Italiener Beziehungen unterhielten. In diesem Überblick nimmt die europäische Seefahrt breiten Raum ein. Dies wird bestätigt durch die Organigramme, die Historiker wie Federigo Melis und Raymond de Roover von den Geschäften des Francesco di Marco Datini und der Medici vom Ende des 14. bzw. von der Mitte des 15. Jahrhunderts erstellt haben. Beide Fälle, aber nicht nur diese allein, demonstrieren beispielhaft die Bedeutung des Meeres für die Handelsinteressen italienischer Geschäftsleute und für ihren geographisch weit ausgreifenden Einfluß.

Das Unternehmen der Datini, das sehr stark um das persönliche Geschäftshaus des Familienoberhauptes in Prato und seine Bankgesellschaft in Florenz zentralisiert war, bestand aus einem Bündel von Gesellschaften, die in zahlreiche Filialen gegliedert waren, welche durchweg in Küstenorten lagen. So waren etwa von Florenz rund zehn Filialen in Hafenstädten wie Venedig und Ancona abhängig. Die Gesellschaft in Pisa hatte Filialen in zehn weiteren Städten, so in Livorno, Talamona, Gaeta, Neapel und Sizilien. Die Gesellschaft in Genua lenkte die Geschäfte in Portovenere, Sardinien und Korsika. Von Avignon abhängig waren die Filialen in den Hafenstädten der unteren Rhone (Arles, Tarascon, Beaucaire) sowie Port-de-Bouc, Marseille, Nizza und weiter entfernt die Niederlassungen in Lyon, Paris, Brügge und London. Barcelona lenkte die Transaktionen in Narbonne, Collioure, Palamos, San Felìu und Tarragona und überwachte die Filialen in Palma de Mallorca, in Menorca und Ibiza. Unter der Kontrolle von Barcelona lenkte Valencia die Geschäfte in Cadiz, Sevilla und Lissabon und nahm auch Einfluß in Brügge auf London. In einem solchen Spinnennetz kreiste eine außerordentlich umfangreiche Korrespondenz (nach Federigo Melis etwa 150000 Briefe), die erstaunlicherweise erhalten ist und deren noch nicht abgeschlossene Auswertung einen höchst interessanten Einblick in die engen Verbindungen zwischen dem Handel zu Lande und zur See gewährt.

Die Ausdehnung der Filialen der «Medici-Bank» in der Mitte des 15. Jahrhunderts entsprach insgesamt derjenigen der Geschäfte des Francesco Datini, sie waren aber straffer organisiert und über ganz Europa verstreut. Herz dieses Organismus war die Bank in Florenz; der internationale Handel, zum großen Teil Seehandel, belebte die Filialen. Diese befanden sich an neuralgischen Punkten der europäischen Wirtschaft; vier waren unmittelbar mit dem Meer verbunden. Pisa versorgte Florenz mit englischer Wolle; Civitavecchia bei Rom exportierte Alaun aus Tolfa; Venedig öffnete die Pforten des Orients und Süddeutschlands; Avignon arbeitete in Symbiose mit Beaucaire, Port-de-Bouc und Marseille; im Norden wickelten London und Brügge riesige Geschäfte ab, von denen das Gleichgewicht des Ganzen abhing. Einen Beweis dafür lieferte die Position, die Tommaso Portinari in Brügge einnahm.

Der Glanz solcher Beispiele aus Florenz mindert aber die Bedeutung anderer italienischer Geschäftsleute nicht, die an der dynamischen Entwicklung des europäischen Seehandels mitwirkten, ob in den französischen und iberischen Zwischenhäfen, am Mittelmeer, am Atlantik, in England und natürlich in Sluys und auch schon in Antwerpen. Viele stammten aus der Toskana, aus Florenz oder Pisa und waren mehr oder weniger mit den Medici verbunden, so zum Beispiel Agnolo Tani, Simone Nori, Francesco Strozzi in Brügge und London, Bartolomeo Marmora und Paolo Morelli in Southampton, Marioto de Nerlo und Rinaldo Altoviti in Marseille, die Taccini in Perpignan und Barcelona, die Tovaglia in Bordeaux und Rouen, nicht zu vergessen die Lucceser wie Giovanni Arnolfini in Brügge und Gherardo Galganetti in Southampton. In diesem Zusammenhang könnte man alle großen Namen und damit quasi einen «Gotha» der Toskana aufzählen.

Sehr bezeichnend für den Aufschwung des Seehandels war die Tatsache, daß auch die Genuesen überall vertreten waren, in Marseille und in Barcelona ebenso wie in England, besonders aber in Portugal, Aragon und Kastilien. Unter der Herrschaft Alfons des Großmütigen (1416–1458) ließen sich Genuesen in allen Territorien der Krone Aragon nieder, von Neapel bis Valencia und von Palermo bis Barcelona. Die Gunst der spanischen Könige, die Christoph Columbus genoß, war lediglich der Höhepunkt einer Entwicklung, deren Ursprünge am Ende des 13. Jahrhunderts liegen.

Der Einfluß und die Niederlassung von Genuesen setzte sich erstaunlicherweise gleichzeitig in Portugal, Kastilien und Frankreich mit der Verleihung von Admiralsämtern durch; Benedetto Zaccaria wurde Admiral in Frankreich, Ambrosio Boccanera und Ugo Vento in Kastilien, während Manuel Pessagno dieses Amt in Portugal einnahm, wo seine Familie es mehrere Generationen hindurch halten konnte. Im 15. Jahrhundert, genauer 1433, erhielt Bartolomeo I. Marchione zusammen mit seinem Geschäftspartner Jean Forbin das Korallenmonopol; dann widmete sich Bartolomeo II. dem Afrikahandel und dem Handel mit Zucker aus Madeira, bevor er sich – diesmal zusammen mit dem Florentiner Girolamo Sernigi – an einem Flottenunternehmen unter dem Kommando von Alvarez Cabral (1501–1503) beteiligte. Aber wir wollen nichts vorwegnehmen und das Ausgreifen Europas nach Übersee hier nicht weiter verfolgen. Immerhin verdient eine genuesische Familie besondere Erwähnung, und zwar die Lomellini. Der erste nachweisbare Kaufmann dieses Namens, Bartolomeo Lomellini, zieht 1424 in Lissabon einen Wechsel auf Leonardo degli Alberti aus Rom. Von 1440 an übt er seine Unternehmungen zusammen mit mehreren Brüdern aus, von denen einer, Ambrosio, 1443 und 1459 in Nantes mit einem Bretonen Geschäfte betreibt. Zwei weitere, Daniel und Marco, teilen sich 1456 das portugiesische Exportmonopol für Kork. Acht Jahre später läßt Marco in Lissabon ein Schiff bauen und korrespondiert mit zwei Neffen, die sich in London niedergelassen haben. Nach einer letzten Reise in seine genuesische Heimat kehrt er definitiv nach Lissabon zurück. In der Zwischenzeit hatten sich zwei weitere Verwandte in Madeira niedergelassen, um dort mit Zucker und Honig zu handeln, und ein dritter namens Rafaele machte Geschäfte mit Benedetto Spinola, einem der letzten Genuesen, die nach der Affäre Sturmy in Southampton residierten. Genua, Lissabon, Madeira, Nantes, London und Southampton – Städtenamen, die den Umfang der Geschäftstätigkeit einer großen Kaufmannsfamilie umreißen.

Mit welcher Leichtigkeit sich die italienischen Kaufleute an ihren neuen Wohnorten integrierten, geht aus ihren Briefen hervor. Simone Nori schrieb aus London, wie wohl er sich dort fühle. Tommaso Portinari lebte gern in Brüssel. Die jungen Leute, die üblicherweise eine gewisse Zeit in den Filialen des Francesco Datini und der Medici praktizierten, scheinen gerne bereit gewesen zu sein, ihren Auslandsaufenthalt zu verlängern. Die Briefe, die Francesco Datini in Prato erhielt, sind so persönlich gehalten, daß solche Aussagen glaubwürdig erscheinen. Einige Kaufleute integrierten sich so weit, daß sie sich hier und dort endgültig niederließen. Der Assoziierung mit einem eingesessenen Kaufmann folgten in solchen Fällen die Einbürgerung, die Einheirat in die städtische Gesellschaft, die Ausübung städtischer Ämter und der Erwerb von Grundbesitz. Die mit der zweiten Generation abgeschlossene Integration kommt darin zum Ausdruck, daß der Familienname in die Sprache des Gastlandes übersetzt wird. Bartolomeo Marmora wurde 1417 englischer Staatsbürger und heiratete in Southampton eine Engländerin. Dasselbe tat Benedetto Spinola 1485. Marco Lomellini heiratete in Lissabon und erhielt dort das Bürgerrecht, seine beiden Kinder wurden als Portugiesen geboren. Genauso verfuhren andere Genuesen in Marseille, zum Beispiel die Familien Remesan, de Savone, Vento, Cattaneo (deren Name dann Castagne lautete) und Rinaldo Altoviti, der in Marseille heiratete, Bürger und später Vogt der Stadt wurde. Aus Marseille stammende Familien wie die Forbin zögerten nicht, solche Neubürger in ihre Kreise aufzunehmen.

Der Begriff Generation, der zur räumlichen Realität der familiengestützten Handelsnetze die Dimension der Zeit hinzufügt, muß also berücksichtigt werden, will man die Entstehung und den Zusammenhalt einer europäischen Kaufmannsschicht verstehen. Deren Grundzüge zeichneten sich in dem Maße immer deutlicher ab, wie ein Gleichgewicht erreicht wurde zwischen der Integration der nationalen Gruppen in den jeweiligen Wirtschaftszentren einerseits und andererseits der internationalen Bedeutung, die sie gemeinschaftlich vor Ort oder von einem Hafen zum andern besaßen. Die so in Gang gebrachte Entwicklung erklärt sich vielleicht aus dem Individualismus der Südeuropäer, der sich stark von der Grundhaltung der Nordeuropäer oder gar der Deutschen unterschied, die kollektives Handeln bevorzugten.

Tatsächlich – und dies ist ein weiteres Problem – gab es manchmal Spannungen oder gar Zusammenstöße zwischen den Ausländerkolonien bzw. den Nationen und den örtlichen Behörden. Die Neigung der Hansekaufleute, sich zurückzuziehen und etwa jeden Kontakt, besonders aber eine Heirat, zu verbieten, nahm manchmal den Anschein einer kolonialistischen Haltung an, besonders in Bergen und in Nowgorod. In manchen Städten aber, in England und in Lissabon etwa, hielt die Oberschicht die Fremden auf Distanz, obwohl die Fürsten in England und in Flandern im eigenen Interesse die Fremden oft vorsichtig behandelten, da sie von ihnen Kredite erhielten.

Im allgemeinen aber tendierte die zweite Hälfte des 15. Jahrhunderts zur Integration auswärtiger Kaufleute in die kaufmännische Oberschicht der Stadt, in der sie sich niederließen. Neben den bereits angeführten Beispielen, die vor allem die Italiener betrafen, bildet die Assimilation von Spaniern und Portugiesen eine Etappe der zunehmenden Integration, die sich zu Beginn des 16. Jahrhunderts verstärken sollte.

Portugiesen und Spanier

In allen großen Häfen Westeuropas waren auch stets Kaufleute von der Iberischen Halbinsel vertreten. Zwar lassen sich genaue Zahlen nicht ermitteln, aber überall bemerkt man ihre Bedeutung und die Enge der familiären und beruflichen Beziehungen im Rahmen der wirtschaftlichen Aktivitäten. Letztere entsprachen den Besonderheiten der iberischen Produktion im Gesamtrahmen des europäischen Handels: Obst, Kork, Wein und Zukker aus Portugal, Zucker aus Madeira, Eisen aus Biskaya und Merinowolle, Alaun aus Mazarrón und Öl aus Andalusien, Waren, deren Produktion und Verkauf vom Konsulat in Burgos aus koordiniert und kontrolliert wurde. Die Errichtung dieses Konsulats 1494 fällt fast zusammen mit dem zwei Jahre zuvor publizierten Erlaß zur Vertreibung der Juden, der eine lange zuvor begonnene Diaspora beschleunigte.

Diese weit verstreute Niederlassung von Iberern in ganz Europa nahm die Ausmaße eines Netzes an, das von der Iberischen

Halbinsel bis zur Schelde einerseits und zum Mittelmeer andererseits reichte. Unter den spanischen Nationen, deren Vertreter 1468 am Hochzeitszug Karls des Kühnen in Brügge teilnahmen, defilierten die Kastilier als erste; von den iberischen Kaufleuten wickelten sie auch den größten Teil der Geschäfte in dieser Stadt ab. Die Biskayer ihrerseits führten zusammen mit den Katalanen die Seetransporte durch. Gegen Ende des Jahrhunderts zersetzte die Anziehungskraft Antwerpens die Homogenität der spanischen Vertretungen in Brügge. Und 1502 zögerten die Portugiesen nicht, ihre Faktorei mit dem Handelsmonopol für Gewürze nach Antwerpen zu verlagern.

Die Iberer stellten die Verbindung zwischen der Nordsee und Andalusien her. Aber nirgends, außer in Brügge und im aufblühenden Antwerpen, waren sie in Nationen organisiert, vielleicht weil sie in geringer Zahl vertreten waren, was aber ihrem Einfluß keinen Abbruch tat, zumindest was die Kastilier und Portugiesen in Frankreich und England betraf.

Von einem Hafen zum anderen finden sich Mitglieder derselben Familien, die untereinander und mit ihren zu Hause verbliebenen Landsleuten korrespondierten.

In der Mitte des 15. Jahrhunderts haben die Kastilier in Frankreich einen gemeinsamen Konsul, Iñigo Darceo, der die Interessen seiner in Rouen, Nantes, Bordeaux und Toulouse tätigen Landsleute vertritt. Diese waren zunächst von bereits in den französischen Städten wohnenden Landsleuten und Verwandten aufgenommen worden und ließen sich dann ihrerseits mit ihren Familien nieder. Um 1500 finden sich die gleichen Namen in Burgos, Bilbao, Toulouse, Bordeaux, Nantes, Rouen und London. Oft bleibt allerdings fraglich, woher die Familien eigentlich stammen. 1499 wird Fernando de Bernuy in einer englischen Quelle als «merchant of Spain, alias of London, alias of Cales, alias of Brugges» bezeichnet. Der Name Bernuy taucht auch in Toulouse im internationalen Handel mit Waid auf.

Manche Familien bekleiden zunächst das Konsulat in Burgos, bevor ihr Name in Rouen, Nantes, Bordeaux und London auftaucht, so die Familien Gomiel, Saldaña, Sevilla, Medina, Quintanadueñas, Astudillo und Pardo. Verwandte und Freunde helfen sich gegenseitig durch den Austausch von Vollmachten, Transaktionen, Geldüberweisungen und Vertretungen vor Gericht. Den Zusammenhalt der spanischen Kaufleute, deren gemeinsame Geschäftsinteressen die so wichtigen Blutsbande noch verstärkten, bezeugen die Archive. Ein bezeichnendes Beispiel dafür liefert die Familie Pardo: Um 1500 führt Juan in London die Geschäfte mehrerer Landsleute; sein Bruder Silvestro ist Konsul der Kastilier in Burgos; ein dritter Bruder, Pedro, residiert in Rouen und ist naturalisierter Franzose. Einige Jahre später schließt sich ein anderer Pardo, Alvaro, der in Rouen wohnt, mit seinen beiden Brüdern zu einer Gesellschaft zusammen, mit Jeronimo in Brügge und Diego in Sevilla; ein Vetter namens Escobar hält die Verbindung zwischen den dreien aufrecht, während ein weiterer Verwandter, Juan de Miranda, die Interessen der Gesellschaft in Lissabon vertritt.

Solche Handelsverbindungen auf familiärer Basis waren bereits geknüpft worden, lange bevor sie durch die Vertreibung der Juden ausgeweitet wurden. Mitte des 15. Jahrhunderts wohnten in Nantes, im Quartier Saint-Nicolas, in der Nähe der Fosse und ihrer Kais die Miranda, Malvenda, de Lerma und Ruiz, genauso wie man in Bordeaux im Viertel Les Chartrons die Familien Castro, Gomez und Lopez de Villanova antraf, zu dessen Neffen Montaigne zählt. Die Gomez, Lopez und Jayent finden sich auch in Marseille wieder.

Über die Zusammenarbeit aus familiären Interessen hinaus, die auf gemeinsamer Abstammung beruhte, kam es zu Verbindungen, die bereits internationale Züge trugen. Die Städte Nantes und Bilbao verbündeten sich 1530 rechtlich und wirtschaftlich in Form einer *Contratación*. Tiefgehender war die Wirkung, welche die Integration der Spanier auf die Städte ausübte, in die sie ausgewandert waren, zum Beispiel Bordeaux, Nantes, Rouen, Southampton, Bristol und London; dort trug sie mit zur Entstehung einer Schicht bei, die sich ausländischem Zugang öffnete. Die Einbürgerung von des Königs Gnaden besiegelte eine Integration, die mit der Heirat begonnen hatte, gefolgt von der Geburt von Kindern im Einwanderungsland, deren Paten und Patinnen aus der einheimischen französischen Verwandtschaft ausgesucht wurden. Abgeschlossen war die Verschmelzung dann in der zweiten Generation, und sie erschien ganz natürlich, wenn die Neubürger in der Stadt Häuser und auf dem Land Lehen erworben hatten, deren Grundherrentitel sie führen konnten, bis sie wenige Jahre später die Anerkennung ihrer Adelstitel und ihres Wappens erreichten. Wer hätte schon zur Zeit Corneilles oder gar mehr als ein Jahrhundert nach diesen Veränderungen in Pater Brétigny, der in Frankreich den ursprünglich kastilischen Karmelorden wiederherstellte, den Enkel des Juan de Quintanadueñas wiedererkennen können? Dies war neben vielen anderen eines der unvorhersehbaren Ergebnisse der Reife einer europäischen Gesellschaftsschicht, die durch die westeuropäischen Seeverbindungen geschaffen worden war.

Der Austausch auf technischem Gebiet

Mittelmeeranrainer, Bewohner der Atlantikküste und der Nordmeerküsten lernten sich auf diese Weise kennen und verglichen ihre Rechtssysteme, ihre Techniken, ihre Sprachen und ihre Verhaltensweisen. Das maritime Europa erwuchs aus intensivem Austausch, nicht durch Absorbierung; denn jede Region bewahrte ihre Eigenheiten. Wenn sich schließlich eine Art maritime Ökumene durchsetzte, so nicht, weil ein Teil von dem andern verdrängt wurde; Westeuropa blieb Westeuropa, und die Welt des Mittelmeers wahrte ihren eigenen Charakter. Es kam zu gegenseitigen Anleihen, die nach Beobachtungen und Erprobungen gerechtfertigt erschienen. Für alle Bereiche wichtig und bestimmend aber war das Meer.

Die Auswahl des Schiffsmaterials ist natürlich der Bereich, in welchem in erster Linie und überall das Wissen und die Erfahrung der Seeleute den Ausschlag gaben. Erinnern wir uns an die Anforderungen, die überall über die Wahl des Schiffstyps entscheiden: Die Sicherheit, die Geschwindigkeit, die Ladekapazität sind die drei wichtigsten Bedingungen, die im Absoluten unvereinbar sind, immer aber in Einklang gebracht werden müssen; das beste Schiff ist dasjenige, das alle drei Eigenschaften in einem zufriedenstellenden Gleichgewicht vereint. Die Stabilität des Rumpfes der Geschwindigkeit zu opfern bedeutet eine Beeinträchtigung der Sicherheit und Minderung der Ladekapazität. Die Ladekapazität zu erhöhen heißt auf Geschwindigkeit zu verzichten und die Sicherheit des Schiffes zu mindern. Grundprinzip einer Lösung dieses Problems ist die Rentabilität im engen Sinne des Wortes. Aber zuvor muß man sich über die Bedeutung dieses Begriffs im klaren sein. Da in früheren Zeiten dasselbe Schiff abwechselnd oder gleichzeitig zu wirtschaftlichen und militärischen Zwecken eingesetzt wurde, bedeutete Rentabilität Brauchbarkeit und Effizienz in Hinsicht auf den Gewinn oder den Sieg. F. C. Lane, ein Spezialist der Seegeschichte, sieht dafür ein Indiz im Verhältnis zwischen Nutzlast der Schiffe (Waren, Bewaffnung, Vorräte) und der Zahl der an Bord befindlichen Menschen (Besatzung, Passagiere, Soldaten). Nach seinen Berechnungen lag dieses Verhältnis bei einer venezianischen Diere um 1300 bei einem Mann pro 1/7 Tonne, 1303 bei 0,28 Tonnen auf einer Triere und bei 1 1/2 Tonnen auf einer großen Galeere des 16. Jahrhunderts. Ähnliche Berechnungen für hochseetaugliche Schiffe der gleichen Epoche deuten darauf hin, daß auch hier die Entwicklung dahin tendierte, das Ladegewicht pro Mann zu erhöhen und die Geschwindigkeit zu steigern.

Insgesamt aber – und hier wird der Dialog zwischen Atlantik und Mittelmeer lebhaft – hängt alles vom Zweck ab, für den das Schiff benötigt wird. Als die Skandinavier im 11.–12. Jahrhundert den Atlantik von Bergen nach Island überquerten, strebten sie nicht nach dem Blauen Band. Die mit Alaun aus Chios beladenen genuesischen Galeeren wollten auf ihrer Fahrt nach Sluys weniger einen Geschwindigkeitsrekord aufstellen als ihre Ladung sicher, wenn auch langsam in direkter Fahrt zum Ziel bringen. Die Hansekaufleute dagegen, die auf Baienfahrt waren oder Salz aus Setúbal holten, waren auf schnelle Rückkehr bedacht, um vor den Winterfrösten den Sund zu passieren. Und bevor man begann, den Fisch, besonders den Hering, an Bord einzusalzen, mußten sich die Fischer beeilen, um ihren Fang frisch abzuliefern. Im Mittelmeer war es angesichts harter Konkurrenz und überraschend schnell zirkulierender Informationen über Preise und Wechselkurse von Vorteil, als erster im rechten Augenblick in dem ausgewählten Hafen eine optimale Menge von Gewürzen und Seidenstoffen aus dem Orient zu entladen, deren Qualität den Ansprüchen einer vornehmen Kundschaft entsprach. Für den Seekrieg schließlich waren wendige Schiffe mit guter Wasserlage vorteilhaft, die sich ebenso für den Angriff wie für den raschen Rückzug eigneten.

Im Hundertjährigen Krieg stellten die Kaperfahrten eines

Jean de Vienne andere Anforderungen an die Schiffe als die englischen Truppentransporte oder um 1500 die neapolitanischen Expeditionen der königlich-französischen Flotte. Insgesamt prägte bei dichter werdendem Seeverkehr an allen europäischen Küsten die Anpassung eines Schiffes an seine Aufgaben seine technische Weiterentwicklung.

Vom Ende des 13. Jahrhunderts an führte die Begegnung zwischen Nord und Süd zur Veränderung der Schiffsformen, des Takelwerks und der Steuerung. Trotz unterschiedlicher Voraussetzungen entwickelten sich ähnliche Konstruktionsweisen, ohne daß mit Sicherheit nachzuweisen wäre, wer wen beeinflußt hat. Jedenfalls setzte sich allgemein der Bau von Freibordkielen durch, das heißt von Schiffsrümpfen, deren Beplankung fugendicht aneinandergefügt und stark kalfatert wurde. Im Vergleich zur Klinkerbeplankung, bei der die Planken dachziegelartig übereinandergreifen, macht die Freibordkonstruktion mit ihrem geringen Holzbedarf das Schiff leichter, und sie erhöht die Ladekapazität. Die schlankere Kiellinie macht es zudem wendiger und verleiht ihm einen günstigen Geschwindigkeitskoeffizienten.

Da man im Mittelmeer die Freibordkonstruktion früher anwandte als an den westeuropäischen Küsten, wurde ihm das Verdienst des Lehrmeisters zugesprochen. Es trifft zwar zu, daß Philipp der Schöne, der seine Flotte von Narbonne in den Ärmelkanal verlegte, den Schiffbauern der Normandie die Gelegenheit bot, die Technik ihrer Kollegen aus dem Mittelmeer kennenzulernen. Mit Eric Rieth darf man aber wohl annehmen, daß in erster Linie die Anwerbung eines provenzalischen Schiffbaumeisters und genuesischer Kalfaterer dafür sorgte, daß die Technik aus dem Mittelmeerraum vom Ende des 14. Jahrhunderts an im *Clos des Galées* in Rouen angewandt wurde. Da Beweise dafür fehlen, kann man leider nicht behaupten, die Technik sei von der königlichen Reede an andere Werften weitergegeben worden. Zwei Ereignisse bezeugen, daß man in Frankreich und in England auf die technische Erfahrung des Mittelmeers zurückgriff: 1388–1389 wurden in Rouen königliche Galeeren in Freibordkonstruktion gebaut; 1416–1417 ließ Heinrich V. von England Zimmerleute und Kalfaterer aus Venedig, Katalonien und Portugal kommen, um acht im Ärmelkanal aufgebrachte genuesische Schiffe zu reparieren, da die Engländer mit der Konstruktionstechnik dieser Schiffe nicht vertraut waren.

Eine weitere technische Neuerung, die um die Mitte des 15. Jahrhunderts auftaucht, setzt sich in Westeuropa um 1500 durch. Der neue Schiffstyp wurde *Karavelle* genannt nach dem Kraweel, einem großen Schiffsnagel, der für die Zusammensetzung des Rippenwerks benutzt wurde. Diese Schiffe von geringer Tonnage, die besonders für die Fischerei und die Küstenschiffahrt geeignet waren, verdankten ihren Erfolg den Bretonen, die sie bekannt machten; sie wurden nachgebaut von Dieppe (1451) und Hoorn (1460) bis Bordeaux, wo sie um 1482 die Hälfte des Verkehrs abwickelten.

Eine technische Neuerung tendierte also dazu, ein Verfahren durch ein anderes zu ersetzen und es langfristig ganz zu verdrängen. Einen Beweis dafür liefert der zwischen 1480 und 1530 in Frankreich und England erfolgte Umbau von Schiffen mit großer Tonnage, die ursprünglich mit Klinkerbeplankung versehen waren und zu Karavellen umgerüstet wurden. 1509 wurde in England die 20 Jahre zuvor in Klinkerbeplankung konstruierte *Sovereign* umgebaut, aber noch 1509 wurde die *Mary Rose* in Klinkerbauweise hergestellt und erst 1536 in eine Karavelle umgebaut. Dasselbe geschah in Frankreich mit der *Charente* und der *Grande-Louise*.

Die neue Technik setzte sich also nicht sofort durch. Die Inventare der Seestreitkräfte verschiedener Länder bezeugen dies, wie etwa das Verzeichnis des Antoine de Conflans, Kapitän im Dienste der Könige Ludwig XII. und Franz I. Um 1417 befuhr eine große Vielfalt von Schiffen, in Klinkerbauweise und in Kraweelkonstruktion, die europäische Westküste. Nördlich von Calais blieb die ältere Tradition so verbreitet, daß die skandinavischen Regierungen um die Mitte des 16. Jahrhunderts vergeblich versuchten, die privaten Reeder zur Änderung ihrer Schiffbautechnik zu überreden; so hartnäckig hielten sich die Gewohnheiten.

Insgesamt war um 1300 viel geschehen. Während der Atlantik von Schiffen aus dem Mittelmeer befahren wurde, drang ins Mittelmeer ein atlantischer Schiffstyp ein, dessen Ankunft der Chronist Giovanni Villani in einer berühmten Passage seiner

Geschichte von Florenz beschrieben hat: «Zu dieser Zeit (1304) kamen Leute aus Bayonne in der Gascogne mit ihren Schiffen, die wir *cocche* nennen, aus Sevilla durch die Meerenge, und sie kamen in unser Meer und betrieben Piraterie. Von dieser Zeit an begannen Genuesen, Venezianer und Katalanen, die *cocche* für ihre Seefahrt einzusetzen, und sie hörten auf, schwere Schiffe zu benutzen, um mit größerer Sicherheit und mit geringerem Kostenaufwand zu segeln. So kam es zu einer großen Veränderung für unsere Marine.» Wenige Texte könnten die Symbiose zwischen Mittelmeer und Atlantik sowie die charakteristischen Merkmale des neuen Schiffstyps besser ausdrücken, nämlich seine Herkunft aus dem atlantischen Bereich, mittlere Tonnage, Rentabilität, Sicherheit, Schnelligkeit und Eignung zum Kampfeinsatz. Obwohl Villani seine Beschreibung bereits mit einer persönlichen Bemerkung versehen hat, verdient diese doch einen weiteren Kommentar.

Der Begriff *coca* war in der Sprache der Seeleute nicht neu und taucht zum erstenmal 1218 im Zusammenhang mit einem Schiff auf, das den Templern in Süditalien gehörte. Aber die Bezeichnung bezieht sich hier auf einen bestimmten, allgemein bekannten Schiffstyp: Ein runder, recht kurzer Aufbau, der hoch über die Wasserlinie ragt, mit festem Deck, einem viereckigen Aufbau auf dem Heck und einem Kastell auf einer dreieckigen Plattform am Bug, ein großer Mast mit viereckigem Segel und ein lateinischer Besanmast, eine mittlere Tonnage (höchstens 300 Tonnen) und eine Geschwindigkeit, die sich für den Kaperkrieg eignet. So war wohl die sogenannte *coca bayonesa* gebaut, das Modell für die katalanischen, genuesischen und sizilianischen Werften. Neben dem etymologischen Zusammenhang glaubte man eine Verwandtschaft mit der nordischen Kogge erkennen zu können. Eine wesentliche Neuerung bestand aber darin, daß ein mittschiffs angebrachtes Heckruder, das Bayonner oder Biskayer Ruder, auch genannt Navarrisches Ruder, die beiden Seitenruder ersetzte. Die Bezeichnung betont die Bedeutung der Seeleute aus dem Golf von Biskaya (oder von Gascogne) als Erfinder und die Rolle der Region als Brennpunkt des technischen Fortschritts.

Karavellen, Koggen und viele andere Schiffe mittlerer Tonnage konkurrierten in der Gunst der Seefahrer mit Großschiffen, den Hulken (bzw. Holken oder Hukern) aus dem Norden, den genuesischen Großschiffen und den Mittelmeerkaraken, die im Laufe des 15. Jahrhunderts großen Erfolg hatten, weil ihre Ladekapazität den Bedürfnissen des Handelns mit Massengütern entsprach. Doch hielt sich diese Transportart nur kurze Zeit, da sich vom Beginn des 16. Jahrhunderts an der kleine Segler als wendiges Werkzeug erwies, das nur eine geringe Besatzung benötigte und damit wirtschaftlich rentabler war. Weitere Neuerungen tauchten zur Zeit der Italienkriege mit der Schiffsartillerie auf. Seeleute aus Brest sollen 1501 die ersten Stückpforten in die Planken der *Charente* geschnitten haben. Im übrigen kam es, gleichsam als Modell für eine 400 Jahre später geführte Auseinandersetzung um die sogenannte Junge Schule, zu Beginn des 16. Jahrhunderts zu Gegensätzen zwischen den Verfechtern großer Kampfeinheiten und kleiner, wendiger Kampfschiffe.

Das 16. Jahrhundert begann also mit einer Änderung der Schiffstypen. Die Galeere hielt nur mit Mühe ein gewisses Gleichgewicht zwischen ihrer Fracht an Menschen und der hinzugekommenen Artillerie; sie hatte das Maximum ihrer Leistungsfähigkeit erreicht und konnte nicht mehr weiterentwikkelt werden. Sie mußte sich auf die Fahrt in Binnenmeeren beschränken, das heißt im Mittelmeer bleiben; im 18. Jahrhundert wurde sie vorübergehend in der Ostsee verwendet. Dieser unerwartete und späte Einsatz beweist zumindest ihren europäischen Charakter.

Dagegen stand den Segelschiffen die Zukunft weit offen, obwohl die Grundprinzipien der Konstruktion und des Takelwerks, nachdem sie einmal feststanden, in der Folge lediglich weitervermittelt und die damit verbundenen Techniken weiterentwickelt und perfektioniert wurden. Einige Episoden zeigen die Ausbreitung des technischen Fortschritts nach Nordeuropa. So wie sich die Biskayer *coca* im 14. Jahrhundert im Mittelmeer durchsetzte, sollte der neue Segler die Ostsee erobern. 1412 sah man in Damme die Ursache einer ungewohnt hohen Zahl von Schiffsuntergängen in der Klinkerbauweise, die deshalb als verbrecherisch verurteilt wurde. Bezeichnender noch war das Abenteuer der *Pierre* aus La Rochelle. Dieses Schiff dümpelte im Hafen von Danzig und wartete auf Reparaturen, die niemand durchzuführen wagte, weil der Schiffstyp dort unbekannt war. Der Stadtobrigkeit war das Schiff lästig, und sie erwog schon dessen Zerstörung. 1474 jedoch entschloß sie sich, es im Krieg gegen England einzusetzen, wobei das Schiff so gute nautische Qualitäten bewies, daß es in der Folge als Modell diente. Das damals angefertigte Inventar enthält eine der ersten Beschreibungen eines Dreimasters. Die *Pierre* war in Kraweelbauweise hergestellt, besaß einen Hauptmast mit einem Großsegel und einem Beisegel, einen Besanmast mit einem Beisegel und einen Fockmast mit einem kleinen Segel. Da das Schiff leichter war, konnte die Kraft des Windes maximal genutzt werden, und das dritte, das Focksegel, neutralisierte die Auswirkungen des Stampfens. Die Manöver erforderten eine kleinere Mannschaft als die dicke Hulke mit ihrem einzigen Großsegel. Ladekapazität, Sicherheit, Geschwindigkeit und Rentabilität waren vereint und empfahlen diesen Neuankömmling, der ausfuhr, die europäischen Meere zu erobern.

Vom Norden bis zum Süden Europas setzten sich die Neuerungen durch. Mit der allgemeinen Verbreitung des Heckruders war es leichter geworden, den Kurs zu halten. Das viereckige Großsegel sorgte dafür, daß der Wind voll ausgenutzt werden konnte. Aber um gegen den Wind zu kreuzen, durften die Aufbauten möglichst wenig Windwiderstand bieten, mußte die Abdrift verringert und der Rumpf des Schiffes schlanker gestaltet werden. Dem Großsegel gab man ein weiteres, sehr wendiges Segel am Heck bei, das dreieckige lateinische Segel. Dieses galt als charakteristisch für die portugiesische Karavelle, die für schnelle Aufklärungsfahrten besser geeignet war als für lange Feindfahrten. So war das für die Entdeckungen benötigte Schiffsmaterial schon vor der Expedition des Christoph Columbus unter mehr oder weniger direkter Mitwirkung aller Europäer bereitgestellt worden.

Der Fortschritt in der Schiffbautechnik allein hätte nicht ausgereicht, die Europäer einander nahezubringen, wäre nicht auch die Navigationstechnik verfeinert worden. Auch in diesem Bereich war das Ende des 13. Jahrhunderts entscheidend. In unseren Augen sind die elementaren Voraussetzungen des Seeverkehrs die Kenntnis der Position und die Wahl des Kurses. Dem wurde entgegengehalten, daß Erfahrung und Beobachtung, kurz der Seefahrerinstinkt, den Polynesiern und Skandinaviern genügten, um den Pazifik und den Indischen Ozean bzw. den Atlantik zu überqueren. Mit wenigen Fragen lassen sich solche Einwände leicht entkräften: Wie viele Tote kosteten diese Unternehmungen? Und welche Ergebnisse zeitigten sie, verglichen mit den Ergebnissen, die durch wissenschaftliche Vorgehensweisen erzielt wurden?

Die Seeleute des Mittelmeers waren als unermüdliche Küstenschiffer klug genug, vorzugsweise nur tagsüber in Küstennähe zu segeln und in einem Hafen zu überwintern. So konnten sie auf Navigationsinstrumente verzichten, solange sie im Mittelmeer blieben. Aber was passierte, wenn sie sich hinauswagten? Wer kann uns schon sagen, ob die Brüder Vivaldi einen Kompaß besaßen, als sie in die Nebelgebiete vor Marokko vordrangen? Überhaupt der Kompaß: Es waren immerhin die Italiener, die den nordwesteuropäischen Seeleuten beibrachten, wie man damit umgeht. Und welche Dienste hat er ihnen selbst wohl auf dem Atlantik, im Ärmelkanal, in der Nordsee, auf dem Weg nach Flandern geleistet?

Ein weiteres Geschenk des Mittelmeers an die atlantischen Seefahrer war neben dem Kompaß die Portolankarte. Wie wir sahen, umfaßt dieser Begriff zwei unverzichtbare Instrumente, eine Karte und ein Buch. In der Praxis erkennt der Seemann seinen Kurs auf der Portolankarte anhand eines Systems von verschiedenfarbigen Linien, welche die eingezeichneten Orte miteinander verbinden. Die dazugehörigen Bücher beschreiben den Küstenverlauf, weisen auf Landmarken und Leuchtfeuer hin, auf Engstellen und Hafeneinfahrten, verzeichnen die Klippen wie die modernen *Instructions nautiques*, aber in einem direkten Stil und in der zweiten Person der Verben. Diese *portolani* fanden in den europäischen Sprachen ihr Äquivalent, im Französischen als *routier*, spanisch *derrota*, portugiesisch *roteiro*, englisch *rutter*, deutsch *Seebuch*, niederländisch *Leeskart*. Am bekanntesten ist der Ende des 15. Jahrhunderts veröffentlichte *Routier de la mer*, ein in französischer Sprache von einem im Poitou ansässigen Portugiesen verfaßtes und in mehrere Sprachen übersetztes Werk.

Den beschreibenden Teilen dieser Bücher folgen Abweichungstabellen und Gezeitenkalender, die in der Art volkstümlicher Schäferkalender illustriert sind. Guillaume Brouscon und seine Nachkommen verfaßten solche kleinen Handbücher, von denen einige in Le Conquet, einem der neuralgischen Punkte der bretonischen Küste, veröffentlicht wurden. Französische und englische Bibliotheken besitzen relativ viele Exemplare. Mit Hilfe dieser technischen Ausrüstung, über die alle europäischen Seefahrer verfügten, konnten sie von den Meeren um Europa Besitz ergreifen.

Noch weitere Indizien weisen vor den großen Entdeckungen auf diese Besitzergreifung hin. Die wichtigsten stammen paradoxerweise aus dem Herzen Kontinentaleuropas, genauer aus Oberdeutschland. Die Nürnberger Schule trug unter Bedingungen, auf die wir noch zurückkommen werden, dazu bei, mit ihren Spekulationen die Unternehmungen der Portugiesen zu unterstützen. Durch seine kartographischen Arbeiten und seine Anwesenheit an der Seite der ersten Entdecker übermittelte Martin Behaim der kleinen Gruppe großer Seefahrer die Ergebnisse der kontinentaleuropäischen geographischen Forschung.

Verwandtschaftsbeziehungen in Sprache und Kultur

Bei allen Übereinstimmungen sollten aber keine Illusionen aufkommen. Europa hielt vielerlei Zwiesprache mit dem Meer, aber genauso vielfältig waren die Unterschiede zwischen Norden und Süden, östlichem Mittelmeer und westeuropäischem Atlantik. Besonders aufschlußreich sind die Gegensätze in Spanien und Frankreich, weil beide Länder jeweils zwei verschiedene Meeresküsten besitzen. Ausgerechnet ein französischer Seefahrer erfaßte diese Gegensätze in einem Augenblick, da die Durchsetzung der monarchischen Einheit und die Überseepläne der europäischen Nationen eine gemeinsame Identität andeuten, die allerdings von Familienstreitigkeiten überdeckt wurde.

Antoine de Conflans, dieser Westeuropäer, der im Mittelmeer Krieg führte, ein gebildeter Mann, verfaßte ein *Livre des faiz de la marine et navigaiges* und widmete es Franz I. im Jahre 1519, vier Jahre nach dessen Regierungsantritt. Seine Überlegungen beschränken sich nicht auf Frankreich, sondern sie erstrecken sich von der Ostsee bis zur Adria, gehen über die

Vielfalt der Flottenpotentiale hinaus und erfassen auch die menschlichen und kulturellen Aspekte. Er stellte fest, daß Männer, die zum gleichen Land gehörten und demselben König treu dienten, nicht dieselbe Sprache sprachen, etwa Provenzalen und Matrosen aus der Normandie; aber als sie zusammen in der Ägäis kämpften, konnten sie sich untereinander durchaus verständigen. Zur gleichen Zeit, da Conflans sein Buch schrieb, übernahmen Seeleute aus allen europäischen Ländern sprachliche Wendungen aus einem gemeinsamen Fundus, worin jedes Volk den Beitrag erkennen kann, den es gemäß seiner eigenen Begabung und den besonderen Zielen seiner maritimen Aktivitäten geliefert hat. Augustin Jal hatte kurz vor dem Ende der Segelschiffahrt in der Mitte des 19. Jahrhunderts die großartige Idee, das Inventar und eine mehrsprachige Analyse dieses gemeinsamen sprachlichen Erbes zu erstellen.

Die der sprachlichen Vielfalt entsprechenden psychologischen Unterschiede zwischen diesen Seeleuten erfaßte Conflans genau, wenn er schreibt: «Die Menschen im Mittelmeer sind subtiler, sie handeln zumindest subtiler als die vom Atlantik; letztere gehen frei und offen zur Sache.» Vielfältig waren auch die Seerechte; bedauerlicherweise verzichtet Conflans darauf, die im *Routier de la mer*, den er nur kurz erwähnt, beschriebenen Formen und Arten der Navigation zu kommentieren. Dagegen kommt er nicht um einen Vergleich des im Mittelmeer geltenden, vom *Consulat de la Mer* geregelten Seerechts mit den *Rôles d'Oléron* herum, die nach seinen Worten vom Sund bis Gibraltar Gültigkeit haben («depuis l'estroict de Roussie jusqu'à l'estroict de Gebaltal»). Nach seiner Darstellung unterscheidet sich das *Consulat de la Mer*, was den Warenhandel betrifft, kaum von den *Rôles d'Oléron*, ebenso wie seiner Meinung nach das Mittelmeer im militärischen Bereich ein ähnliches Seerecht kennt wie die französischen *Ordonnances de l'Amiral*. Conflans scheint also die zunächst betonten Unterschiede abzuschwächen.

Die Koexistenz mehrerer Rechtsräume auf den europäischen Meeren unterliegt keinem Zweifel. Gewiß bleibt, wie die internationale Kommission für Seegeschichte 1960 beim internationalen Historikerkongreß in Stockholm erklärte, noch viel Arbeit zu leisten, was die kritische Edition und die vergleichende Untersuchung der Quellen zum Seerecht betrifft. Die Erben von Pardessus und Capmany ließen sich von der Fülle der Überlieferungen der *Rôles d'Oléron* und des *Consulat de la Mer* nicht entmutigen und arbeiteten die Gemeinsamkeiten und Unterschiede dieser beiden Rechtssammlungen heraus.

In den Städten am Mittelmeer war das griechisch-lateinische Erbe im Bereich des Seerechts zum großen Teil durch die Vermittlung der justinianischen Gesetzgebung und besonders der *Lex Rhodia* bewahrt worden. Die *Siete Partidas* des Königs Alfons X. des Weisen aus dem 13. Jahrhundert sind von den *Digesten* der justinianischen Gesetzgebung inspiriert; im folgenden Jahrhundert leitete Bartolomeo Sassoferrato aus den römischen Grundsätzen allgemeine Begriffe ab, die sich später fruchtbar für die Unterscheidung zwischen Territorialgewässern und hoher See auswirkten, aber schon zu seiner Zeit für die Rechtsprechung im Zusammenhang mit Prisen nützlich waren. In dieser Zeit lebte die lateinische Tradition in den Rechten von Venedig, Amalfi, Genua, Marseille und Katalonien fort. Gerade in Barcelona hatten Experten der «Kunst und Praxis des Meeres» die am Ende des 13. Jahrhunderts gebräuchliche Rechtsprechung in einem Codex zusammengefaßt, dem *Libre del Consolat de Mar.* Die Seeleute aus dem Mittelmeer, die nach Norden fuhren, sollten dessen Inhalt verbreiten, der sich mit der Bewaffnung und dem Chartern von Schiffen beschäftigte, mit den Beziehungen zwischen Mannschaft und Besitzer, mit den Streitigkeiten, die sich aus den Risiken und Unfällen auf See ergaben, sowie mit den Auseinandersetzungen innerhalb der Mannschaften.

Die vom Golf von Biskaya bis zur Nordsee geltenden Rechte ihrerseits waren keineswegs unbeeinflußt vom klassischen und im Mittelmeer geltenden Recht, das über das Meer gekommen war. In manchen Punkten sind die *Rôles d'Oléron* den *Digesten* und den oströmischen *Basilika* verpflichtet, und im Zusammenhang mit dem Ballastabwurf bei Gefahr auf offener See übernehmen sie von der *Lex Rhodia* dieselbe Bestimmung wie das *Consolat.* Oléron liegt in einer Zone, in der geschriebenes Recht und Gewohnheitsrecht in Kontakt kommen, die Insel lag auf dem Weg der Kreuzfahrer und der Pilgerroute in den Orient und nach Compostela, und in La Rochelle wohnten Italiener. Auf allen diesen Wegen konnten Einflüsse aus dem Süden dorthin gelangen.

Da die *Rôles d'Oléron* jedoch einem ganz praktischen Zweck dienten, sind sie zumindest scheinbar geprägt von den unterschiedlichen und lokal bedingten Alltagsrealitäten; allerdings verdecken die regional unterschiedlichen Beziehungen ihrer verschiedenen Versionen tatsächliche Verwandtschaften und den gemeinsamen Ursprung. Die Vermutung, der Text stamme von der Königin Eleonore von Aquitanien und seine Wiege stehe auf der Insel Oléron, unterstreicht immerhin die Verbindung zwischen der Ausdehnung des «Reiches» der Plantagenet und der Ausstrahlung des aquitanischen Wein- und Salzhandels nach Nordeuropa.

Da die *Rôles* im Laufe ihrer Verbreitung zu verschiedenen Zeiten mit Zusätzen und Veränderungen erweitert wurden, unterscheiden sich die überlieferten Versionen in Länge und Inhalt; aber ihre Analogien und partiellen Übereinstimmungen belegen eine Filiation, wie sie in ihrer Art auch die Stadtrechte des 12. Jahrhunderts aufweisen. Europa besitzt etwa 44 Manuskripte, von denen dreizehn aus dem 14. Jahrhundert stammen, also kurz nach der Entstehung der Sammlung angefertigt wurden. Die Sprachen, in die sie übersetzt oder übertragen wurden (Englisch, Flämisch, Niederländisch, Kastilisch), sowie die Bezeichnungen der verschiedenen Exemplare spiegeln das Ausmaß ihrer Verbreitung. Diese reicht von den *Coutumes de Bayonne* in altgascognischer Sprache bis zu den Ausgaben für die Flamen (das Seerecht von Damme genannt *Vonesse van Damme*) und die Hansekaufleute von Lübeck, Danzig und besonders Visby, dessen Gerichtshof dem Gotländischen Wasserrecht zu besonderem Ansehen verhalf.

Die Autorität der *Rôles d'Oléron* reichte weit und hielt lange Zeit an. Man glaubt zu träumen, wenn mitten im 20. Jahrhundert ein Gericht in den Vereinigten Staaten sich in der Urteilsbegründung im Rechtsstreit um eine Havarie auf einen Artikel der *Rôles* beruft.

Der Kontakt zwischen den Rechten des Nordens und des Südens führte in fortschreitendem Maße nicht so sehr zu einer gegenseitigen Beeinflussung als vielmehr zu Ergänzungen und Neubearbeitungen des Regelwerks. Symptomatisch dafür ist die Praxis der Seeversicherungen. Vor allem in Rouen und in Antwerpen nimmt die teilweise unter kastilischem Einfluß erfolgte Erarbeitung des *Guidon de la mer* in der Mitte des 16. Jahrhunderts eine Art Vereinheitlichung des diesbezüglichen Seerechts vorweg. Zur gleichen Zeit setzte sich im gesamten Westen die konsularische Rechtsprechung durch, und das Institut der Admiralitäten festigte sich. Letztere sind ein bezeichnendes Beispiel für Analogien und Gegensätze, Verschiebungen und Ergänzungen. So fällt auf, daß viele Admiralitäten fast zur gleichen Zeit errichtet wurden. Die Abstammung des Wortes von dem arabischen Wort Emir weist darauf hin, daß auch die Institution aus den Kalifaten und aus Byzanz stammt. Ausgehend vom Mittelmeer, setzt sich die Einrichtung im 13. Jahrhundert rasch durch (Sizilien 1147, Genua 1181, Katalonien 1230, Frankreich 1248, Kastilien 1254, Portugal 1288, England 1295). Ihre Ausbreitung entspricht dem Interesse der Staaten am Seehandel und ihrem Bemühen, die Herrschaft über das Meer, seine Küsten und die Seeleute zu festigen.

Im Laufe der folgenden Jahrhunderte mußte die staatliche Obrigkeit in den verschiedenen europäischen Ländern vorhandenes Recht übernehmen, einzelne Rechte und Institutionen abschaffen, andere bestätigen und entsprechende neue, manchmal ähnliche, Gesetzeswerke schaffen. So war in Frankreich das Werk Colberts das Ergebnis einer langwierigen Vorbereitung, seine Ordonnanzen gehen auf ein jahrhundertealtes Erbe zurück.

Können wir am Ende dieses Überblicks nicht feststellen, daß die Seefahrer, die ständig von einem zum andern Hafen unterwegs waren, bei allen unvermeidlichen Ortsveränderungen überall, so sie ankamen, ein vertrautes Milieu vorfanden? Neuankömmlinge wurden von den nationalen Gruppen aufgenommen und geschützt, darüber hinaus aber stießen sie auch auf allen bekannte Institutionen und vertraut wirkende Gebäude. Seeleute aus dem Mittelmeer fanden in Venedig und Genua wie in Palermo, Montpellier, Palma, Barcelona und Valencia und sogar in Lissabon an der Atlantikküste in den Kaufmannslogen den natürlichen Ort für die Abwicklung ihrer Geschäfte; in gleicher Weise boten ihnen die Kapellen der Bruderschaften eine Versammlungsstätte in der Nähe des Binnenhafens, in dem ihre Schiffe vor Anker lagen. Dasselbe gilt für den Norden. Die spanische *Lonja* (Börse) fand vom 14. Jahrhundert an ihre Entsprechung in der Börse zu Brügge. Hohe Backsteingebäude mit Stufengiebeln dominieren vom Artois bis tief ins Baltikum; dieser Baustil drückt zwar Seriosität und Zurückhaltung aus, aber die Strenge der Linienführung wird von der roten Farbe des Materials und oft von überreichem Blumenschmuck gemildert. Ein Flame fand im Turm des Rathauses von Danzig die Entsprechung zu den Wehrtürmen von Ypern und Brügge, und Notre-Dame mit ihren viereckigen Türmen erinnerte ihn an die Kirchen von Damme und Malines; die Engländer ihrerseits wurden an die Kirchen von Earls Barton und Clapham erinnert. Alle schließlich fanden vertraute Elemente in den dominikanischen Hallenkirchen, wie etwa in der Nikolauskirche von Danzig. Dort ist die Nähe zur flämischen, englischen und aquitanischen Gotik besonders deutlich; sie machte es möglich, daß Pierre Francastel in der Kunstgeschichte «die Existenz einer Welt des Meeres vom 10. bis zum 13. Jahrhundert» feststellen konnte. Und alle diese Gebäude schmückten sich mit Gemälden, in denen die italienische und die flämische Ästhetik miteinander verschmolzen. Zwei Meereszonen, zwei Kulturen, aber ein belebender Geist, der des europäischen Christentums.

Sechstes Kapitel

Der gesprengte Rahmen: Europas Präsenz auf allen Meeren

In einer ersten Etappe des europäischen Ausgreifens auf die den Kontinent umgebenden Meere wurden die Küsten wirtschaftlich nutzbar gemacht und die Seezonen des Nordens, Südens und Westens fest miteinander verbunden.

Das Meer erwies sich als Quelle wirtschaftlichen Gewinns und als Raum der Machterweiterung. Daher dehnten die von Natur aus risikofreudigen Seeleute und nach ihnen expansionslüsterne Territorialherren ihr Aktionsfeld ohne Zögern aus, womit sie die aus früheren Jahrhunderten ererbten Rivalitäten und Konflikte neu entfachten und verschärften. Individuelle und kollektive Initiativen, kaufmännische und politische Unternehmungen leisteten so ihren Beitrag zur Erschließung des europäischen Einflusses auf die Weltmeere. Ein Werk von Jahrhunderten, dessen chronologische Darstellung hier weniger wichtig ist als der Versuch, die wichtigsten Merkmale und die Grundzüge der Entwicklung zu erfassen.

Initiativen

Die Öffnung der Straße von Gibraltar für die Beziehungen zwischen Mittelmeer und Atlantik leitete eine Wendung Europas nach Westen ein. Diese Wende vollzog sich gegen Ende des Mittelalters vor einem Hintergrund, der geprägt war vom Ende der Kreuzzüge, dem Rückzug des Papsttums nach Avignon, dem Niedergang der Seeherrschaft Genuas und Venedigs, dem Vordringen der Türken, denen Vorstöße bis zur Straße von Otranto gelangen, und – nicht zu vergessen – den Bemühungen der Hanse, den Verkehr auf den nordeuropäischen Meeren auf die eigenen Schiffe zu beschränken und die Westeuropäer nach Möglichkeit davon auszuschließen, vor allem die Engländer, die sich gezwungen sahen, ihre Seeleute nach Westen zu orientieren.

Gestalter und Ausgangspunkte der Expansion

Bemerkenswerte Weitsicht oder vielmehr angeborener Geschäftssinn sorgte dafür, daß die Mittelmeeranrainer und besonders die Italiener die Schiffahrt auf dem Atlantik energisch vorantrieben. Das bezeugen verschiedene Ereignisse, die fast gleichzeitig am Ende des 13. Jahrhunderts stattfanden. Erinnern wir uns an den Wagemut der westlich von Gibraltar auf See verschollenen Brüder Vivaldi, an das Vordringen genuesischer und venezianischer Galeeren bis Flandern, an den Fall von Akko, des letzten christlichen Stützpunkts im Heiligen Land (1291). Zur gleichen Zeit schenkten die Mittelmeeranrainer der Seefahrt die Portolankarte.

Das Ergebnis war, daß zwei Jahrhunderte später, um 1500, der internationale Handel die beiden Endpunkte des Seeverkehrs, die Schelde im Norden und die Iberische Halbinsel im Süden, fest miteinander verband. Endstationen im Norden waren nach dem Niedergang von Brügge und Sluys Antwerpen, dann Amsterdam und London, im Süden Lissabon und Sevilla. Die Unterzentren Rouen und Nantes, Southampton und Bristol, die Häfen der Biskaya und Galiciens dienten nicht nur als Zwischenstationen, sondern als Ausgangspunkte für die Expansion der Atlantikschiffahrt. Malaga, Valencia, Barcelona, Marseille, Genua und Livorno dienten in der Folge als rückwärtige Stützpunkte im westlichen Mittelmeer, die sowohl Unternehmungen anregten als auch von deren Ergebnissen profitierten.

Die geographische Verteilung der Häfen, von denen Unternehmungen zu den Horizonten des Atlantiks ausgingen, ergab sich in erster Linie aus der Ausformung der europäischen Küsten. Wie zu Beginn des Mittelalters erschienen auch an dessen Ende diejenigen Orte am günstigsten, die am weitesten in die See hinausragten und gleichzeitig einen geschützten Ankerplatz boten, im Südwesten der Britischen Inseln sowie an der Küste der Bretagne, Galiciens und Portugals. Schließlich wirkte sich die Lage unmittelbar an den Seerouten eher zugunsten von Southampton als von Rouen und Saint-Malo aus, günstiger auch für Nantes und besonders La Rochelle als für Bordeaux und stärker für Valencia als für Barcelona. Häfen an Mündungen großer Flüsse, selbst wenn sie recht weit im Landesinneren lagen,

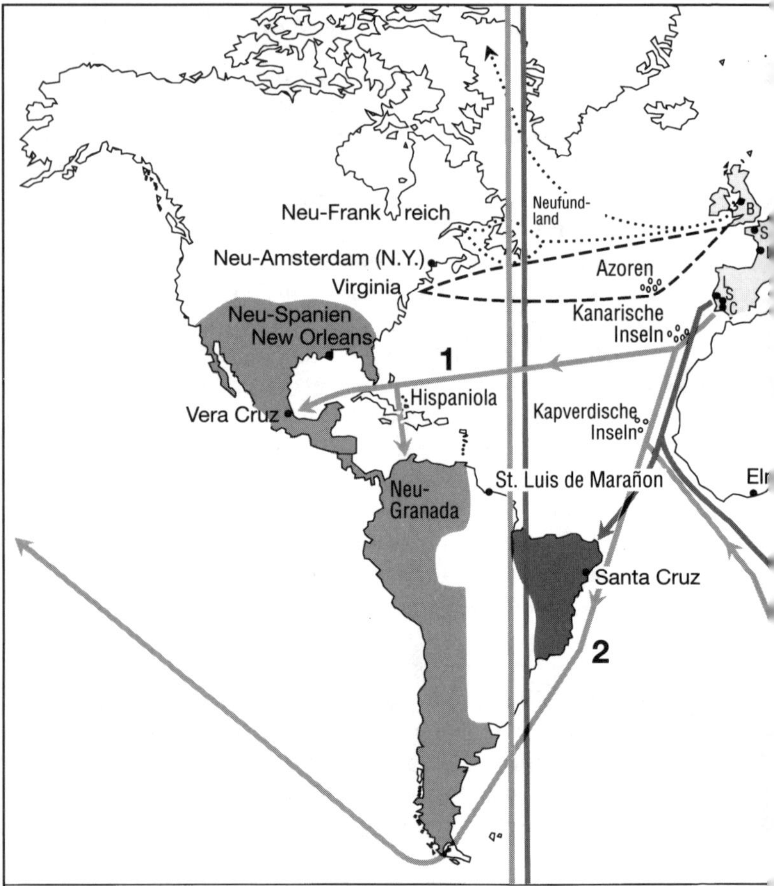

Die Expansion der europäischen Schiffahrt im 16. Ja

|| Grenzlinie zwischen dem spanischen und dem portugiesischen Einflußbereich (seit 1494)

Routen von Columbus, Magellan und ihren Nachfolgern

Portugiesische Routen

Französische Routen: Verrazano und Cartier

Englische Routen: Cabot und Frobisher

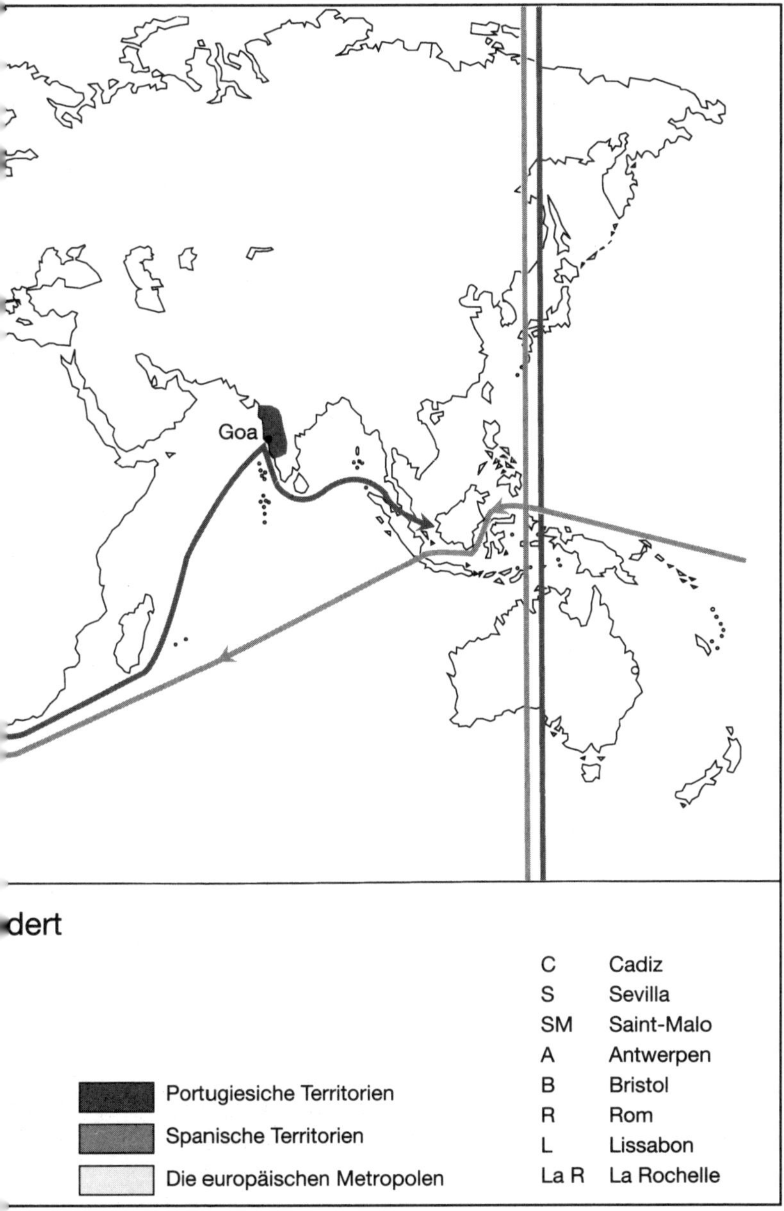
Goa
dert
Portugiesiche Territorien
Spanische Territorien
Die europäischen Metropolen
C Cadiz
S Sevilla
SM Saint-Malo
A Antwerpen
B Bristol
R Rom
L Lissabon
La R La Rochelle

boten den Vorteil, daß sie Verbindungen zu einem ausgedehnten Hinterland besaßen; als Beispiele mögen einige Namen genügen: Sevilla, Lissabon, Bordeaux und Nantes, Rouen, Antwerpen, London und Hamburg.

Die maritime Expansion Europas bevorzugte den letztgenannten Hafentyp, weil dort alle zur Entwicklung benötigten Faktoren vereint waren. Das mag als Binsenweisheit erscheinen, aber es soll doch daran erinnert werden, da hier die gegenseitige Abhängigkeit von Land und Meer besonders deutlich wird. Die Häfen des Atlantiks und der nordeuropäischen Meere übten dieselben Funktionen aus wie die des Mittelmeers. Auch ihre handelspolitische Bedeutung war zurückzuführen auf die Bereitstellung von Kapital und auf hochentwickelte Geschäftstechniken. Ohne Genua seinen Rang streitig zu machen, wurden Sevilla, Antwerpen, Amsterdam und London nacheinander Kapitalmärkte, Zentren von Bank- und Börsentransaktionen, Sitz von Reedereien und gleichzeitig von Seeversicherungen. Letzteres ist besonders wichtig: Während die italienischen Geschäftsleute schon im 14. Jahrhundert mit Versicherungen arbeiteten, schloß man am Atlantik noch im 16. Jahrhundert für Fernreisen Bodmereiverträge ab. Zunehmend jedoch setzte sich die Prämienversicherung durch und fand ihr ideales Zentrum in London.

Die Umorientierung Europas vom Mittelmeer zum Atlantik und seinen nördlichen Ausläufern hing von technischen und gesellschaftlichen Bedingungen ab. Westeuropa verfügte fast unbegrenzt über Grundmaterialien für den Schiffbau, die mit den anspruchsvoller werdenden Techniken in immer größeren Mengen benötigt wurden. Die Entwicklung des Dreimasters von der Karavelle bis zum Großschiff über ein ganzes Spektrum von Fregatten, Korvetten, Galionen und anderen Schiffstypen steigerte den Bedarf um ein Vielfaches. Ein internationaler europäischer Markt entstand. Zwar reichten die lokalen Bestände an Holz für den Schiffsrumpf meist aus, aber in vielen Fällen mußte man auf den Import von Mastholz aus dem Norden zurückgreifen, auf den sich die Hanse ebenso spezialisierte wie auf die Lieferung von Teer und Pech. Nordwestspanien und Schweden lieferten Eisen für die Anker, die Bretagne Segeltuch und Seile.

Zur Rekrutierung von Mannschaften gab es an den Küsten des Atlantiks und Nordeuropas nahezu unbeschränkte Möglichkeiten. Da die Seefahrt einer langen Gewohnheit bedarf und ein durch Erfahrung erworbenes Wissen erfordert, wurden Mannschaften auf zwei verschiedene Arten zusammengestellt, die aber durchaus miteinander vereinbar sein konnten. Für große Reisen mußte man im internationalen Rahmen anwerben, besonders was die Kapitäne betraf. Magellan rekrutierte seine Mannschaft in Spanien und natürlich in Portugal, aber er warb auch neun Franzosen, fünf Flamen, zwei Engländer, einen Deutschen und mehrere Italiener an, darunter Antonio Pigafetta, der die Expedition beschrieben hat. Diese trug also einen deutlich europäischen Charakter.

In den meisten Fällen erfolgte die Rekrutierung auf lokaler Ebene unter den Fischern und kleinen Küstenschiffern, einsatzbereiten Arbeitskräften, die besonders an den Küsten Englands, der Bretagne und Spaniens überreich vorhanden waren. Die unterschiedlichen Motive dieser Menschen reichten von der Notwendigkeit, den Lebensunterhalt zu sichern, über die Liebe zum Meer bis zu Neugier und Abenteuerlust.

Ein erstes Ausgreifen Europas nach Übersee: Neufundland

Die Entdeckung Neufundlands ist zwar nicht die erste der «großen» Entdeckungen und gehört nicht einmal zu den wichtigsten, aber sie charakterisiert wohl am besten das Ausgreifen Europas über den Atlantik. Nachdem die Engländer der Ostküste (Boston, Lynn, Hull usw.) gegen Ende des 14. Jahrhunderts von der Hanse aus Bergen verdrängt worden waren, hatten sie sich zunächst den isländischen Gewässern zugewandt, wo sie auf die Fischer aus Bristol trafen. Als in der zweiten Hälfte des 15. Jahrhunderts die Suche nach neuen Fischgründen notwendig wurde, ergriffen die Bristoler die Initiative und stießen bei ihrer Expedition auf Neufundland. Dann griff 1497 «John Cabot» ein, der italienische Seefahrer in englischen Diensten Giovanni Caboto. Die Episode, die so bekannt ist, daß sie hier nicht erneut erzählt werden soll, erfordert einige Anmerkungen. Die «Bänke» von Neufundland finden sich schon früh auf den Karten als Verlängerung der europäischen Fischgründe. Und in der

Tat erforschten die Fischer aus Bristol Teile der nördlichen Zone, während die Bretonen aus der Gegend von Bréhat und Paimpol den Osten und den Süden erforschten und später ihre Kollegen aus der Normandie (aus Fécon und Agon), dann aus Nantes, La Rochelle und Bordeaux dorthin führten. Zu den Bänken kamen auch Fischer aus der Biskaya und Portugal, von denen die Orte in Neufundland ihre Namen erhielten. Dies war also eine europäische Entdeckung. Die Priorität nahm nicht ohne Berechtigung Heinrich VII. aus dem Hause Tudor für England in Anspruch, aber wie viele andere Entdeckungen ist sie einem Italiener zu verdanken; denn John Cabot und seine drei Söhne stammten aus der genuesischen Kolonie im spanischen Valencia. Außerdem war neben der Ausschau nach Fischgründen sein Motiv eingestandenermaßen die im übrigen seit 1480 von Bristol aus betriebene Suche nach einer Insel namens Brazil, womit er sich ganz in die Tradition der europäischen Phantasievorstellungen einreihte.

Die Suche nach fernen Inseln

Der Traum von der idealen Insel ist nicht nur ein literarisches Thema, das Europa mit anderen Kulturen teilt. Er birgt auch ein außerordentliches Energiepotential, und er wurde nie aufgegeben. In welchem Maße brachte die europäische Kultur diesen Traum in ihre maritime Expansion ein? Die geradezu wahnhaft anmutende Suche nach der Insel findet sich in Reiseberichten und spiegelt sich in kartographischen Darstellungen bis ins 18. Jahrhundert, also bis zu dem Augenblick, da Berthoud in Frankreich und die Brüder Harrison in England fast gleichzeitig den Schiffschronometer erfanden, eine besonders genau gehende Uhr, mit deren Hilfe die geographische Länge bestimmt werden kann. Diese Suche könnte also auch technisch motiviert gewesen sein; denn die Lage der Orte, besonders kleinerer Inseln, war nur ungenau zu ermitteln. Und die Wundergläubigkeit trug mit dazu bei, daß der Reichtum der Atlantikinseln als unermeßlich galt und zu immer wieder erneuter Suche reizte.

Die keltischen Traditionen und besonders das in Europa bewahrte kulturelle Erbe der Antike inspirierten die Kartographen des 14. und 15. Jahrhunderts und sogar die Kanzleien. So werden in den Erkundungsprivilegien die Insel des hl. Brendan, Antilia oder die Sieben Städte als Reiseziele genannt. Europa suchte nach seinen Ausläufern, träumte weiter und fand schließlich im Laufe der beiden Jahrhunderte vor Christoph Columbus und John Cabot Realitäten. Portugiesen und Spanier, unterstützt von Genuesen, waren die ersten. Die Pessagno aus Genua erhielten vom König von Portugal zusammen mit dem erblichen Admiralsamt den Auftrag, nach den Inselgruppen im Atlantik zu suchen; so entdeckte Lanzarotto Malocello, ebenfalls ein Genuese, kurz vor 1336 die Kanarischen Inseln und ebnete so den Weg zu deren Eroberung durch den Normannen Jean de Béthencourt und zu ihrer Anbindung an das Königreich Kastilien zu Beginn des 15. Jahrhunderts. Dann beschleunigte sich die Bewegung nach Westen und in größere Entfernungen: Madeira und die Azoren wurden 1425 und 1427 portugiesisch, wenige Jahre bevor der Infant Heinrich der Seefahrer Entdeckungsreisen zu den Küsten Afrikas anregte. Innerhalb weniger Jahrzehnte eröffnete die maritime Expansion nördlich des 36. Breitengrades Europa einen Sektor des Atlantiks von etwa 2 Millionen Quadratkilometern, der mehr als 2200 Kilometer breit war. Er erscheint sofort auf den Portolankarten, wobei sich noch Fiktion und Realität in lateinischer, italienischer und katalanischer Sprache mischen. 1339 erwähnt die Karte des Genuesen Dulcert nur die Kanarischen Inseln, ausführlicher sind schon der Atlas des Lorenzo de Medici (1351), die Karte der Pizzigani (1367), besonders der Atlas des katalanischen Juden Abraham Cresques (1375) und die Karten des 15. Jahrhunderts (zum Beispiel die Karten des Mecia de Viladestes 1413 und von Benincasa 1467). Das portugiesische Unternehmen der *Volta*, das die Route von den Küsten Afrikas nach Lissabon bis zu den Azoren ausdehnte, damit die Seeleute den Passatwind vermeiden und wieder unter Westwind segeln konnten, illustriert beispielhaft die Kombination von Atlantikschiffahrt und europäischer Küstenschiffahrt.

Im nautischen Bereich und in finanzieller Hinsicht leisteten alle seefahrenden Nationen Europas ihren Beitrag zu diesem großen Werk. Wie wichtig dabei die einfach wirkende, aber entscheidende Mitarbeit der Fischer war, wurde häufig verschwiegen. Scheinbar subalterne Randfiguren, waren sie doch keineswegs müßige Statisten. In gleicher Weise überschattete manchmal die

Rolle der Italiener als Geldgeber, Reeder und Kapitäne die Bedeutung anderer Nationen. Gewiß, wir sahen, wie die Genuesen und dann die Florentiner durch ihre Anzahl, ihr Vermögen und ihren Einfluß in den iberischen Häfen dominierten. Unter ihnen seien namentlich angeführt Ferdinand van Olmen, ein gebürtiger Flame, unter dem Namen Fernão d'Ulmo eingebürgerter Portugiese, ein unglücklicher Vorläufer des Christoph Columbus. Als Gouverneur der Azoren unternahm er 1486 mit Zustimmung des Königs von Portugal eine Expedition westlich dieses Archipels und erlitt Schiffbruch, weil er am Ende des Winters 1487 die Anker gelichtet hatte. Aus diesem Grunde schlug der Genuese dem König von Kastilien vor, die Reise, die zum Erfolg führen sollte, im Oktober 1492 anzutreten.

Im allgemeinen griffen die Machthaber erst an zweiter Stelle ein, um private Einzel- oder Gruppenunternehmungen zu erlauben, zu unterstützen und im Falle des Erfolgs wirtschaftlich zu nutzen. Ihre aktive Beteiligung oder gar ihre Eigeninitiative kamen erst sehr langsam in Gang. Private Initiativen werfen die Frage nach den Motiven der Unternehmer auf. «Gold und Gewürze» zu erwähnen bedeutet, den wirtschaftlichen Motiven den Vorrang einzuräumen. Aber so gerechtfertigt diese Einschätzung auch sein mag, erschöpfen sich darin doch nicht alle Motive der maritimen Expansion am Ende des Mittelalters und zu Beginn der Neuzeit. Ohne diese Motive hätte man nicht alle Kräfte angestrengt und wären wegen der Risiken und der vielen gescheiterten Versuche die Unternehmungen nicht wiederholt worden. Doch die Schwierigkeiten, die im Verlauf der Reisen zu bewältigen waren, wurden bei weitem ausgeglichen durch die verführerische Anziehungskraft der Sonne und des Lichts, die Möglichkeit des Ausbruchs aus der Enge der Alten Welt und von Veränderungen aller Art, wofür die Inseln vielfältige Gelegenheit boten, nicht zu vergessen die Gewinne (Zucker aus Madeira, der den Zucker aus Andalusien, Sizilien und Kreta ersetzte), die sich ab etwa 1470 über den Kontinent ergossen. All dies hielt den Inselmythos lebendig und entwickelte ihn weiter, so daß im 18. Jahrhundert die «Inseln von Amerika» als Brennpunkt dieses Mythos erscheinen konnten. Lebte denn der Name Antilia nicht in der Benennung der Antillen fort?

Nachrichten und Propaganda

Der Mythos war unvergänglich, der Traum so erfolgreich, weil sich mit ihm Hoffnungen, Wünsche und Sehnsüchte verbanden. Derselbe Reiz, der heutzutage von einer Ozeankreuzfahrt ausgeht, führte in früheren Epochen zur Verbreitung von Neuigkeiten und Nachrichten aus dem Bereich der Seefahrt. Manche Städte, wie Sevilla und Lissabon, waren regelrechte Gerüchtebörsen, von denen aus wahre und falsche Nachrichten sich unvorstellbar schnell ausbreiteten. Als Informationskanäle etwa nach Mailand, Lyon und Antwerpen dienten die Briefe der Kaufleute, die die Ankunft von Schiffen und die Aussichten auf gewinnträchtige Geschäftsabschlüsse ankündigten. Eine unvergleichliche Gerüchteküche war die römische Kurie, wo die Ergebenheitsadressen der portugiesischen und spanischen Könige und ihre Berichte über die in Übersee erzielten missionarischen Erfolge und die Möglichkeiten weiterer Bekehrungen ein vielfältiges Echo auslösten. Sogar das einfache Volk nahm an den explosionsartig sich verbreitenden Gerüchten teil, was sich in Volksfesten niederschlug wie den portugiesischen *momos*, den *mômeries* in Dieppe oder beim feierlichen Einzug der Könige in den Städten. Dort sah man leibhaftige Eingeborene aus fernen Ländern und exotische Fauna und Flora; Lissabon, Sevilla, Antwerpen, Rouen, Dieppe, Saint-Malo, Nantes und London waren die Tore Europas, die zur großen Welt hin weit offenstanden. Bekanntlich griff Thomas Morus in Antwerpen die Vorstellungen des Raphael Hythlodaeus von einer paradiesischen Insel auf und verarbeitete sie in *Utopia*; Hythlodaeus bedeutet nichts anderes als Verbreiter albernen Geredes, und Utopia heißt nirgendwo. Es handelte sich also um eine Träumerei aus den Weiten des Meeres.

Das Meer als Staatsaffäre

Später als Seeleute und Kaufleute erkannten die Herrscher die Bedeutung des Meeres für den Ausbau, den Wohlstand, die Unabhängigkeit und die Verteidigung ihrer Staaten. Welche Rolle das Meer für die Entstehung der europäischen Staatenwelt und darüber hinaus für das Erwachen einer europäischen Identität spielte, läßt sich relativ leicht an den italienischen Stadtstaaten nachweisen; denn weder Venedig noch Genua noch Florenz hätten ohne die Hilfe des Meeres solche Macht erlangt. Recht unterschiedlich verlief die Entwicklung auf der Iberischen Halbinsel: Katalonien und das Königreich Valencia sind ohne das Meer unvorstellbar; Kastilien konnte sich zwar auf die Aktivitäten an seiner Biskayaküste stützen, mußte aber die Zeit der Katholischen Könige abwarten, bis es den Rang einer Seemacht erreichte, die sowohl am Mittelmeer als auch an der andalusischen und baskischen Küste gleich stark war. Portugal verdankt dem Meer alles, wurde sich dessen aber erst voll nach dem 1385 mit der Schlacht von Aljubarrota beendeten Krieg bewußt, der Portugal von der kastilischen Herrschaft befreite. Ähnliches gilt für England, dessen schicksalhafte Bindung an das Meer erst richtig zum Tragen kam, nachdem es durch den Hundertjährigen Krieg vom Kontinent verdrängt worden war. Allerdings hatten die Engländer schon während der Kampfhandlungen die mit der Insellage verbundenen Zwänge empfunden, ein Umstand, der die gesamte weitere Geschichte Englands beherrschte. Welche Anforderungen seine Verteidigung und seine Handelsinteressen stellten, erfuhr Frankreich bereits zu Beginn des 13. Jahrhunderts unter Philipp August, der es zumindest zeitweise verstand, ihnen gerecht zu werden, dann verstärkt im 14. Jahrhundert unter Karl V. und im 16. Jahrhundert von Ludwig XII. bis Heinrich II. So erkannten die europäischen Königreiche bis zum 16. Jahrhundert nach und nach, aber unabhängig voneinander, ihre maritimen Interessen. Was diesen Erkenntnisprozessen gemeinsam und damit europäisch war, soll ein vergleichender Überblick herausarbeiten.

Der wichtigste gemeinsame Nenner war das wirtschaftliche Interesse, selbst wenn es Konkurrenzsituationen, Rivalitäten und Konflikte mit sich brachte wie bei Erbschaftsstreitigkeiten zwischen nahen Verwandten. Vom Ende des Mittelalters an inspirierte und lenkte schließlich das, was der amerikanische Admiral Mahan *sea power* nennt, die Herrscher der europäischen Staaten. In der Mitte des 15. Jahrhunderts entzündete sich zwischen englischen und französischen Pamphletisten eine Kontroverse, um nicht zu sagen ein Streit. Die letzten Zuckungen des

Hundertjährigen Krieges begünstigten diese Art verbaler Auseinandersetzung, die den Krieg auf dem Schlachtfeld ersetzte. Einerseits erschien um 1440 *The Libelle of Englyshe Polycye* und 15 bis 20 Jahre später der *Débat des hérauts d'armes de France et d'Angleterre.* Die Verfasser überhäuften sich gegenseitig mit Vorwürfen und Beleidigungen; aber interessant ist, daß beide Autoren, die ihren jeweiligen Königen treu ergeben waren und ihr Vaterland liebten, Argumente vorbringen, die auf gemeinsamen Auffassungen gründen, und daß sie durchaus vergleichbare Lösungen vorschlagen. Aus ihren Darlegungen ergibt sich ein recht genaues Bild des westeuropäischen Seeverkehrs, dessen Vorteile jeder der beiden Pamphletisten für sein Land in Anspruch nimmt. Der Franzose bestreitet dem König von England die Seeherrschaft, da der König von Frankreich sie ausüben könne, weil er über «gute Häfen» verfüge und über die «Handelsware, die seine Schiffe in Bewegung setzen» könne. Der Engländer dagegen verficht die These von der britischen Souveränität über die angrenzende Seezone, die auch von einer stark polemischen Literatur der Zeit unterstützt wurde. «We be maysters of the narowe see», formulierte der *Libelle*, während eine andere Streitschrift gar vorbrachte: «Anglia! Propter tuas naves et lanas omnia regna te salutare debent.»

Bereits Mitte des 15. Jahrhunderts waren also strategie- und wirtschaftspolitische Gedanken formuliert, die in einer Weise miteinander verbunden wurden, wie sie auch Mahan nicht abgelehnt hätte. Wir können hier nur ihre Grundzüge, ihre Verbreitung außerhalb Frankreichs und Englands sowie ihre unmittelbaren und langfristigen Auswirkungen verfolgen.

Die militärischen Aspekte der Frage sind bekannt. Die beiden Kontrahenten des Hundertjährigen Krieges, die iberischen Königreiche, die italienischen Stadtstaaten und die Hanse, nicht zu vergessen im 15. Jahrhundert die Herzogtümer Burgund und Bretagne, rüsteten sich mit Seestreitkräften aus, die neben dem Zugang zum Meer immer stärker zum allgemeinen Staatsverständnis gehörten, da dieser abgesichert und die Handelsschiffe geschützt werden mußten. Dies wurde um so offensichtlicher, als die Bordartillerie und der Einsatz von Stückpforten den Kriegsschiffen ein besonderes Aussehen verliehen und eine eigene Aufgabe zuwiesen. Der Staat besaß eigene Schiffe, baute

Kriegshäfen (zum Beispiel Le Havre und Portsmouth), entwikkelte die Institution der Admiralität und unterhielt speziell ausgebildetes Personal. Getrennt voneinander nahmen im 16. Jahrhundert die Staaten Züge von Seemächten an, angefangen von den Italienkriegen über die Flotten von Lepanto bis zum Abenteuer der Armada; gelegentlich wie vor Algier, Tunis und Djerba wie auch vor Lepanto konnten vereinigte Seestreitkräfte sogar europäischen Charakter annehmen. Auf diese Weise steigerten damals die Türken das europäische Angriffspotential.

Protektionistische Maßnahmen

Die von allen Regierungen betriebene Seepolitik konnte egozentrische oder gar egoistische und im Jahrhunderte später üblichen Sinne nationalistische Formen annehmen. Die bereits zitierten Libellisten widmeten einen Teil ihrer Darlegungen dem Beweis, daß, wie der Franzose sich ausdrückt, «derjenige, der auf See am stärksten ist, sich so lange König des Meeres nennen kann, wie seine Kraft anhält». Seit dem Ende des 13. Jahrhunderts tauchen fast überall protektionistische Tendenzen in Form von Abgaben auf, die man mangels einer anderen Bezeichnung Zölle nennen kann; in den englischen Häfen zogen eigene Büros die *customs* ein; auch in Frankreich kommt das Bemühen um Kontrolle in der Bezeichnung *ports et passages* für die vergleichbare königliche Abgabenverwaltung zum Ausdruck; dasselbe gilt für die katalanischen und kastilischen *quemas*, *peatjes* und *guiatges*, die portugiesischen *alfandegas* und den hanseatischen *Pfundzoll*. Der Herzog der Bretagne erzielte die Hälfte seiner Einkünfte aus dem Seeverkehr.

Protektionismus beschränkte sich aber nicht auf die Erhebung von Abgaben. Zeitweise und manchmal sogar je nach Laune wurden auch Import- und Exportverbote erlassen. Oft ergänzten diese ein System von Privilegien, die dem einen oder anderen Hafen für diese oder jene Ware erteilt wurden. Die Bezeichnung *Etappe* für das englische Wollexportmonopol, das Calais 1347 nach seiner Eroberung durch Eduard III. erteilt wurde, bringt die staatliche Kontrolle zum Ausdruck. Doch ist dies kein Einzelbeispiel: Die Hanse behielt sich den Handel mit Fisch in Bergen vor; Frankreich ließ den Import von Gewürzen nur über den Hafen von Aigues-Mortes zu; später hüteten portugiesische und spanische Könige eifersüchtig das Monopol für andere Gewürze und Edelmetalle. Die Beziehung der europäischen Länder mit dem Meer wurde von Verboten geregelt; dies schuf freilich noch nicht das eine Europa, aber auf negative Weise und im Zusammenstoß widerstreitender Interessen bereitete es sich vor, wenn auch ganz von ferne.

Der Protektionismus ging über den Rahmen der Steuerverwaltung hinaus und tendierte zunächst dazu, den Seehandel strikt auf «nationale» Schiffe zu beschränken. Das Flaggenmonopol entstand aus verschiedenen Maßnahmen, die von der Überbelegung fremder Schiffe mit Abgaben bis zu einem Abgabensystem, das die Einheimischen bevorzugte, und sogar bis zur Errichtung von Monopolen für die Einheimischen reichten. Natürlich warf dies wiederum neue Probleme auf, mußte man doch im Bereich des Schiffbaus und zum Schutz von Konvois manchmal um fremde Hilfe bitten.

Die italienischen Stadtstaaten besaßen nicht nur so viele Schiffe, um sie zu vermieten, sondern auch um damit den Handel mit ihren auswärtigen Besitzungen zu monopolisieren. Frankreich machte zusammen mit Jacques Cœur eine kurze, aber beispielhafte Erfahrung mit dem Monopol des Orienthandels auf Schiffen, die das Lilienbanner hißten; aber die Vielfalt seiner maritimen Interessen schlug sich in der öffentlichen Meinung manchmal in einander widersprechenden Stellungnahmen nieder. So wurde 1500 in der Saintonge vorgeschlagen, die Fremden sollten angehalten werden, französische Schiffe zu benutzen; die Bretonen verlangten Maßnahmen zur Diskriminierung der Iberer; aus Rouen dagegen, wo man enge Beziehungen zu Antwerpen pflegte, kam die Feststellung, daß «nichts gewinnträchtiger als die Freiheit» sei.

«Mare clausum» oder «mare liberum»

Doch war die Sache des Freihandels noch lange nicht gewonnen. In Frankreich riet Claude de Seyssel, der Bischof von Marseille, Franz I., den Export französischer Produkte nicht den Fremden zu überlassen. Spanien hatte sich für die Monopolisierung des Seehandels entschieden und hielt daran bis zum Ende

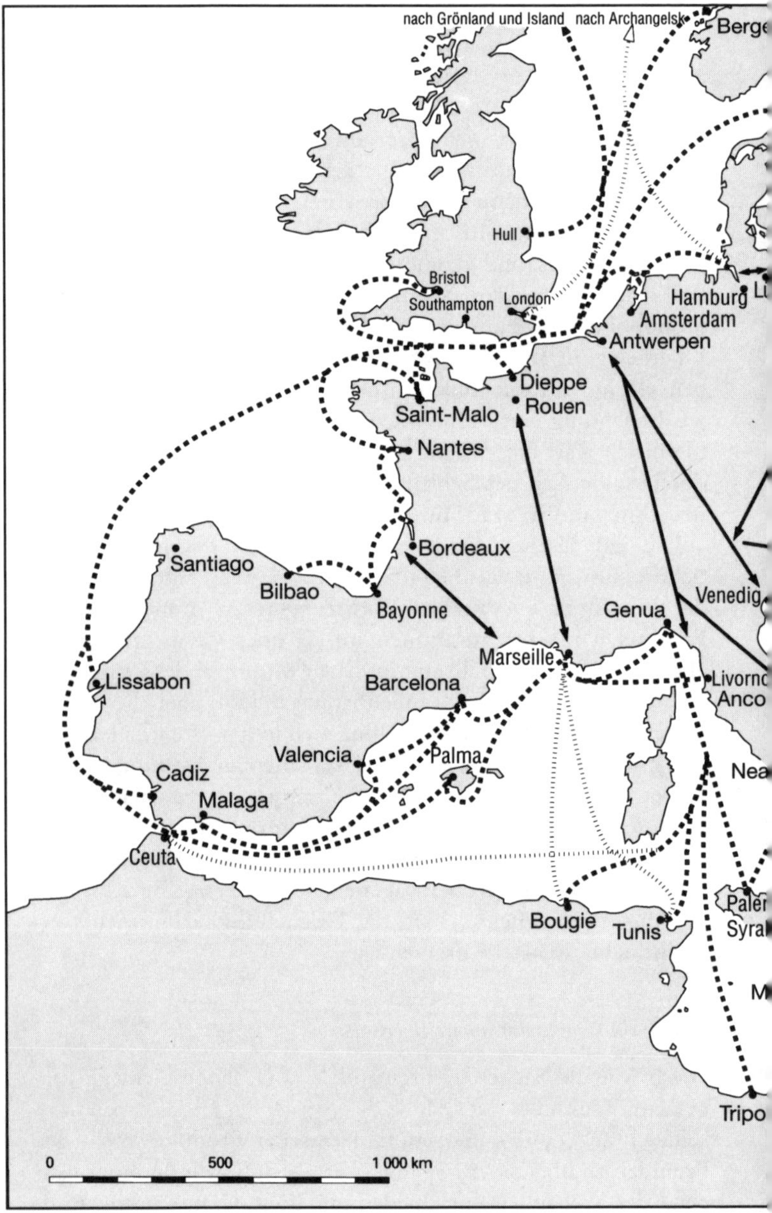
nach Grönland und Island
nach Archangelsk
Hull
Bristol
Southampton
London
Hamburg
Amsterdam
Antwerpen
Dieppe
Rouen
Saint-Malo
Nantes
Bordeaux
Santiago
Bilbao
Bayonne
Venedig
Genua
Marseille
Lissabon
Barcelona
Valencia
Palma
Cadiz
Malaga
Ceuta
Bougie
Tunis
0
500
1 000 km

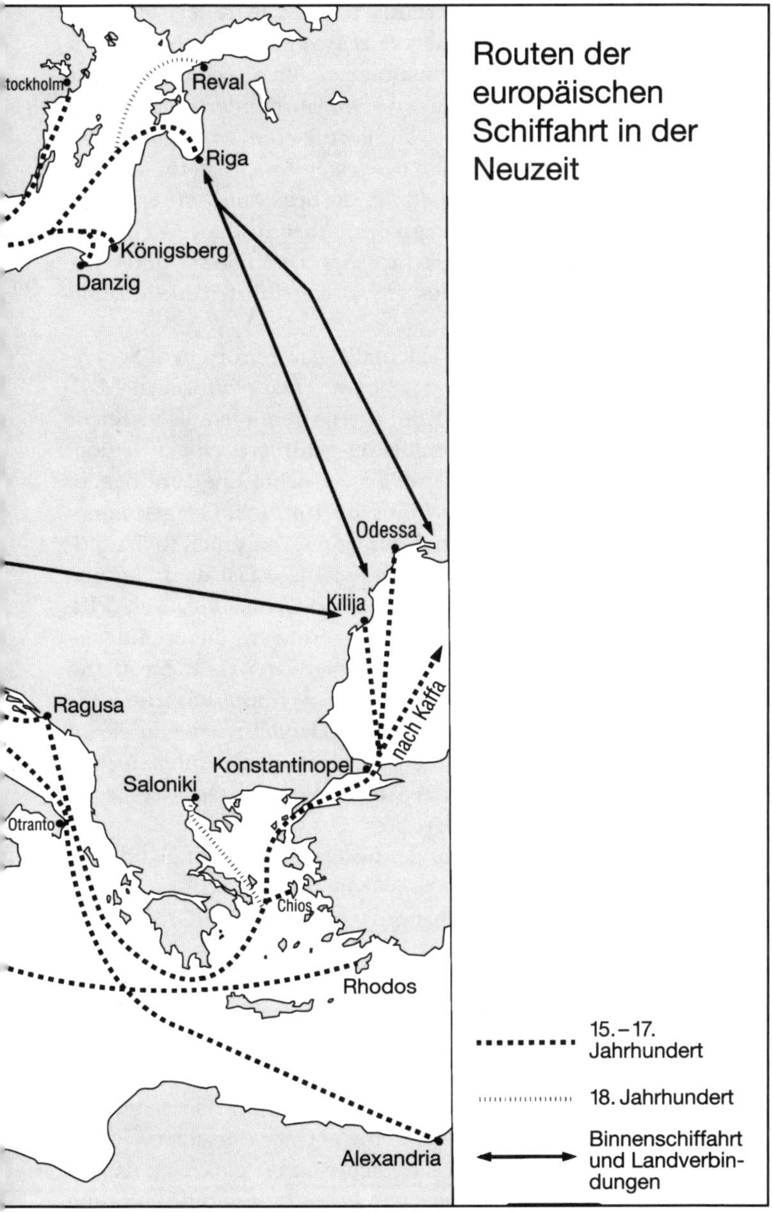
Routen der europäischen Schiffahrt in der Neuzeit
tockholm
Reval
Riga
Königsberg
Danzig
Odessa
Kilija
nach Kaffa
Ragusa
Konstantinopel
Saloniki
Otranto
Chios
Rhodos
Alexandria
15.–17. Jahrhundert
18. Jahrhundert
Binnenschiffahrt und Landverbindungen

seines amerikanischen Imperiums fest. Es hatte das Flaggenmonopol 1491, 1498, 1500 und zuletzt 1523 mit einem Nachdruck erneuert, den die Fakten dementieren sollten. Ebenso verfuhr man in Portugal, wo zu Beginn des 16. Jahrhunderts der Begriff des *mare clausum* zugunsten der Portugiesen geprägt wurde. John Selden (1584–1664) erhob denselben Anspruch für die englische Seefahrt mit der Feststellung, die See könne wie das Land Gegenstand der Aneignung werden. Aber zu dieser Zeit sammelten sich bereits die Verfechter des *mare liberum* unter der Fahne der von Hugo Grotius (1604) angeführten niederländischen Rechtsschule.

Beide Theorien bezeugen jedenfalls, daß Europa dem Seeverkehr zunehmende Beachtung schenkte. Die praktischen Maßnahmen haben weniger die Konkurrenz gemildert als vielmehr den Kaperkrieg und die Seeräuberei gefördert, eine Situation, die schon ältere Vorläufer hatte. So versuchte England, begünstigt durch seine Insellage, schon sehr früh, sein Flaggenmonopol durchzusetzen. Eine erste Navigationsakte erließ Richard II. im Jahre 1381, und mit demselben Ziel und fast dem gleichen Wortlaut erneuerten Heinrich VII. (1489) und Heinrich VIII. (1540) das Monopol. Daß diese Erneuerungen, die Fremde abschrecken sollten, überhaupt notwendig waren, läßt Zweifel an der Wirksamkeit der Erlasse aufkommen. Immerhin trugen sie aber zur Entwicklung der englischen Handelsmarine in einem Maße bei, daß sie geradezu die Bedeutung von Symbolen einer merkantilistischen Politik erlangten und bewahrten, wie sie das Unterhaus mehrfach gefordert hatte.

Den Wert und das Gewicht der Insellage wußte England vom 15. Jahrhundert an endgültig zu würdigen. Fernand Braudel verweist in diesem Zusammenhang darauf, daß «jede Größe einen beherrschten Raum voraussetzt, der größer ist als der privilegierte Raum, der ihm (dem Herrscher) selbst gehört». Und an anderer Stelle schreibt er, England sei zu einem Schiff geworden, «das vor Europa Anker geworfen» habe. Der Autor des *Libelle of Englyshe Polycye* hatte die See um England als eine Art Staatsbesitz betrachtet, als das *mare Britannicum*, wie es die Kartographen seiner Zeit nannten, den von Calais aus überwachten oder gar bewachten *Kanal.* Die Sichtweite *(veüe)*, eine damals allgemein übliche Maßeinheit von etwa 21 km zur Schätzung der Entfernung, bei der man bei klarer Sicht ein Segel noch bemerken und erkennen konnte, diente als Argument für die Kontrolle einer Meerenge von ihren beiden Ufern aus.

Damit ist gleichzeitig erklärt, warum der Begriff Hoheitsgewässer den Anspruch auf Salut auf hoher See begründet, den – wie wir oben sahen – ein englischer Autor schon im 15. Jahrhundert erhebt und der lange aufrechterhalten wurde. 1603 erzürnte sich Sully, der als Gesandter nach London ging, darüber, daß sein Schiff von einem englischen Schiff unter Feuer genommen wurde, weil dieses den Salut verlangte. Und Sully war nicht gerade ein Verfechter der Seefahrt. 1662 kam es dann zu der berühmten Flaggenaffäre, wobei Ludwig XIV., um nicht zurückzustehen, London zu dem Zugeständnis zwang, daß die französischen Schiffe auf dem Atlantik und im Mittelmeer von den englischen Schiffen «in gleicher Weise» zu salutieren seien.

Das Meer als Faktor staatlicher Macht

In Europa war das Meer zu einem Faktor staatlicher Macht geworden, aber nicht überall zur gleichen Zeit und im gleichen Ausmaß. Im allgemeinen war die Bedeutung des Meeres für die Festigung der Macht umgekehrt proportional zur Größe des Territoriums. Ohne auf die vor dem 13. Jahrhundert liegenden Entwicklungen zurückzugreifen, darf man feststellen, daß die italienischen Stadtstaaten, besonders Venedig und Genua, eine Vorreiterrolle übernahmen. Ihre überseeischen Besitzungen bis zum Schwarzen Meer haben das antike Konzept der Seeherrschaft, der Thalassokratie, wiederbelebt. Bevor England, Portugal und später die Vereinigte Republik der Niederlande auf einer Insel oder einem schmalen Küstenstreifen Überseekolonien gründeten, erlebte das Mittelmeer in der Mitte des 15. Jahrhunderts das einzigartige Experiment der Krone Aragon. Ausgehend von einer Expansion Kataloniens bis zur Ägäis, hatte Alfons V. der Großmütige (1418–1456) Katalonien, das Königreich Valencia, Sardinien, das Königreich Neapel und Sizilien in einer Art Föderation zusammengefaßt; 1449 zwang er diesen Staaten in einem programmatischen Edikt Elemente des Seeimperialismus auf, und zwar das Verbot bestimmter Importe aus dem Ausland, die Steigerung des Schiffbaus und das Monopol der Flagge Aragons.

Frankreich dagegen, das durch seine Grenzen und die ländliche Mentalität seiner Bewohner aufs engste mit dem Kontinent verbunden war und zwischen den Zwängen der Territorialpolitik und der Anziehungskraft der See hin und her gezogen wurde, verfolgte eine zögernde Politik, die es in Rückstand brachte. Vielleicht war es eines der Verdienste Jacques Cœurs, des Finanzverwalters Karls VII., daß er demonstriert hatte, welche Bedeutung die Beherrschung der See besaß. Ludwig XI. bestätigte deren Wert, Karl VIII. und Ludwig XII. nutzten ihre Möglichkeiten zur Zeit der Italienkriege. Aber das Verdienst, sie weiter ausgebaut zu haben, kommt den Königen des 16. Jahrhunderts zu, Franz I. und Heinrich II. Unabhängig von der Aufstellung einer Seekriegsflotte, der Gründung von Le Havre und von Impulsen, die der Handel dadurch erhielt, wird bis in die Einzelheiten einer Art von politischer Propaganda der Prozeß der Bewußtwerdung faßbar.

Franz I. kann durchaus jenes Kapitel der *Monarchie de France* gelesen haben, in der Claude de Seyssel um 1519 darlegte, «wie nützlich es wäre, eine Armee zu See zu besitzen und zu unterhalten». Auf dem Meer, so dachte der Autor und erläuterte es an Beispielen, vollzögen sich «größere Dinge als die, die eine Armee zu Lande» vollbringen könne, und vom Meer komme ein «Zuwachs an Macht des Fürsten» und für die Bewohner ein «Zuwachs an Reichtum». Seyssel war nicht der einzige, der seine Lehren aus den Italienkriegen zog. Ein berühmtes Beispiel liefert ein Adliger aus den Niederlanden, Philipp von Kleve, Herr von Ravenstein. Mit allen Herrscherhäusern verwandt und damit ein wahrer Europäer, diente er abwechselnd dem König von Frankreich und dem Kaiser, als Admiral dem Königreich Neapel und den Niederlanden und den Genuesen als Gouverneur. Seine *Instruction de toutes manières de guerroyer* räumt dem Seekrieg einen hohen Rang ein. Dieses zu Beginn des Jahrhunderts verfaßte und 1558 in Paris veröffentlichte Buch fand in König Heinrich II. wie in Admiral Coligny überzeugte Adepten. Der König entwarf daraufhin ein regelrechtes Marineprogramm.

Aber dann unterbrachen die Religionskriege alle Anstrengungen, Frankreich ähnliche maritime Grundlagen zu verschaffen, wie sie Elisabeth I., Philipp II. und die Generalstaaten der Vereinigten Niederlande für ihre jeweiligen Länder geschaffen hatten. Das politische Handeln blieb hinter der politischen Theorie zurück.

Aus dem Meer erwächst die Individualität Europas

In der Tat blickten einige Denker des 15. und besonders des 16. Jahrhunderts über den begrenzten Rahmen der Staatsinteressen hinaus. Dabei entwickelten sie sowohl rückschrittliche als auch visionäre Gedanken und verliehen dem Begriff Europa gelegentlich eine Nebenbedeutung von Überlegenheit über den Partikularismus. Allerdings war an ihrem Denken nicht alles neu; so benutzen sie etwa den Idealbegriff Christenheit häufig als Bezeichnung, die eine Brücke schlägt zwischen der Glaubensgemeinschaft und dem politisch-geographischen Sinn des Wortes. Die Einnahme von Konstantinopel durch die Türken regte erneut Kreuzzugspläne an, die die Einheit des Okzidents bis Lepanto und sogar darüber hinaus bis zum Fall von Kreta 1669 anmahnten. Beim Kongreß von Mantua hatte Pius II. 1459 eine prophetische Rede gehalten, und in seinem Schreiben an Sultan Mohammed II. definierte er Europa geographisch so, wie man es damals angesichts der Türkengefahr verstehen konnte, und in Wendungen, die auch das 20. Jahrhundert noch benutzen könnte: «Wir werden in Europa selbst, das heißt in unserem Vaterland, angegriffen ... Wir können nicht glauben, daß du so unwissend bist ..., die Macht des christlichen Volkes nicht zu sehen, wie tapfer Spanien ist, wie kriegerisch Frankreich, wie volkreich Germanien, wie stark Britannien, wie kühn Polen, wie energisch Ungarn und wie reich, hitzig und waffenerprobt Italien.»

Dieses geographische Tableau entsprach den Berichten von Reisenden, die im 15. Jahrhundert durch Europa zogen, wie zum Beispiel Gilles le Bouvier, genannt Le Héraut Berry, und später Hieronymus Munzer.

Aber immer noch wurde Europa meist mit der alten Christenheit gleichgesetzt, was eine Aufforderung an die Fürsten zur Einheit implizierte. Die Fürsten Osteuropas, die sich von den Türken am stärksten bedroht fühlten, wie etwa König Georg Podiebrad von Böhmen, zogen die Lehren aus der Niederlage von Warna (1444) und forderten die europäischen Christen zur Zusammenarbeit auf. Der religiöse Bedeutungsgehalt des Wortes Christianitas wich der Bedeutung Europa, weniger aus antikirchlichen Motiven als aus einer gewissen Koketterie der Humanisten, die Neologismen ablehnten. Dies wird ganz deutlich bei Erasmus, der zwar aus Rotterdam stammte, aber keinerlei Neigung für die Seefahrt zeigte, ja sogar Gott zum Zeugen dafür anrief, daß er niemals auf den abscheulichen Gedanken kommen werde, zur See zu fahren.

Traumvorstellungen, die aber einen gewissen Einfluß ausüben konnten, entwickelte Guillaume Postel, der am Collège de France lehrte und große Reisen zu Wasser und zu Lande unternahm. Der aus der Normandie stammende Gelehrte entwarf in seiner *Concorde du monde* einen Universalstaat, in welchem Seerecht und Handelsrecht das Gleichgewicht des Staates stützen sollten. Zur Absicherung dieses Gleichgewichts schlug er phantasievolle Erfindungen im militärischen Bereich vor, so zum Beispiel den Bau unsinkbarer Schiffe. Er glaubte, das «gute Leben» in dieser harmonischen Welt könne der König von Frankreich verwirklichen, der der Legende nach von den Trojanern abstammte, die durch ihre Seefahrten von Skythien bis zu den Säulen des Herkules verstreut worden waren. Ein idealisierter Internationalismus verschmolz also mit expansionistischen und imperialistischen Tendenzen. Letztere sollten bei den seefahrenden Völkern auf fruchtbaren Boden fallen, die nach Jean Bodin (*La République* 1576) «feiner und besser informiert als die des Binnenlandes» waren.

Im übrigen entwickelten die Juristen die Thesen des Bartolomeo Sassoferrato weiter; bei Grotius wies die Theorie des Völkerrechts, das heißt des Rechts der Nationen, dem Seerecht größte Bedeutung zu; das Handelsrecht wurde als staatliche Aufgabe anerkannt. Darüber hinaus wurden im 16. Jahrhundert beträchtliche Anstrengungen unternommen, die Regeln und die Handhabung des Handelsrechts zu klären, zu vereinheitlichen und sie zu internationalem Recht zu erheben; ein Beispiel dafür bietet der *Guidon de la mer*, der sich erfolgreich von Spanien über Rouen bis in die Niederlande durchsetzte.

Gegen Ende des 16. Jahrhunderts blieb dem von den Religionskriegen geplagten Frankreich jedoch kaum etwas anderes übrig, als den Rat Sullys zu befolgen und zu seinen beiden «Mutterbrüsten, dem Ackerbau und der Weidewirtschaft», zurückzukehren. Die Perspektiven der Seefahrt? Die könne man später wiederaufgreifen.

Aber nicht für alle Europäer blieben die Erfahrungen mit der Seefahrt ohne unmittelbare Konsequenzen. Ausgerechnet ein Binnenländer, der aus Burgund stammende Kardinal de Granvelle, riet 1586 Philipp II., aus der Vereinigung seiner Krone mit der Portugals Nutzen zu ziehen und seine Hauptstadt nach Lissabon zu verlegen, dem bedeutendsten Treffpunkt aller großen Seerouten. Ein bezeichnender, wenn auch vergeblicher Ratschlag. Die Meute der holländischen «Meeresgeusen» behinderte die Spanier auf hoher See wie in Übersee. Sir Walter Raleigh stellte seinerseits fest: «Wer über das Meer gebietet, gebietet über den Handel; wer über den Handel gebietet, gebietet über den Reichtum der Welt und damit über die Welt selbst.»

Das Meer als Unterpfand der Macht

Richelieu, der sich gelegentlich als Schriftsteller betätigte, hinterließ ein allegorisches Theaterstück mit dem Titel *L'Europe*. Europa, die «Königin der Königinnen», um die sich *Francion* und *Ibère* bewerben, womit offensichtlich Frankreich und Spanien gemeint sind, weist *Ibère* zurück, der seine Liebe nur vortäuscht und in Wirklichkeit darauf abzielt, Europa zu beherrschen. *Francion* dagegen erhebt sie zu ihrem Favoriten. Neben den drei Hauptpersonen sind in Nebenrollen vertreten *Germanique* (das Reich), *Austrasie* (Lothringen), *Mélanie* (Mailand), *Parthénope* (Neapel) und *Ausonie* (Italien). Seltsamerweise fehlt England. Die Handlung ist reich an Symbolik. Obwohl sie die politische Situation zur Zeit Ludwigs XIII. spiegelt, könnte sie auch auf spätere Zeiten angewandt werden, und warum nicht sogar auf die Gegenwart, müßte man doch nur die Personen austauschen. Das Meer war nicht unbeteiligt daran, daß Europa hin und her gerissen wurde. Indem es den einen seine Dienste anbot, während es andere aufforderte, um seine Dienste zu bitten, war es ein Feld der Konkurrenzen, oft genug auch ein Schlachtfeld und blieb bis zur Gegenwart Objekt der Begehrlichkeit von Erben, die einander beneiden. Diese versuchen am Ende des 20. Jahrhunderts mühsam zu einer ausgewogenen Zusammenarbeit zu gelangen, was eine tiefgreifende Änderung der Geisteshaltung und große Opfer verlangt.

Für die Europäer blieb das Meer also ein eifersüchtig gehütetes und heftig begehrtes Besitzobjekt. Hüter dieses Besitzes waren die seefahrenden Nationen, die sich früher als andere als Staaten konstituierten. Sieht man von den mittelalterlichen Stadtstaaten Genua und Venedig ab, stellen Frankreich, England, Spanien und Portugal seit der Neuzeit charakteristische Beispiele von Staaten dar, die ihre Macht auf die Seefahrt gründeten oder von der Seefahrt Nutzen, territoriale Expansion und Machterweiterung erwarteten. Zu einer zweiten Gruppe zählen diejenigen Staaten, die wie die erstgenannten vom politischen Ehrgeiz getrieben wurden, sich einen Zugang zum Meer zu schaffen, sich freie Fahrt auf See zu sichern und an den Vorteilen der Expansion teilzunehmen. Dies galt in chronologischer Reihenfolge in der Neuzeit für Holland, Schweden, Preußen und Rußland und in der neueren Geschichte für das Deutsche Reich, Österreich-Ungarn, Italien, Griechenland und schließlich die Sowjetunion. Alles verlief so, als führe der Weg eines Staates zur Großmacht über die Erringung der Seeherrschaft.

Die Eroberung der Seeherrschaft in der Neuzeit

Der Aufstieg von Ländern beider Kategorien zur Seemacht weist manche Übereinstimmungen und Ähnlichkeiten auf. Am Anfang stand stets die Überzeugung, daß die Beherrschung des Meeres einen Zuwachs an Macht und ein Unterpfand des wirtschaftlichen Aufschwungs darstelle. Die Eroberung der Seeherrschaft setzte voraus, daß zunächst klare Ziele abgesteckt und die Mittel zu deren Erreichung kalkuliert wurden; dann galt es, die Planungen überlegt und mit Ausdauer in die Tat umzusetzen. Meist kam es dabei zu Konflikten: Handelskonkurrenz weitete sich zu kriegerischen Handlungen aus, die entweder auf See ausbrachen oder auf das Meer ausgedehnt wurden. Die Beispiele in der europäischen Geschichte sind zahllos. Die Macht Venedigs und Genuas reichte über das Mittelalter hinaus. Das spanische Seeimperium brach erst im 19. Jahrhundert zusammen, und das ältere, portugiesische Imperium bestand bis zur Entkolonialisierung in der zweiten Hälfte des 20. Jahrhunderts. Das Meer scheint das Geheimnis der Dauerhaftigkeit gehütet zu haben, angesichts derer die Armada einerseits und die niederländische Konkurrenz andererseits nur Episoden oder Abenteuer waren.

Vordringliche Notwendigkeit für jeden Staat, der die Seeherrschaft erringen will, ist der Besitz zahlreicher für den Handel und den Seekrieg geeigneter Schiffe. Sie sind der Preis der Macht auf See. «Preis» ist der zutreffende Ausdruck; denn eine Marine ist teuer und muß sich ökonomisch, militärisch und politisch auszahlen. «Das Meer», sagte Mahan, «ist vor allem ein Fortbewegungsmittel.» Es ermöglicht Austausch, Wanderungsbewegungen und Aktionen in großer Entfernung. Die Marine dehnt nach einer amerikanischen Formel «den Einfluß oder die Aktivitäten des Landes, aus der sie stammt, in die Ferne aus, sie hält sie aufrecht und verlängert sie». Die Wirtschafts- und Militärstrategen wissen dies genau. Noch Mahan bezeichnet die Seefahrt als «Indikator und Motor des Imperialismus». Die überreiche Zahl von Beispielen zwingt zu einer Auswahl: Cromwell hatte das Prinzip verstanden und erneuerte und straffte 1651 die Navigationsakte. Richelieu als *Grand maître et Surintendant de la Navigation* konnte sich an seinen Vorfahren Guyon Le Roy du Chillou erinnern, den Franz I. mit der Gründung von Le Havre beauftragt hatte. Die französischen Flotten der Neuzeit verdanken ihre Existenz Richelieu und Colbert, der nach den boshaften Worten von Henri Hauser die weitsichtigen Pläne des Staatsmanns Richelieu wie ein Kommis in die Tat umsetzte. Man könnte auch ihre Nachfolger aufzählen bis hin zu Ludwig XVI., der Frankreich mit einer Marine ausstattete, wie es sie später nie wieder besaß, außer unter Napoleon III. und im 20. Jahrhundert auf Grund der Initiative von Georges Leygues, der 1925 bis 1927 Marineminister war. All dies wurde aber bereits dargestellt von Historikern wie H. E. Jenkins in England, Etienne Taillemite, Maurice Dupont, Jean Meyer und Philippe Mason in Frankreich und in Spanien von José Merino. Kontinuität ist stets die Vorbedingung des Erfolgs, und jede Seeherrschaft ist das Werk geduldiger Ausdauer. In England, wo das Meer allen nahe ist und die ganze Nation interessiert, besaß die politische Führung diesen langen Atem; der Rückgang im 18. Jahrhundert war nur vorübergehend. Die Franzosen, weniger beständig und verwöhnt von der Vielfalt ihrer Möglichkeiten, waren nicht so ausdauernd. Sie ließen sich zeitweise von theoretischen Diskussionen verführen und erlagen um 1900 unter dem Einfluß der «Jungen Schule» modischen Versuchungen, so der Manie, sich im Bereich des Schiffbaus auf einige Versuchstypen mit großartigen technischen Neuerungen zu konzentrieren. Vor allem aber erschien das Meer in den Augen mehrerer Generationen, die ständig in der Furcht vor einer Landinvasion lebten, eher als Luxus denn als Chance. In den iberischen Staaten scheiterte die Nutzung nicht zu leugnender Trümpfe am Mangel wirtschaftlicher und demographischer Kräfte, und da Routine an die Stelle der Beständigkeit trat, veraltete das Material.

Handelskompanien und Seeimperialismus

Die Handelskompanien eilen zu Hilfe

Macht über die Meere auszuüben, erfordert neben kontinuierlicher Anstrengung einen ausgewogenen Einsatz der Mittel. Im zivilen Bereich erfanden die modernen Gesellschaften das System der Handelskompanien, von dem man annahm, daß es das Interesse einer Nation für die Seefahrt stärker anregt und die Expansion besser vorantreibt als militärische Anstrengungen. Die englischen *Merchant Adventurers* suchten mit dem Segen Elisabeths I. schon im 16. Jahrhundert ihren Weg in alle Himmelsrichtungen; sie wagten sich sogar auf die Nord-Ost-Route, deren eigentliche Zukunft erst im 20. Jahrhundert beginnen sollte. Im Kampf gegen Spanien entwickelte sich die niederländische Seemacht und ermöglichte den Erfolg der von Rembrandt und anderen Malern porträtierten Herren der berühmten Ostindischen Handelskompanie in Indien. Die große Zeit der Handelskompanien waren das 17. und das 18. Jahrhundert. Aus ersten Versuchen Richelieus zog Colbert die Konsequenzen und nahm sich die niederländischen Kompanien zum Vorbild. Sein Streben nach wirtschaftlicher Prosperität löste den französischen Handel aus der niederländischen Umklammerung, welche die

Anstrengungen der französischen Kaufleute auf deren eigenem Terrain (*Petite Hollande* in Nantes) zu ersticken drohte. Der Krieg mit Holland war ein wirtschaftlicher Konflikt, der vorübergehend zugunsten Ludwigs XIV. beigelegt wurde. Dagegen war die von Wilhelm von Oranien 1688 erreichte englisch-holländische Union ein großer Schritt hin zur englischen Vorherrschaft auf See.

Militärische und zivile Flotten, rationelle Nutzung der Handelsschiffe im Rahmen privilegierter Kompanien und Nutzung der privaten Bewaffnung bildeten auf europäischer Ebene die Grundlagen einer Macht, die in dem Zahlenmaterial zum Ausdruck kommt, dessen statistische Aufbereitung in jüngster Zeit wertvolle Aufschlüsse erbracht hat. Die Seemacht eines Landes wurde durch die Zahl seiner Fregatten und Versorgungsschiffe sowie deren Ausstattung mit Segeln und Kanonen ausgedrückt, so wie sie heute in Tonnen und Geschwindigkeiten angegeben wird. Vergleicht man die Stärke der Marinen, so zeichnet sich deutlich ein Wettlauf zwischen England und Frankreich ab, der bereits einen Höhepunkt erreicht hatte und ohne die Revolution und ihre kostenträchtigen Kriege zugunsten Frankreichs geendet hätte. Von dieser Zeit an erwuchs im 19. Jahrhundert die britische Vorherrschaft des Viktorianischen Zeitalters aus dem Zusammenspiel militärischer und kommerzieller Anstrengungen im Dienste der Expansion.

Der Atlantik als Spiegel Europas

Die Expansion auf See und in Übersee liefert den Maßstab, an dem der Anteil der Weltmeere an der Macht der europäischen Staaten seit den großen Entdeckungen gemessen wird. Diese projizierten das Bild Europas nach Übersee, was sich etwa an den Orts- und Ländernamen ablesen läßt, welche die Entdecker in die Weltkarte geschrieben haben, Hispaniola, Cartagena, Neu-Spanien, Neu-Kastilien, Belem, Neu Amsterdam, Boston, Neu-England, Neu-Frankreich, Montréal, Louisiana, New Orleans und viele andere bis hin zu den Antipoden. Den Entdeckungen folgte die Auswanderung, die besonders nach Nordamerika europäische Gesellschaftsformen mit ihren Rechtsvorstellungen, ihren Sprachen und ihren religiösen Spaltungen übertrug. Das spanische, englische, französische, portugiesische (in Neufundland), niederländische und dänische (auf den Antillen) Europa hinterließ seine Spuren von Kanada bis Florida über die Ostküste der heutigen Vereinigten Staaten, die Jean de Varassène (alias Giovanni da Verrazzano) im Auftrag Franz I. 1524 als erster Europäer erkundete. Was ist erstaunlich daran, daß das Meer trotz der großen Entfernungen die Verbindungen, die es geknüpft hatte, aufrechterhielt, obwohl sich mit der Zeit erhebliche Unterschiede zwischen beiden Welten entwickelt hatten? Die «Neue Welt» bewies der «Alten» im Verlauf und nach dem Ende zweier Weltkriege, daß sie sich ihrer Abstammung und ihrer Verwandtschaftsbeziehungen noch erinnerte. Stellt die Zugehörigkeit Amerikas zur westlichen Welt wirklich ein Problem dar in einer Zeit, in der Europa seine eigene Identität definiert und sich zu organisieren bemüht?

Eine neue Generation von Seemächten

Die zweite Generation europäischer Staaten, die zur Seemacht aufstiegen, umfaßt diejenigen, die durch ihre geographische Lage oder den Grad ihrer politischen Entwicklung zunächst vom Konzert der atlantiknahen Staaten ausgeschlossen waren. Im ersten Fall, dem von Schweden, Preußen und Rußland, kam die Bedeutung der Meerengen voll zum Tragen. Die Geschichte lastete schwer auf dem Schicksal der Ostseeanrainer. Dänemark hingegen demonstrierte, was eine Vergangenheit als Seemacht bedeutet und welchen Mut es braucht, zu erhalten, was davon übrigblieb. Von dem einstigen Seeimperium und von der noch im 19. Jahrhundert vorhandenen Kraft, bis zu den Antillen und Indien auszugreifen, sind nur noch Grönland, die Färöer-Inseln und die Schlüsselposition Kopenhagens geblieben. Diese Stadt mußte Dänemark gegen Hitler-Deutschland verteidigen, wie es das 1801 und 1807 in den Napoleonischen Kriegen und im 18. Jahrhundert im zweiten Nordischen Krieg gegen Schweden getan hatte. Es war also ein ständiger Kampf gegen das Schicksal und zur Abschreckung von Neuankömmlingen.

Die Marine Gustav Adolfs spielte außerhalb der Ostsee keine Rolle, aber ohne ihre Transportschiffe hätten die schwedischen Armeen ihre Eroberungen nicht durchführen können. Gustav

Adolf widmete der Marine die Aufmerksamkeit, die seinen weit ausgreifenden Ambitionen entsprach. Karlskrona machte er zur mächtigen Marinebasis, zum Sitz der Admiralität und zum Arsenal. Die Flotte, die 1613 nur 50 Schiffe umfaßte, wuchs in seiner Regierungszeit auf 90 Schiffe, die größer waren als die früher benutzten. Darunter befand sich auch die *Wasa*, ein Prachtschiff mit 64 Kanonen, dessen Aufbauten sich aber als zu schwer erwiesen, weshalb es beim Stapellauf 1629 kenterte und sank. Das Wrack, das vor rund 30 Jahren aus dem Schlamm der Bucht vor Stockholm geborgen und gut konserviert wurde, bleibt ein Zeuge der Seemacht, wie man sie in der ersten Hälfte des 17. Jahrhunderts auffaßte.

Die maritimen Aspekte des Dreißigjährigen Krieges wurden häufig übersehen. Um Gustav Adolf zu bekämpfen, verlieh Kaiser Ferdinand II. 1628 Wallenstein neben seinen Funktionen als *General-Oberster Feldhauptmann* die eines *Generalkapitäns aller kaiserlichen Flotten* und als *General des Ozeanischen und Baltischen Meeres*. Wallenstein errichtete in Wismar ein Arsenal, aber innerhalb von knapp vier Jahren kaperte die schwedische Marine die kaiserlichen Schiffe und setzte dem ersten Versuch, eine kaiserliche Marine aufzubauen, ein Ende. Der Große Kurfürst Friedrich Wilhelm von Brandenburg (1640–1688) zog daraus die Konsequenzen und berücksichtigte beim Aufbau Preußens die wirtschaftliche und strategische Bedeutung des Meeres. Sein Urgroßenkel Friedrich II. soll bei der Exhumierung des Großen Kurfürsten, nach der seine Gebeine zusammen mit denen seiner Ahnen im neuen Berliner Dom beigesetzt wurden, zu seiner Umgebung gesagt haben: «Meine Herren, dieser hat viel geleistet.» Friedrich Wilhelm war 1620 geboren und hatte in seiner Jugend mitgekämpft, um den Schweden die brandenburgische Küste und die Insel Rügen zu entreißen; als er sich in Holland bei seinen Verwandten aus dem Hause Oranien aufhielt, bewunderte er die Macht, die dieses Land zur See entwickelte. Aus diesen beiden Erfahrungen heraus schuf er eine kleine Marine und organisierte mit Hilfe des holländischen Reeders Benjamin Raule eine Handelskompanie für den Handel mit Afrika und den Antillen; so deutete er mit seinen 32 Schiffen zwei Jahrhunderte im voraus die ehrgeizigen Pläne seines entfernten Nachfolgers, des Kaisers Wilhelm II. an.

In Holland hatte der Große Kurfürst Erfahrungen gesammelt. Peter der Große machte dort eine regelrechte Lehre und nahm auf der Werft von Zaandam selbst das Werkzeug zur Hand. Er wußte ganz genau, was man benötigt, um ein Schiff zu bauen, wie man es bauen mußte und wieviel dafür zu zahlen war. Eine Reise durch Westeuropa ergänzte sein Wissen. Aus solcher Sachkenntnis heraus leitete er eine Seepolitik ein, die auf seiner unmittelbaren und persönlichen Erfahrung beruhte und von erfolgreichen Vorbildern wie Holland, aber auch Venedig inspiriert wurde. Der Zar entsandte 50 junge Männer, 22 in die Vereinigten Niederlande, 28 nach Venedig, die dort die Seefahrt erlernen sollten. In Venedig wurden 17 junge Russen von Marko Martonovic aus dem dalmatinischen Perast unterrichtet, den Venedig als Lehrer engagiert hatte und dessen Landsmann Matija Zurajevic Admiral der russischen Flotte werden sollte. Oberstes Ziel Peters des Großen war es, Schweden in seine Grenzen zu verweisen, dessen Flotte die beabsichtigte Öffnung eines russischen «Fensters zur Ostsee» behindern konnte. Die Gründung von Sankt Petersburg mit der Marinefestung Kronstadt war ein symbolischer Akt, dessen konkrete Auswirkungen die Schweden bald erfahren sollten. Die russischen Galeeren benutzten die Åland-Inseln als Stützpunkt und konnten so die schwedischen Kriegsschiffe besiegen und sogar Stockholm bedrohen. Darüber hinaus betrieb der machtbewußte Zar systematisch den Bau von Kriegsschiffen, die in der Lage waren, den Sund zu durchfahren; allein 35 waren es im Jahre 1725.

Ein weiteres Ziel Rußlands war der Zugang zum Schwarzen Meer und zum Mittelmeer. Doch hier mußte sich die russische Politik gedulden, da sie in Konflikt geriet mit der allerdings schon brüchigen Hohen Pforte, mit den britischen Handelsinteressen und mit den jahrhundertealten Beziehungen zwischen Frankreich und dem Osmanischen Reich. Katharina II., die nach ihren eigenen Worten um die «Ehre ihrer Flagge» besorgt war, scheute keine Mühe. 1770 lief eine russische Flotte aus Kronstadt aus und umfuhr Europa, um bei Tscheschme gegenüber der Insel Chios eine osmanische Flotteneinheit zu zerstören, ein früher Vorbote der langen Umfahrten, zu denen Rußland von seiner Kontinentallage gezwungen wurde; man erinnert sich an die Fahrt, die das Geschwader des Admirals

Rodjestvensky 1905 über Südafrika bis nach Japan unternahm. Indem Rußland sich als Seemacht etablierte, erreichte es zweierlei: Den Europäern bewies es seine Kraft und seine Präsenz im Mittelmeer, indem es den Sund und Gibraltar durchfuhr; die Türken versetzte es in Furcht vor einem Zangenangriff auf Konstantinopel vom Schwarzen Meer und von der Ägäis her. Der Vorstoß ins Schwarze Meer wurde unerbittlich vorangetrieben. Im Vertrag von Kützschük Kainardschi (1774) mußte der Sultan endgültig auf Asow verzichten, das schon 1715 angegriffen worden war; außerdem mußte er der freien Seefahrt im Schwarzen Meer und im Bosporus zustimmen. Zur gleichen Zeit (1784) wurde die Krim, die zuvor schon de facto ein russisches Protektorat war, endgültig von Rußland besetzt. Die zaristische Flotte verfügte über etwa 50 Schiffe und etwa 30 Fregatten. Dies war gewiß weit weniger als die großen Marinen Westeuropas besaßen (England, Frankreich, Spanien), aber die eingeleitete Entwicklung sollte sich nach allen Seiten hin fortsetzen, zum Mittelmeer (ermöglicht durch die Befreiung Griechenlands), zum Indischen Ozean (über die Staaten des Mittleren Ostens) und zum Pazifik über Wladiwostok. Das Ganze wurde schließlich gekrönt von der Suche nach einer Sommerroute im hohen Norden vom Weißen Meer bis zur Beringstraße, einem Unternehmen, das allerdings über die Grenzen Europas hinausführt.

Die neuen Seeimperialismen

Um 1900 war das kaiserliche Deutschland überzeugt, daß ein starker Staat die Beherrschung des Meeres unbedingt erfordert. Sein Auftreten auf den Weltmeeren trägt das Siegel zweier Männer. Wilhelm II. wurde nicht ohne Grund Größenwahn zum Vorwurf gemacht, aber erst das Zusammentreffen seiner Ambitionen mit den Zielen des Admirals von Tirpitz, eines Mannes, der sowohl über praktische Erfahrungen verfügte als auch ein Theoretiker der Seekriegführung war, und die Übereinstimmung seiner Pläne mit den Interessen der großen Hafenstädte wie Hamburg, die zur Hanse gehört hatten, verlieh der praktischen Umsetzung der kaiserlichen Vorstellungen eine furchterregende Konsistenz. Mahan, dessen Werk Wilhelm II. übersetzen und verbreiten ließ, hatte hier ganz offensichtlich ebenfalls

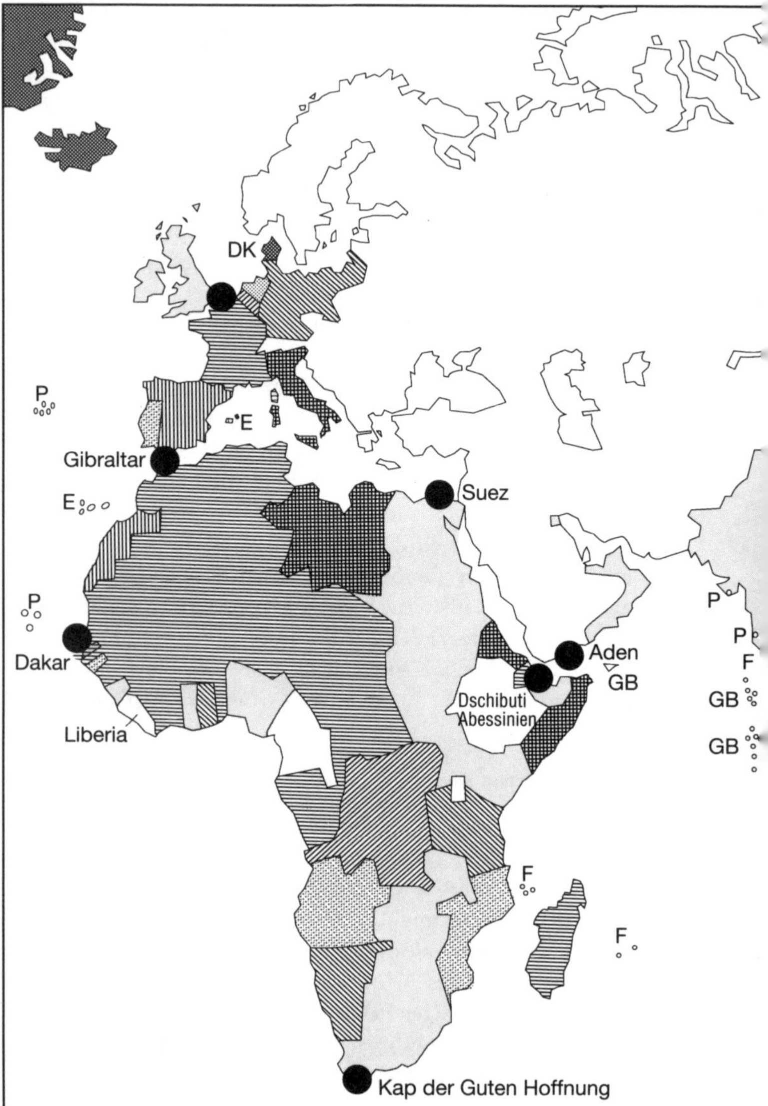

Europas Präsenz auf den Weltmeeren (um 1914)

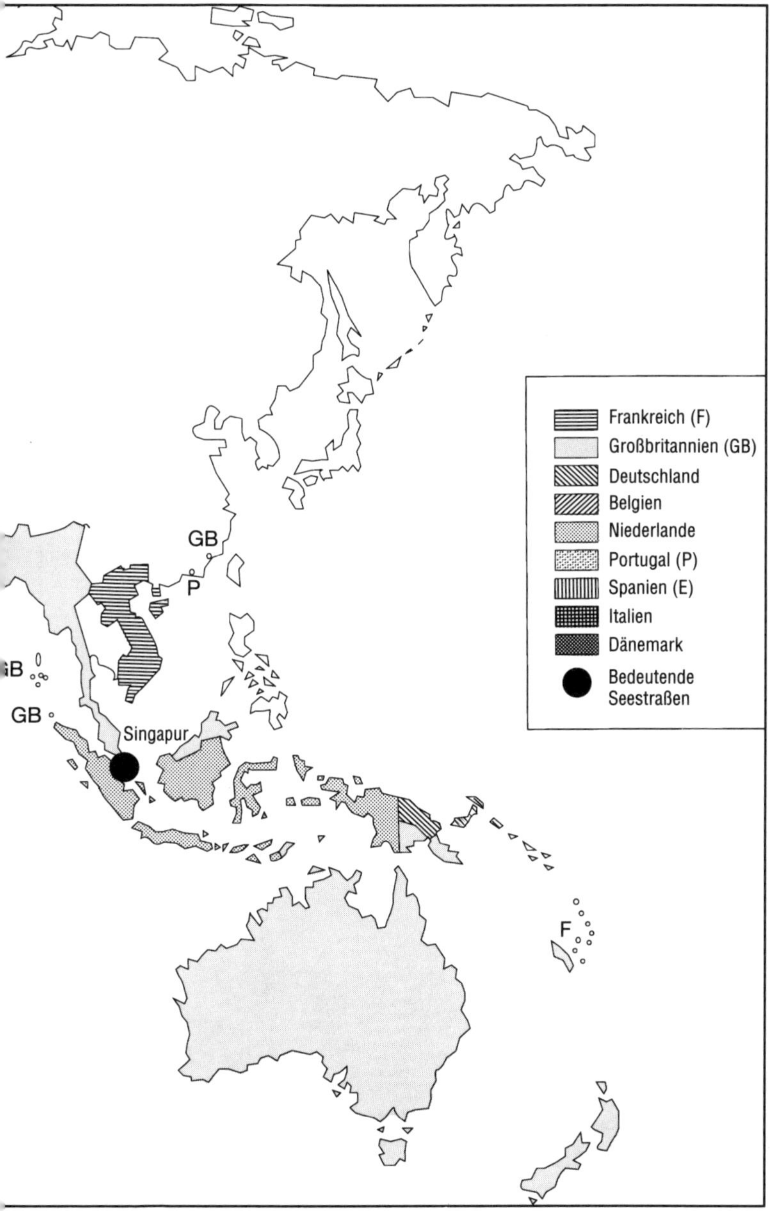
GB
P
GB
GB
Singapur
F
Frankreich (F)
Großbritannien (GB)
Deutschland
Belgien
Niederlande
Portugal (P)
Spanien (E)
Italien
Dänemark
Bedeutende Seestraßen

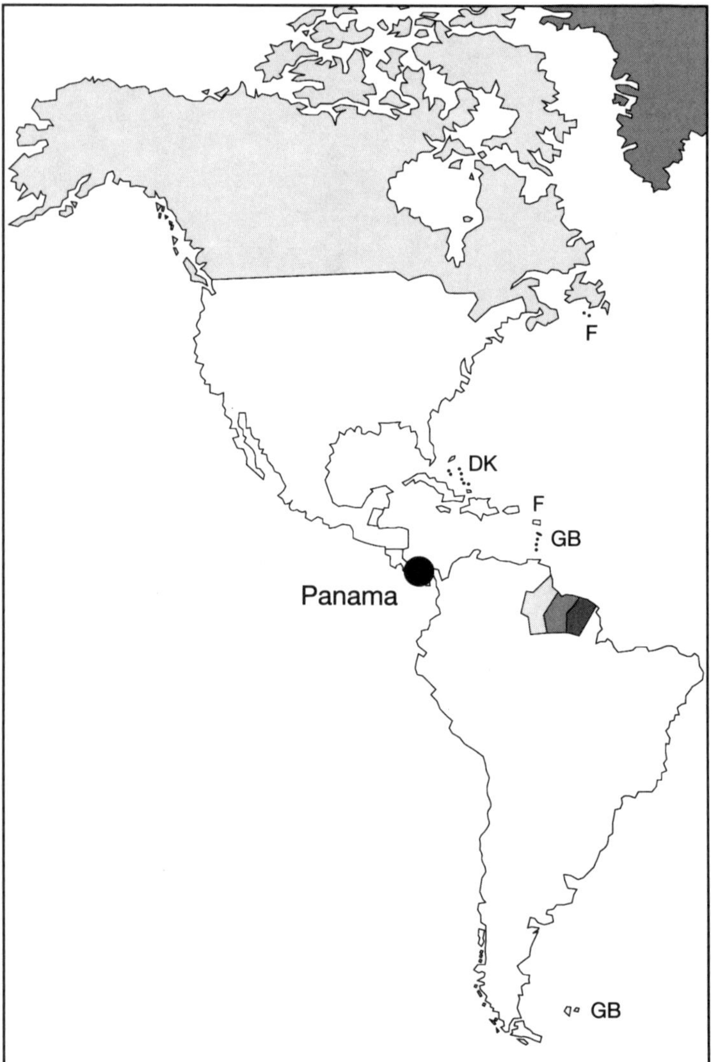

Europas Präsenz auf den Weltmeeren (um 1914)

Schule gemacht. Die Paraden des Kaisers, seine Reden, seine affektierte Neigung, sich in Marineuniform zu zeigen, die sicher stärker als bisher angenommen auf Überzeugung beruhte (Wilhelm II. glaubte, seiner Großmutter Viktoria eine Freude zu machen, wenn er die Uniform eines britischen Marineadmirals trug, dessen Rang ihm die Königin verliehen hatte), all dies brachte zum Ausdruck, wie wichtig dem jungen Kaiser die See erschien.

Die Statistiken beweisen, daß seine Marine auf allen Meeren präsent war, daß die Zahl seiner Agenten bis in den pazifischen Raum ständig zunahm und wie geschickt überall in Afrika, wo noch Platz war, Kolonien gegründet wurden. Bezeichnend für diese Politik sind die Aktivitäten des Admirals Tirpitz. Als in Deutschland eine ähnliche Kontroverse aufflammte wie in der «Jungen Schule» Frankreichs, konnte er seine Vorstellungen durchsetzen, weil sie den Träumen des Kaisers entsprachen. Verführt durch die klare Konzeption des Admirals und seine Überzeugungskraft, ernannte Wilhelm ihn zum Stabschef der Marine. Tirpitz setzte auf den Geschwaderkrieg und plädierte für das Risiko einer offensiven Strategie, aber er benötigte viel Geschick und die Unterstützung des Kaisers, um vom Reichstag die notwendigen Kredite zur Durchführung seines Flottenprogramms zu erlangen, das von 1898 an über 14 Jahre hin geplant war. Ziel war zunächst, die russische Ostseeflotte zu übertrumpfen, den französischen Geschwadern im Ärmelkanal und im Atlantik die Stirn zu bieten und schließlich ein Rüstungsniveau zu erreichen, angesichts dessen «eine erstrangige Seemacht» es sich dreimal überlege, bevor sie die Küsten des Reiches angreife. Über den Sinn dieser Formulierung konnten in England keine Mißverständnisse aufkommen. Das Endziel war, die Zahl der großen Kriegsschiffe bis 1912 auf 61 zu erhöhen, während die Marine vor Tirpitz nur über rund 30 Schiffe verfügt hatte. Schon am 18. Juni 1897 konnte der Kaiser in Köln erklären, Deutschland habe den Dreizack des Neptun ergriffen.

Die Ambitionen Wilhelms II. erwuchsen eher aus dem Bemühen um militärisches und politisches Prestige als aus der Notwendigkeit, Absatzmärkte zu eröffnen, zumal diese bereits erschlossen waren. Die russischen Bestrebungen im 18. und 19. Jahrhundert dagegen entstanden aus der geographischen Notwendigkeit, einen Zugang zu den großen Seegebieten zu gewinnen. Dieses Bedürfnis entstand wie in den großen Staaten sogar im kleinsten europäischen Staat. So versuchte die Schweiz zu Beginn unseres Jahrhunderts, ihre kontinentale Umklammerung aufzubrechen und über den Rhein und die Rhone einen Zugang zum Meer zu erreichen. 1941, mitten im Zweiten Weltkrieg, verfügte sie über 36 Kriegs- und Transportschiffe (1989 waren es noch 22) in den Häfen Rotterdam und Sète. Zwar ist dies ein Grenzfall, aber er ist doch bezeichnend für die überragende Bedeutung des Meeres in der europäischen Politik.

In anderen Ländern gaben wirtschaftliche und politische Notwendigkeiten den Ausschlag, in beschränktem Maße für Österreich-Ungarn, das mit Triest über einen bedeutenden Seehafen verfügte und die Balkanküste von der Adria bis Kotor beherrschte. Weit größere Anstrengungen unternahm Italien, das nach seiner Einigung beabsichtigte, seine molenartige Lage im Zentrum des Mittelmeers und seine naturbedingte Mittlerrolle zwischen Orient und Okzident als Erbe genuesischer und venezianischer Größe zur Geltung zu bringen. Da man Frankreich nicht aus Tunesien und England nicht aus Malta verdrängen konnte, wollte man sich den Weg ins östliche Mittelmeer durch die Kontrolle der Straße von Otranto, die Unterwerfung Albaniens und die Beherrschung Libyens eröffnen. Vergleichbar ist der Fall Spaniens, wenn auch auf einer anderen Ebene. Spanien war von den Vereinigten Staaten, die ihm die Reste seines Imperiums nahmen, aus dem Atlantik und dem Pazifik verdrängt worden, und obwohl Frankreich im Maghreb bereits vertreten war, suchte Spanien nach Kompensationen in Marokko, konnte aber trotz zahlreicher Verhandlungen die Kontrolle über die Straße von Gibraltar bis heute nicht wiedererlangen.

Bis in unsere Zeit war das Meer nach den Worten Raymond Arons die «Hauptstütze der großen Imperien». Ohne das Meer hätte Europa seine Kolonialgebiete nicht beherrschen können, und zu einem großen Teil am Meer scheiterten neu erhobene Ansprüche. Weniger als Wilhelm II., aber mehr als Napoleon vergab Hitler seine Chance zur See, weil er den Ärmelkanal nicht überquerte; Mussolini verspielte seine Möglichkeiten, weil er die italienische Marine nicht mit den Mitteln versah, die seinen Hegemonialansprüchen im Mittelmeer gerecht werden konnten.

Andere Ergebnisse zeitigten die Bemühungen der Sowjetunion unter Leitung des Admirals Gorshkov im Zweiten Weltkrieg. Deren Herrschaftsansprüche wurzelten in der russischen Tradition, und sieht man von der Ideologie und gewissen technischen Mängeln ab, muß man anerkennen, daß der Admiral im allgemeinen die maritimen Probleme klar erkannt hat; außerdem hatte er die seltene Chance, über genügend Zeit und Geld zu verfügen. Auch dieses Beispiel ist bezeichnend für die machtpolitische Bedeutung des Meeres. «Die Geschichte», so schrieb Gorshkov, «zeigt, daß die Staaten, die nicht über Seestreitkräfte verfügen, ihren Status als Großmacht nicht lange halten konnten . . . Die Kontinente sind nichts als riesige Inseln.» Unter seinem Einfluß verstärkte die sowjetische Marine ihre Präsenz nicht nur im Indischen Ozean und im Pazifik, sondern auch in der Ostsee und im Golf von Biskaya; sie organisierte feste Stationen westlich der Meerengen im westlichen und östlichen Mittelmeer und reservierte sich die Arktisroute von Nordeuropa aus.

Die Geschichte entscheidet sich auf dem Meer

Es erübrigt sich, weitere Beispiele für die Rolle der europäischen Marinen auf den Meeren Europas und den Ozeanen anzuführen. Muß man Winston Churchill nicht zustimmen, wenn er in seinen Memoiren schreibt, daß in allen Epochen der europäischen Geschichte die großen Probleme ebenso, wenn nicht stärker, auf dem Meer als auf dem Kontinent gelöst worden seien? Zumindest könnte man behaupten, daß die kontinentalen Lösungen von Entscheidungen abhingen, die zuvor auf See errungen worden waren. Die Beweise allein aus der europäischen Geschichte ergäben eine lange Liste, beschränken wir uns deshalb auf einige Beispiele: Im Mittelalter Sluys (1340); im 16. Jahrhundert Wight (1545), Lepanto (1571), die Niederlage der Armada (1588); im 17. Jahrhundert Agosta auf Sizilien (1676), Bévéziers (1690) und La Houge (1692); im 18. Jahrhundert Chesapeake (1781), Les Saintes (1782); im 19. Jahrhundert Trafalgar (1805), Navarino (1827); im 20. Jahrhundert Jütland und die Landungsoperationen in Italien (Juli–August 1943), der Normandie (Juni 1944) und der Provence (August 1944).

Kommen wir zum Schluß: Die maritimen Ambitionen der Europäer wurden oft in Formeln und Siglen gegossen, deren Wortlaut allein schon bezeichnend ist. Bekannt ist die Abkürzung, die den Anspruch Karls V. auf die Beherrschung einer Welt zum Ausdruck bringt, in der die Sonne nicht untergeht, AEIOU *(Austria est imperium orbis universalis)*; nicht weniger bekannt sind das englische Programm *Rule over the waves, Britannia!*, die Proklamation Wilhelms II. *Unsere Zukunft liegt auf dem Wasser* und schließlich die Inanspruchnahme der Erbschaft Roms in Mussolinis *Mare nostrum.* Eine Welle folgt der anderen; aber die Flut überspült die Ufer und wischt die Sandburgen der Kinder hinweg.

Zweiter Teil

Europa und das Meer in der menschlichen Gesellschaft

Wir haben das Verhältnis Europas zu den Meeren verfolgt, die es umspülen und die – wie in einem klassischen Ballett – im festen Rahmen Europas und in der Zeitspanne von fast drei Jahrtausenden eine zusammenhängende Handlung ausführen.

Ein erster Akt spielte auf der Vorderbühne, wo eine Gruppe besonders erfinderischer und tüchtiger Akteure im strahlenden Glanz der Mittelmeersonne ausnahmslos alle Gelegenheiten nutzte, auf dem Meer tätig zu werden. Auf einem anderen Teil der Bühne, zunächst mehr im Hintergrund und ohne Verbindung zur ersten, organisierte eine zweite, kleinere Gruppe unter weniger günstigen klimatischen Bedingungen und in kargerem Sonnenlicht ihr Leben im begrenzten Rahmen der nördlichen Breiten.

Im zweiten Akt ergriffen die Mittelmeeranrainer, offen für das Leben in Gemeinsamkeit und angetrieben von ihren Geschäftsinteressen, die Initiative und knüpften Beziehungen zu West- und Nordeuropa. Sie durchbrachen die Isthmen, durchfuhren die Meerengen, wagten sich auf große Fahrt nach Westen und luden so ihre Partner zu vielfältigen Arten des Austauschs ein.

Deren Reaktion bewirkte die Symbiose und ermöglichte den dritten Akt, in gewisser Weise den Höhepunkt und die Synthese. In stillschweigender Übereinkunft und in synchroner Bewegung vom Schwarzen Meer bis zur Ostsee breiteten sich Europäer aus Nord und Süd über alle Weltmeere aus. Es zeigte sich, daß ihr Ausgreifen auf das Meer bei allen Unterschieden in der Form einen inneren Zusammenhang besaß.

Aber es gibt nicht nur die verschiedenen Meere, welche die Europäer eroberten, es gibt auch das Meer an sich. Festzustellen, daß es in der europäischen Geschichte eine bedeutende Rolle spielte, ist eine Sache, eine andere, diese Rolle zu analysieren. Nur so wird es möglich sein, die Intimität der Beziehungen zwischen dem europäischen Kontinent und dem Element See zu verstehen und zu erklären. Wie haben die Europäer in der Geschichte mit dem Meer zusammengelebt? Dies führt uns zu der Frage, wie sie das Meer gesehen, verstanden, empfunden und schließlich geliebt haben, was im zweiten Teil dieses Essays Gegenstand der Untersuchung sein soll.

Siebtes Kapitel

Arbeiter des Meeres

Die Salinenarbeiter

Seit Jahrhunderten führen die Bewohner der Küstenregionen einen Dialog mit dem angrenzenden Meer, und zwar so intensiv, daß noch heutzutage etwa in Frankreich die Nutzung der Küsten sowohl von Landwirtschaftsbehörden als auch von Behörden abhängt, die Seeverkehr und Seehandel verwalten. Schon sehr früh, vom 11. und 12. Jahrhundert an, dienten Mühlen, die die Gezeiten nutzten, in England (in Dover) und Frankreich (in Dieppe, in Carentan, dem Gebiet um Nantes, in Bayonne) sowohl der Landwirtschaft als auch der Regulierung des Wasserstandes in den Häfen. Seegras bzw. Tang lieferte ein Düngemittel, den sog. Meerschlamm; inzwischen wird Tang sogar zur Produktion von Lebensmitteln verwendet. Der Mann, der Tang erntete, war kein Seemann, sondern Bauer und ebenso landgebunden wie der Mann, der Kieselsteine zur Verwendung als Baumaterial sammelte, oder derjenige, der am Strand Sand holte, aus dem ein Fensterglas hergestellt wurde, dessen Qualität und Widerstandsfähigkeit die Kunsthistoriker besonders rühmen. Vor allem aber ließ der Bauer seine Schafe auf den Salzwiesen weiden, eine Zwischenphase bei der Nutzbarmachung der Polder. Der bedeutendste Reichtum fast aller Meere ist jedoch das Salz, das man sogar weißes Gold genannt hat, im Gegensatz und im Vergleich zum schwarzen Gold unseres Erdölzeitalters. Erdöl wird seit einigen Jahrzehnten in der Nordsee gefördert, die damit wie die sonnendurchfluteten Meere, welche in reichem Maße Salz liefern, Europa mit einem wichtigen Grundstoff versorgt.

Verfolgt man den Lauf der Geschichte und das Kielwasser der Schiffe, so trifft man überall auf die Spuren der Salinenarbeiter. Da alles Leben Natriumchlorid benötigt, liegt der Ursprung der Gewinnungstechniken in grauer Vorzeit, und archäologische Funde ergänzen die schriftlichen Zeugnisse. An den Küsten

Westeuropas, an der Nordsee und am Ärmelkanal wandten die Menschen nacheinander und dann nebeneinander verschiedene Techniken zur Salzgewinnung an; sie benutzten Tonbecken zur Konzentration und Verdunstung von Meerwasser und dann Metallpfannen zum Kochen der Lake auf kleinem Feuer. Bemerkenswert sind die Anlagen: Es handelt sich um ehemalige Dünen, die auf einer Grundfläche von 100 auf 600 Meter zu Erdhügeln von drei bis sechs Meter Höhe aufgeschüttet waren, und zwar innerhalb eines Bereichs, der beim Höchststand der Flut unter Wasser stand, so zum Beispiel die *salt-hills* in Lincolnshire. Diese Art der Gewinnung wurde denn auch besonders in England angewandt; das *Domesday-Book* verzeichnet im 11. Jahrhundert 2000 Anlagen dieser Art.

Andere Techniken hinterließen vom 12. bis zum 17. Jahrhundert ihre Spuren an den Südküsten des Ärmelkanals. So wurde etwa der salzhaltige Sand in einer Erdwanne gewaschen, woraus man eine Salzlake gewann, die mehrfach bei anhaltendem Feuer in Kesseln gekocht wurde. Die nächtlichen Feuer an den Stränden ließen bei den Seeleuten oft den Verdacht aufkommen, es sollte ein Schiffbruch vorgetäuscht werden.

J.-C. Hocquet, der die vor mehr als dreißig Jahren von J. Le Goff und P. Jeannin begonnene große Geschichte des Salzes fortführt, erbrachte noch zahlreiche weitere Beweise für die wichtige Rolle des Meersalzes in der europäischen Geschichte. So scheinen etwa die friesischen und seeländischen Terpen, soweit sie dazu geeignet waren, wie die englischen *salt-hills* zur Salzgewinnung benutzt worden zu sein; Ausgangsstoff war die salzhaltige Asche, die bei der Verbrennung von getrockneten Torfsoden anfiel. Diese Technik wurde vom 8. bis zum 16. Jahrhundert angewandt. Später, im 18. Jahrhundert, entwickelten die Norweger eine Methode, Salzsole zu gradieren, d. h. nach und nach stärker zu konzentrieren. In zwei Etappen wurde das Wasser zur Spitze eines Gebäudes gepumpt, um die Energie in der Vertikalen zu nutzen, die in wärmeren Klimazonen in der horizontalen Ebene der Salzbecken von der Sonne geliefert wurde.

Hartnäckigkeit und Erfindungsreichtum führten in Nordeuropa zu zahlreichen Experimenten, um den lebensnotwendigen Salzbedarf zu decken, wenn auch nur relativ geringe Erträge zu erzielen waren. In der Nähe von Brügge und Ostende fand man Anhaltspunkte für die Existenz von Salzbecken aus galloromischer Zeit, die denen der europäischen Atlantikküste gleichen; aber um das Salz schließlich zu gewinnen, mußte man dort Öfen einsetzen.

Aus alledem läßt sich ableiten, daß zu sehr früher Zeit möglicherweise Verbindungen zwischen den europäischen salzproduzierenden Regionen und den Techniken der Salzgewinnung bestanden. 1970 fanden Archäologen in der Schelde 130 Altäre der Göttin Nehalennia mit Inschriften, die auf die Tätigkeit von *negotiatores salarii* im Rheintal und an der Nordseeküste verweisen. Das Salz bildet also damals schon ein verbindendes Element, wobei der von der Sonne begünstigte Süden stets als Vorbild diente.

Ein Vergleich zeigt die Ähnlichkeiten und Verwandtschaftsbeziehungen zwischen den Salinen am Atlantik und am Mittelmeer. Früher und rentabler arbeiteten die letzteren, aber die wichtigsten Techniken unterscheiden sich mehr durch ihre Bezeichnung als durch ihre Form.

Die Grundstruktur der Salzgärten am Atlantik und am Mittelmeer ist nahezu identisch; überall muß sie denselben Bedingungen gerecht werden, die Hocquet wie folgt zusammenfaßte: Es gilt, Sonne und Wind so weit wie möglich zu nutzen, das Regenwasser abzuleiten und das Salzwasser in Becken so zu verteilen, daß Qualität und Quantität des gewonnenen Salzes gesteigert werden. Nach diesen Grundsätzen wurden die Salzgärten im Besitz der Republik Venedig, insbesondere in Chioggia, vom 11. Jahrhundert an angelegt, dann in den von Venedig abhängigen Territorien, zum Beispiel in Piran auf der Halbinsel Istrien, auf der dalmatinischen Insel Pag, in Zypern oder an den Küsten Afrikas, ebenso wie an den Küsten der Toskana (um Livorno), der Provence (Hyères) und des Languedoc (Saintes-Maries-de-la-Mer), in Sardinien (Cagliari), Spanien (besonders Ibiza und La Mata), in Portugal (Setúbal), in den Regionen Aunis und Saintonge (Oléron), im Poitou (die Baie von Bourgneuf) und in der Bretagne (Guérande, Morbihan). Auch die Wasserführung erfolgt überall in ähnlichen Etappen. Eine Leitung (*callio* in Venedig, *cui* in Guérande) durchstößt die Deiche, die die einzelnen Felder der Salzgärten voneinander trennen.

Die Schwerkraft leitet das Wasser in ein Reservoir (*moraro* bzw. *vasière*), wo die Konzentration beginnt, dann durch kleine Kanäle in die Salzfelder. In den flachsten Teichen *(capitini, œillets)* kristallisiert das Salz. In Abhängigkeit von den klimatischen Bedingungen besteht der technische Fortschritt darin, eine Reihe immer stärkerer Konzentrationen durch immer stärkere Aufteilung der Felder zu erreichen, die Ableitung des Süßwassers, von Regen und Sickerwasser, optimal zu gestalten und schließlich die Produktion nach Größe der Salzkörner und Farbe der Salzkristalle zu diversifizieren.

Auch die eigentliche Arbeit war fast überall gleich; die Instandhaltung der Leitungen, Deiche, Becken und Felder unterscheidet sich kaum von einem Land zum andern, und die Ernte, die mit Hilfe langer Holzrechen erfolgt – sie heißen *las* in der Gegend von Guérande und *rable* im Poitou –, wird auf einem abgeflachten Deich zu großen Haufen zusammengeschoben, wo das Salz liegenbleibt, bis es in die trockenen Salzspeicher *(salorges)* gebracht werden kann. Natürlich war diese Arbeit den Unbilden der Witterung ausgesetzt; da jedoch gleiche Probleme zu gleichen Lösungen führten, ergäbe ein Vergleich nur, daß gleichwertige Begriffe dieselben Arbeiten bezeichnen, die unter vergleichbaren mühseligen Bedingungen verrichtet wurden.

Bis auf wenige Ausnahmefälle wie im Poitou waren die Salinenarbeiter Freie; vereinzelt werden in Venedig freigelassene Unfreie erwähnt. Salzgärten waren Neuland, und Neulandgewinnung war gleichbedeutend mit Freiheit. Im Mittelalter erforderte oder verschaffte jeder Kampf gegen die Natur genauso wie der Kampf gegen Menschen die persönliche Freiheit. Konnte es denn anders sein, wenn es galt, dem Meer Land, ob Ackerland oder Salzgärten, abzugewinnen? Dies verhinderte jedoch nicht, daß die kleinen salzproduzierenden Familienbetriebe in ganz Europa das gleiche Schicksal erlitten und nach und nach in stärker konzentrierte Produktionssysteme integriert wurden.

Mit gewissen lokalen Verschiebungen unterscheidet man in der Geschichte des europäischen Salzes drei Phasen. Läßt man die Erwähnung der Gewinnung von Meersalz bei Cassiodor außer acht, könnte man die erste Phase etwa vom 9. bis zum 13. Jahrhundert als grundherrschaftliche Phase bezeichnen.

Grundherrschaftlich ist sie zweifellos; denn das venezianische Patriziat vergrößerte seinen Besitz, indem es die Salinen verschuldeter Besitzer als Pfand zu unentgeltlicher Nutzung übernahm. Mit J. Le Goff könnte man auch von einer klösterlichen Phase sprechen. Besonders sehr große Abteien, die von Laien mit Schenkungen bedacht wurden, besaßen Salinen, auch solche, die von den Küsten weit entfernt lagen. Selbst eine unvollständige Liste der Namen entfaltet einen europaweiten Fächer, der von Sankt Demetrios in Thessaloniki im 7. Jahrhundert reicht und sich fortsetzt über die Besitzungen des Patriarchen von Aquileja, des Bischofs von Torcello und der Klöster Santa Maria in Murano und San Giorgio Maggiore in Venedig selbst; die Abteien Bobbio und Novalaise besaßen Salinen in Comacchio, die Kirchen von Ravenna, besonders San Appolinare Nuovo, in Cervia. Die Reihe setzt sich im westlichen Mittelmeer fort mit den Salinen von Hyères, Toulon, Marseille, Berre und von Cagliari auf Sardinien im Besitz der Mönche von Saint-Honorat in Lérins und von Saint-Victor in Marseille, schließlich mit den Salinen im Languedoc im Besitz der Abteien von Psalmodi, Aniane und La Grasse, dann folgt jenseits der Pyrenäen die Abtei mit dem bezeichnenden Namen Gerri de la Sal. Das gleiche gilt für die Salzgärten am Atlantik; die größten in der Saintonge und im Poitou gehörten in Küstennähe gelegenen Klöstern wie Saint-Jean in Angély und Saint Michel en l'Herm oder Saint-Sauveur in Redon, Saint-Gildas in Rhuys, Prières und Sainte-Croix in Quimperlé in der Bretagne. Aber auch Klöster aus dem Landesinneren besaßen Salinen an den Küsten (Ronceray in Angers und La Trinité in Vendôme). Begründet in der Bedeutung des Salzes für das tägliche Leben, bezeugen diese Besitzverhältnisse gleichzeitig die enge Verbindung des Kontinents mit seinen Ausläufern zur See hin, wo die Salzgewinnung im Rahmen bäuerlicher Hofstellen organisiert war. Dort erfolgte der Verbrauch des Salzes in geschlossenen Kreisläufen, produziert wurde für die Bedürfnisse von Menschen und Tieren der Grundherrschaft, transportiert wurde das Produkt auf Schiffen, die man Abteiflotten nannte.

Eine zweite Phase begann im Mittelmeerbereich vom 12. Jahrhundert an und entfaltete sich dann im 13. Jahrhundert, vielleicht nach dem Vorbild byzantinischer und arabischer Institu-

Bergen
Bristol
London
Amsterdam
Hamburg
Lüb
Lüneburg
Ha
Brügge
Antwerpen
Rouen
Château-Salins
Guérande
Nantes
Die Baie
La Rochelle
Orléans
Aunis
Saintonge
Salins
Salzb
Lyon
Venedig
Salinen des Languedoc
Genua
Chioggia
Hyères
Peccais
Cardoña
Volterr
Setúbal
Grosse
Huelva
La Mata
Ibiza
Alghero
Cagliari
Trapani
Syraku
Djeffa
Biskra
Sidjlmassa
Zarzis
Djerba
Tripolis
0
500
1 000 km

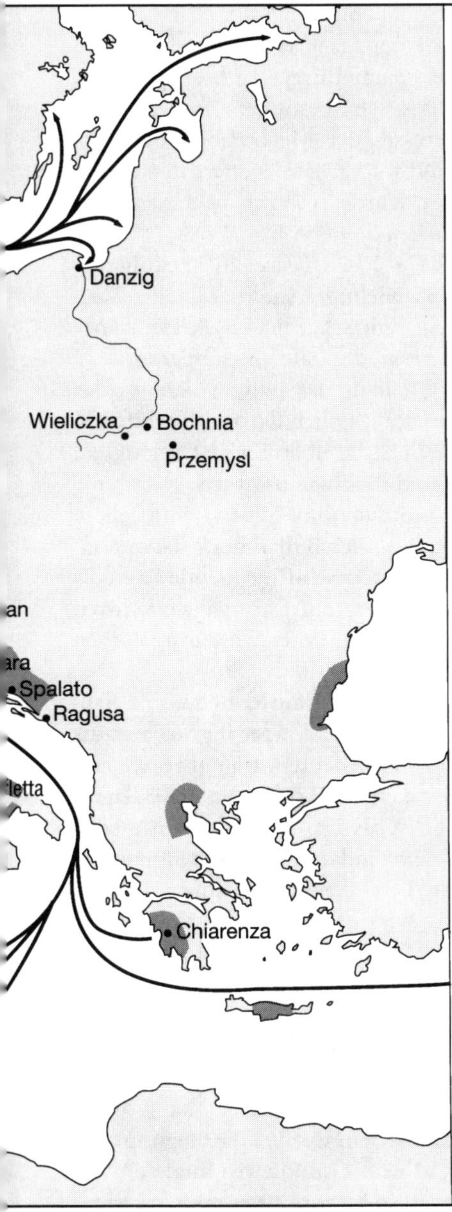

Die internationale Bedeutung des Salzes

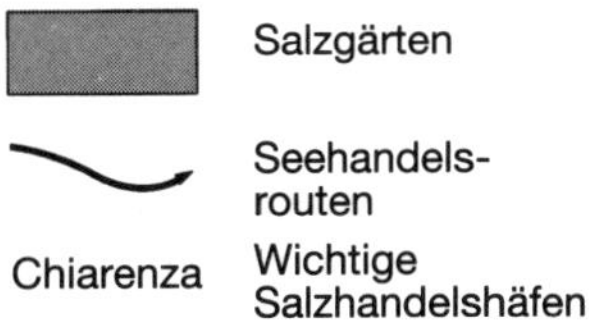

tionen, und zwar zuerst in den italienischen Städten, besonders in Venedig. Seit jeher tendierte der Staat dazu, einen wachsenden Anteil an den Einkünften seiner Bürger zu beanspruchen. Als Schlüsselprodukt rückte das Salz, besonders das Meersalz, in den Mittelpunkt des Interesses der Machthaber; die Salzsteuer, die zuerst in Italien und im 14. Jahrhundert in anderen Ländern allgemein eingeführt wurde, machte Salz zu einem wichtigen Element der staatlichen Steuerpolitik.

Die Versuchung, mit einer solchen Ware zu spekulieren, wurde immer stärker, Salz als wichtiges internationales Wirtschaftsgut führte zur dritten, wirtschaftlichen Phase seiner Geschichte. Die Salzproduzenten des Südens steigerten ihre Produktion von Salz guter Qualität, das billiger war als das nordeuropäische Salz, welches unter hohen Kosten durch Erhitzung gewonnen wurde. Händler, die über Kapital verfügten, spekulierten auf den Handel und die Steuerpachten. Durch die Seeverbindungen zwischen Norden und Süden nahm diese Phase internationalen Charakter an. Muß man noch daran erinnern, daß im 15. Jahrhundert über 100 Schiffe zählende Konvois von Hanseschiffen zwischen Ostsee und Portugal verkehrten oder daß bretonische Küstenschiffer die westeuropäischen Häfen mit Salz belieferten?

In einem von Kaufleuten geprägten Europa bilden die Salinenarbeiter zwar keine homogene Schicht, aber ihr Sozialstatus und die Gemeinschaften, in denen sie lebten, tragen verwandte Züge. Markanteste Gemeinsamkeit der Arbeiter in den Salzgärten ist die Armut, die größer ist als bei den Arbeitern in den Salzsiedereien des Nordens. Arm sind diese Menschen in erster Linie, weil ihre Arbeit und ihre Produktion den Launen der Witterung ausgesetzt sind, wenn etwa die Sonne nicht genügend scheint, der Sommer verregnet ist oder Stürme Ernte und Anlagen zerstören. Arm sind sie aber auch, weil ihre Arbeit nur spärlich entlohnt wird, obwohl sie ständige Wachsamkeit erfordert und die Deiche, Kanäle und Salzbecken das ganze Jahr über instand gehalten werden müssen. Dazu sind sogar die Frauen verpflichtet, und nicht alle Salinenarbeiter besitzen den Vorteil, gleichzeitig Bauern zu sein. Außerdem werden die Gewinne aus der Saline zwischen ihnen und dem Grundherrn ungleich verteilt. So blieb im 15. Jahrhundert in Noirmoutier nur ein Drittel des Verkaufserlöses den Salinenarbeitern, zwei Drittel erhielt die Abtei La Blanche; allerdings überließ diese ihren Anteil im Notfall wie 1365 den Betreibern der Saline, um die Instandsetzung der Anlagen zu erleichtern. Noch im 18. Jahrhundert zahlten die Salinenarbeiter von Séné im Morbihan drei Viertel des Verkaufserlöses aus dem Salz an die Domherren von Vannes und behielten nur ein Viertel übrig. Venedig kannte seit dem 12. Jahrhundert das System der Zinspacht, die unbegrenzt und stillschweigend verlängert wurde. Dagegen konnten die Salinenbesitzer beträchtliche Gewinne erzielen, wenn sie das Salz horten und eine Hochpreisphase in schlechten Erntejahren abwarten konnten. Aber solche Spekulationen konnten sich einfache Salinenarbeiter kaum leisten; Profite zogen daraus bis ins 19. Jahrhundert im wesentlichen Kaufleute, Steuerpächter und das städtische Bürgertum, das Salinen erwerben konnte.

Die Armut der Salinenarbeiter zeigt sich in ihrem Alltagsleben. Schon im 12. Jahrhundert reichten die Parzellen der venezianischen Salinen nicht aus, um eine Familie zu ernähren. Am Atlantik verstärkte sich die Parzellierung im 15. Jahrhundert, zum Beispiel im Süden der Bretagne, wo sich zahlreiche Familien in kleinen Dörfern zusammendrängten. Das Wohnhaus lag meist am Rande des Salzsumpfes, vom Meer abgewandt, umgeben von einer kleinen Parzelle mit steinigem Boden, abseits standen die Nutzgebäude, die Werkzeugschuppen und Salzspeicher; die Häuser waren aus Bruchsteinen errichtet, weiß gekalkt und mit Stroh oder Schiefer gedeckt; ihr rustikales Aussehen haben sie bis in unsere Tage bewahrt.

Die Lebensbedingungen der Salinenarbeiter am Mittelmeer und am Atlantik waren stets prekär, zum Beispiel im Poitou und in der Saintonge in der Mitte des 15. Jahrhunderts und im 16. Jahrhundert; so kam es im Poitou zu lebhaften Klagen, in der Saintonge sogar zur offenen Revolte. Beschwerdeschriften, die 1451 im Poitou abgefaßt wurden, lassen trotz aller in solchen Fällen unvermeidlichen Übertreibungen keinen Zweifel aufkommen. Die Salinenarbeiter, so liest man dort, sind «die ärmsten Leute der ganzen Umgebung, sie leben von einem Tag auf den anderen und von einer Woche zur andern, sind mit einer Familie belastet und von Schulden bei ihrem Grundherrn (er erhält hier zwei Drittel des Gewinns) und bei den Salzhändlern überhäuft, bei denen sie ihren Anteil an der zukünftigen Ernte im voraus beliehen haben». Ist es noch zu verwundern, daß wenig später unter Ludwig XI. eine Streitschrift die Klagen derjenigen, die man auch Salinenbauern nannte, so formuliert: «Wir sind gezwungen, unser Gemüse mit dem Salz unserer Tränen zu würzen.» Im folgenden Jahrhundert, 1548, erhob sich der Volkszorn in der Saintonge, und diesmal griffen die Menschen zu den Waffen gegen die Eintreiber der Salzsteuer, die «in Schwärmen von mageren und ausgehungerten Männern wie die Heuschrekken in diesen Provinzen einfielen, die Substanz des Volkes verschlangen und sich erst zurückzogen, wenn sie ein Vermögen gemacht hatten». Angesichts solcher Not minderte König Heinrich II. die Steuerbelastung dieser Bevölkerungsgruppe und würdigte ihre harte Arbeit sowie ihre Bedeutung für die Sicherheit der Küsten des Königreichs: «Völker, die durch Arbeit gehärtet sind, die die bösartigen Gezeiten, die Tücken und Gefahren des Meeres kennen, fähig, sich zu Wasser und zu Lande so kriegerisch, so mutig und so geschickt zum Krieg zu erweisen wie kein anderer Seemann.» Diese späte Anerkennung des gesellschaftlichen Nutzens war weder die erste noch die einzige. Die Kirche erlaubte – eine recht bescheidene Art der Anerkennung – den Salinenarbeitern die Sonntagsarbeit, damit, schrieb Henri de Gorkum um 1420–30, «die Quelle nicht versiegt, aus der das Wasser kommt, das das Salz liefert». Wasser und Salz, zwei heilige Elemente, zwei Bestandteile des Taufritus.

Bauern waren die Salinenarbeiter zumindest teilweise, alle aber nutzten das Meer, bewachten die Küsten und konnten sich sogar gelegentlich oder zwangsweise in Seeleute verwandeln. Diesen Menschen, die zu allen Arbeiten herangezogen wurden, die bescheiden und oft elend lebten, hat Europa viel zu verdanken.

Die Welt des Fischfangs

Die ältesten Kunden der Salzproduzenten waren bis zur Erfindung der Konservierung durch Kühlung in jüngster Zeit die Fischer, und zwar alle Fischer ungeachtet der klimatischen Unterschiede zwischen ihren Fangorten und unabhängig davon, welche Fische sie fingen und wie sie ihre Arbeit organisierten. Dies wissen selbst die Bewohner des Binnenlandes bei aller oberflächlichen Kenntnis des Meeres genau, aber die Vielfalt der gesellschaftlichen Gruppen, die vom Fischfang leben, ist ihnen keineswegs geläufig. Um die Schwierigkeiten zu verstehen, auf die in unseren Tagen die Organisation dessen stößt, was man «das blaue Europa» nennt, benötigt man keinen historischen Abriß der Fischereigeschichte.

Die Form der Küsten einerseits sowie die hydrologischen Verhältnisse der Meere, das Klima und die technischen Mittel (Schiffe und Maschinen) andererseits sind die Bedingungen, die in jeder Region bestimmte Typen des Fischfangs prägten. Immer weiter ausgreifend, beginnt die Fischerei mit Fischfang vom Strand aus, setzt sich fort mit Küstenfischerei nahe am Ufer über die länger dauernden Fahrten der kleinen Hochseefischerei bis hin zu Fahrten zu entlegenen Fischgründen, die das Material und die Kenntnis der Hochseeschiffahrt voraussetzen. Jede Art des Fischfangs benutzt ihre eigenen Techniken, formt besonders menschliche Typen und erfordert eigene Formen der sozialen Organisation.

Im Laufe der Zeit wurde die Kommunikation beschleunigt und der technische Austausch erleichtert; die Erträge des Fischfangs fanden neue Absatzmärkte, Kapitalgeber neue Investitionsmöglichkeiten, neue Vermögen entstanden, und weniger Glückliche oder weniger Begabte blieben in bescheidenen Verhältnissen zurück.

Die Küstenfischerei im Mittelmeer

Beide Meereszonen Europas bewahrten ihre besonderen Traditionen des Fischfangs. Abgesehen von den Unterschieden, die sich aus der verschiedenen Natur der Gewässer des Mittelmeers und des Atlantiks ergeben, läßt ein Vergleich der Fangtechniken Ähnlichkeiten und Gegensätzlichkeiten erkennen, die oft durch die unterschiedlichen Benennungen in den verschiedenen Sprachen verschleiert werden. An den Küsten des Mittelmeers wirkte das Erbe der Antike noch lange Zeit weiter. Die Archäologie hat Wracks kleiner Fischerboote geborgen, Skulpturen gedeutet und eine Bestätigung für den von Ausonius erwähnten

Konsum von Austern in Abfallhaufen voller Muschelschalen gefunden. Fischfang an Flußufern und Meeresküsten wird in der antiken Literatur ebenso erwähnt wie in den hagiographischen Schriften. Die Mosaiken von Ostia und von Tunesien stellen Fischer bei der Arbeit dar und Kaufleute, die an ihren Marktständen Fisch zum Verkauf anbieten; Miniaturen des Hochmittelalters in griechischen und lateinischen Manuskripten ermöglichen präzise Deutungen; die von Christiane Villain-Gandossi zusammengetragene Sammlung ist reich an profanen und religiösen Szenen (der wunderbare Fischfang in den Evangelien zum Beispiel), auf denen man die Form der Boote und Schiffe, die Gerätschaften und die Fangtechniken erkennen kann, Ruten und vor allem Netze verschiedener Form, hohe und flache, feinmaschige Schleppnetze für den Fang von Sardinen und Sprotten, die Fischerlampe oder eine Fackel, deren Licht die Fische anziehen soll, den Fischfang mit Grundschleppnetzen, die von zwei Booten im Gespann gezogen werden, wobei ein so großer Bereich des Meeresgrundes zerstört wurde, daß diese Fangart im 15. Jahrhundert in Marseille verboten wurde.

An der Mittelmeerküste wurden besonders an Kanälen und Sielen Fangeinrichtungen fest installiert, so zum Beispiel Fischzäune, bis zu 100 Meter lange, trichterförmige Reusen, deren Unterteilungen ein Labyrinth bilden, oder auch einfache Netze bzw. reusenförmige komplexe Fangeinrichtungen, die aus zylindrischen oder konischen Netzen zusammengesetzt und an Pfählen befestigt sind.

Schwämme und Korallen

In Küstennähe und an günstigen Standorten werden im Mittelmeer seit jeher Schwämme und Korallen gefischt. Europa verfügt über Schwämme vor der türkischen und der griechischen Küste, besonders um Rhodos; aber die Europäer versorgen sich vor allem auf den Kerkenna-Inseln, bei Djerba, in den Syrten und an den Küsten Syriens. Korallen werden an der Küste Sardiniens bei Alghero und zwischen Neapel und Sizilien gefischt. Da diese Arten der Fischerei von den Temperaturen abhängig sind, werden sie vom Frühjahr bis zum Herbst praktiziert; die technischen Erfordernisse sind dabei recht ähnlich. Die

Schwammfischer tauchten nackt bis zu zehnmal täglich ungefähr drei Minuten lang bis in 25 Faden (rund 40 Meter) Tiefe; heutzutage kann man mit dem Taucheranzug bis in 70 Meter Tiefe tauchen und die Dauer der Tauchgänge ausdehnen. Das Gerät ist in beiden Fällen dasselbe, eine Art Bagger aus einem grobmaschigen Netz, das auf einem Gestell montiert ist, welches für die Schwammfischerei rechteckig ist (die *gangava*) und für die Korallenfischerei die Form eines Andreaskreuzes hat; dieses Gestell wird am Meeresgrund entlang geschleppt und von einer Winde an Bord gehievt. Diese Fischereiarten, die früher zumindest für die Schiffsbesitzer sehr einträglich waren, wurden lange Zeit von Barcelona, Livorno, Marseille und Genua kontrolliert; aber durch die zunehmende Konzentration verloren sie ihren kleingewerblichen Charakter und ihre weite Verbreitung in einer großen Zahl kleiner Häfen, so etwa in Sestri Ponente in Ligurien.

Küstenfischerei in atlantischen Gewässern

Nach Henri Touchard kam in der Bretagne erst im 14. Jahrhundert die Küstenfischerei zum Fischfang mit der Angel. Bis zu dieser Zeit hatte die Angst vor dem Meer und vor den Piraten die Menschen davon abgehalten, sich außer Landsicht vorzuwagen. Und welchen Gewinn hatte man schon von einer zu weit entfernten Fischerei zu erwarten, wenn man in dieser frühen Zeit, da eine effiziente Einsalztechnik noch fehlte, den Fisch nicht mehr frisch zurückbringen und verteilen konnte? Daher war man – wie es um 1300 in Tréguier hieß – gezwungen, «Fischer am Rande des Meeres» zu bleiben. Außerdem mußte man mit der Flut zurückkehren, um nicht zu riskieren, daß die in der günstigen Jahreszeit (von Mai bis September) im Netz oder mit der Angel gefangenen Seehechte, Seeaale, Makrelen und Muränen verdarben.

Darüber hinaus war der Küstenfischer für die Fischerei genauso wie für das Stück Land, das er in der restlichen Zeit bearbeitete, dem Grundherrn zu Abgaben verpflichtet. Er mußte die Erlaubnis zur Ausfahrt einholen, die dadurch beschränkt war, daß er nur Lebensmittel für einen Tag mitnehmen durfte. Der grundherrliche Bann bestimmte die Eröffnung und die

Dauer der Fangkampagne ebenso wie die Landarbeiten. Auch hier nahm sich der Grundherr seinen Anteil. Außerdem besaß er eigene Fischgründe, wie zum Beispiel die sogenannten *esperqueries* in der Bucht des Mont-Saint-Michel und an den anglonormannischen Inseln, und durch Aneignung eines königlichen Regals behielt er sich das Fleisch der an der Küste gestrandeten Wale vor.

Ohne sich aufs Meer hinauszuwagen, legten an den Flachküsten die Küstenbewohner des Atlantiks und des Ärmelkanals ebenso wie die des Mittelmeers Fischfallen aus Holz oder Stein an, die bei sinkender Flut die Fische zurückhielten; zwischen Bayeux und der Insel Oléron existierten im 18. Jahrhundert noch fast 400 solcher Anlagen.

Diese Beispiele aus Frankreich fanden ihre Entsprechung in England und den Niederlanden. Überall und jahrhundertelang blieb die Küstenfischerei ein lokal begrenztes Kleingewerbe; ihre Ausdehnung im traditionellen Rahmen der Grundherrschaft verlieh ihr jedoch europäische Bedeutung. Diese Bedeutung wurde sichtbar, als die Küstenfischerei vom 13. Jahrhundert an allmählich die Versorgung des Hinterlandes, besonders der Städte, übernahm. Die beginnende Kommerzialisierung veranlaßte zum Beispiel italienische und baskische Kaufleute, Fischtrockenplätze in Leon und Cornwall zu pachten. Im 14. Jahrhundert übernahmen bestimmte Zentren die Verteilung des Fisches. So wurde Paris täglich von den Häfen des Ärmelkanals aus von Lasttierstafetten mit Frischfisch versorgt. Diese *chassemarée* genannte Organisation beruhte auf grundlegenden Veränderungen; die Hochseefischerei hatte sich durchgesetzt, und technische Neuerungen von allgemeiner Tragweite waren eingeführt worden.

Die Herrschaft des Herings und des Thunfischs

Zum Thunfischfang im Mittelmeer versammelten sich zahlreiche Boote in volksfestartiger Atmosphäre, in der Gewaltinstinkte freigesetzt wurden. Jedes Boot hatte zumindest vier mit gegabelten Harpunen bewaffnete Männer an Bord, das ganze Unternehmen dauerte mehrere Nächte. Die Thunfischfänger von Marseille kehrten oft jeden Abend nach Hause zurück. Die Fangsaison hing von der Wanderung der Schwärme aus den katalanischen und provenzalischen Gewässern nach Sizilien ab und dauerte von Mitte April bis zum Johannistag (24. Juni). Fangwerkzeug war ein besonderes, etwa zwei Meter langes Netz (*tonnaire* bzw. *tonayra*), das man in zehn Faden Tiefe in ein anderes Netz niederließ, welches groß genug war, eine ringartige Falle zu bilden, die *ceinche*. Vom Boot aus harpunierten die Fischer die Thunfische, die sich darin verfingen. Die vom 13. Jahrhundert an in Sizilien benutzte *madrague* entstand aus einer Umformung der *ceinche* zu einer in Kammern unterteilten Reuse, die der Fisch durchschwimmt, bis er sich in einer feinmaschigen Tasche *(corpou)* fängt. Wenn diese gefüllt ist, stehen die Männer von vier Booten auf und veranstalten ein regelrechtes Massaker. Joseph Vernet hat in seinem Gemälde des Golfs von Bandol die Brutalität der Szene keineswegs übertrieben, in der die *madrague* zu dem wird, was Mistral später als «blutige Arena» beschrieb. Diese Arbeit erforderte Kraft und die Beherrschung einer Technik, die von besonders erfahrenen Männern von Generation zu Generation weitergegeben wurde. Deren Bezeichnung als *rais* (Speichen) weist deutlich auf die eingesetzte Technik hin.

Dem Thunfischfang im Süden entspricht der Heringsfang im Norden, wo er allerdings eine größere wirtschaftliche Bedeutung besaß, weil die Heringsfischerei sich im 14. Jahrhundert von der Ostsee und den dänischen Meerengen auf die gesamte Nordsee und den Ärmelkanal ausdehnte. Außerdem hatte sie in ganz Europa wirtschaftliche, soziale und politische Konsequenzen. Für die Regionen Nordeuropas war der Hering eine Art «einigendes Symbol einer maritimen Kultur».

Schon seit dem Mittelalter ist der Heringsfang eine typisch europäische Angelegenheit. Auch die Etymologie des Begriffs Hering belegt die europäische Abstammung; ein griechischer Wortstamm *hals*, der das Meer und das Salz bezeichnet, wurde latinisiert zu *hales, alex, alecium*, woraus die Begriffe *hareng, herring* und *Hering* im Französischen, Englischen und Deutschen entstanden. Die regelmäßigen Wanderungen der Heringsschwärme interessieren alle Anrainer der Ostsee, der Nordsee und des Ärmelkanals und damit einen großen Teil der seefahrenden Völker Europas. Die Heringssaison beginnt Ende Juni vor den Shetlandinseln und den Orkneyinseln, Mitte Juli vor Schottland, gegen Ende August vor der Doggerbank. Sie endet im Oktober vor Yarmouth, im November an der Küste Flanderns und um Weihnachten oder gar erst an Mariä Lichtmeß (2. Februar) zwischen der oberen Normandie und Sussex. Die Heringsschwärme lockten eine internationale Fangflotte an. Eine der ersten Beschreibungen verfaßte im 14. Jahrhundert Philippe de Mézières, der Ratgeber Karls V., bei der Rückkehr von seiner Preußenreise. In seinem Buch *Songe d'un vieux Pèlerin* beschreibt er den Fischreichtum und die Flotte der herbeieilenden Fischerboote in den dänischen Meerengen: «Zwischen dem Königreich Norwegen und dem von Dänemark gibt es einen ganz engen Meeresarm, der nur etwa eine oder zwei Meilen breit ist . . . Im September und Oktober zieht der Hering von einem Meer zum andern durch die Meerenge in so großen Mengen, daß es einem Wunder gleichkommt, und so viele ziehen in diesen beiden Monaten . . . durch diesen 15 Meilen langen Meeresarm, daß man sie mit dem Schwert zerschneiden könnte . . . Jedes Jahr versammeln sich Schiffe und Boote aus ganz Deutschland und Preußen in diesen beiden Monaten, um den Hering zu fangen . . . und nach allgemeiner Ansicht sind es 40 000 Schiffe . . . Es drängt mich, die Gnade zu beschreiben, die Gott der Christenheit erwiesen hat; denn vom überreich vorhandenen Hering ernähren sich ganz Deutschland, Frankreich, England und mehrere andere Länder in der Fastenzeit.»

Das Glück wollte es, daß um 1400 technische Neuerungen eine bessere Konservierung und den Transport großer Mengen Fisch über weite Strecken ermöglichten, eines billigen Nahrungsmittels, das nach Mézières sich auch «arme Christen» leisten können, «die keinen großen Fisch haben können». Zu dieser Zeit führten die Entwicklung der Salzproduktion und des Salzhandels und die Vervollkommnung der Einsalzverfahren in ganz Europa zu einer günstigen Entwicklung. Auf eine detaillierte Beschreibung sei hier verzichtet; wesentlich war zunächst eine erste Salzung des Fanges an Bord der Schiffe. Dies setzte eine erhöhte Tonnage voraus, da das benötigte Salz mitgeführt werden mußte, und es erlaubte einen längeren Aufenthalt in den Fischgründen, was wiederum einen größeren Fang einbrachte. Ein

Teil des an Bord gesalzenen Fanges konnte unverzüglich in die großen Städte geliefert werden, die relativ nahe am Umschlaghafen lagen. Der andere Teil, der für eine längere Konservierung bestimmt war, wurde nach einem Verfahren behandelt, das dem Seeländer Van Beukhelsz zugeschrieben wird: Die Heringe wurden entweder in Lagen abwechselnd mit Salz in ein Faß gefüllt oder in Salzlake mariniert, dann in Süßwasser gewässert und anschließend geräuchert. So konnte Fisch über weite Strecken transportiert werden, im 14. Jahrhundert zum Beispiel vom Ärmelkanal oder Flandern bis an den päpstlichen Hof in Avignon.

Organisation und Vertrieb wurden in der Folgezeit perfektioniert, blieben aber in den Grundzügen unverändert. Der Fischfang in weit entfernten Gewässern wie etwa in Neufundland, der im Zeitalter der großen Entdeckungen einsetzte, griff auf ältere Organisationsmodelle zurück und übertrug sie auf größere Maßstäbe.

Die große Hochseefischerei

Die Unternehmungen Cabots und der Kaufleute von Bristol in Richtung Neufundland waren weniger Ergebnis systematischer Suche als der Ausdehnung der europäischen Fischerei. Der Vorgang folgt dem klassischen Schema: Die von einem Zwischenmarkt Ausgeschlossenen holen sich das erstrebte Produkt an der Quelle, in diesem Falle den Kabeljau, dessen Handel von Bergen aus kontrolliert wurde. Neu daran war, daß Europa eine sehr weit entfernte Region an sein eigenes Verkehrs- und Versorgungsnetz anschloß. Um 1540 gelangten Kabeljautransporte regelmäßig nach Europa und wurden zum festen Bestandteil der europäischen Verkehrsströme. Auf dem Atlantik entstand ein regelrechter Dreiecksverkehr: Da die Neufundlandfischer große Mengen Salz benötigten, um ihre Fänge nach Europa liefern zu können, luden sie das Salz vor der Überfahrt über den Atlantik, allerdings erst bei ihrem letzten Zwischenstopp an französischen oder portugiesischen Salinen, um sich nicht von der Ausfahrt an damit zu belasten. Manche fuhren auch auf der Rückfahrt wiederum im Dreieck und entluden zum Beispiel in Marseille den Fang ganz oder teilweise.

So trugen die neu erschlossenen Fischgründe dazu bei, daß die nord- und südeuropäische Seefahrt zusammenwuchs und der Handel über den Atlantik in den europäischen Seehandel einbezogen wurde. Die Franzosen waren daran zwar stark und im 16. und 17. Jahrhundert sogar maßgeblich beteiligt, aber dennoch waren sie nicht die einzigen, die Neufundland in das System der europäischen Fischerei integrierten. Im 16. Jahrhundert liefen Neufundlandfischer von rund 50 französischen Häfen aus, um 1580 umfaßte die französische Kabeljauflotte mehr als 500 Schiffe, daneben gab es 200 bis 300 iberische Schiffe, hauptsächlich aus dem Baskenland und aus Portugal, und nur rund 50 englische Schiffe, die sich ansonsten stärker nach Island orientierten. Im 17. Jahrhundert änderte sich dieses Zahlenverhältnis, und am Ende des 18. Jahrhunderts hatte Europa den «Amerikanern» einen Teil der Neufundlandfischerei überlassen, die zu dieser Zeit nicht mehr ausschließlich ein Zweig der europäischen Fischerei war, außer an der sog. *French Shore*, der französischen Neufundlandküste, die Frankreich bis zum Beginn des 20. Jahrhunderts erhalten konnte.

Aber nicht allein Kabeljaufischer zog es nach Neufundland. Von 1540 an fanden sich auch zahlreiche Walfänger ein, die drei Jahrhunderte lang in der Biskaya bewiesen hatten, wie meisterhaft sie die Walfangtechnik beherrschten. Die Basken folgten der Wanderung der Wale über den Atlantik und übertrugen ihre Fangtechnik nach Neufundland, in den Golf von Sankt Lorenz und an die Küsten von Labrador; neuere Grabungen an der Red Bay brachten eine ihrer Hütten und ein Schiff zutage. Als am Ende des 16. Jahrhunderts die Fangergebnisse zurückgingen, verlegten die Walfänger ihre Tätigkeit mehr nach Norden, nach Grönland, Norwegen und Spitzbergen; eine Zusammenarbeit zwischen Saint-Jean-de-Luz, Bayonne und Le Havre brachte im 17. und 18. Jahrhundert gute Erträge und bestand noch in der Mitte des 19. Jahrhunderts beim Untergang der *Winslow*, die nach ihrem franko-amerikanischen Besitzer benannt war. Der Walfang war international geworden und hatte sich der ein Jahrtausend alten europäischen Vorherrschaft entzogen.

Solidarität als Wert und als Zwang

Zwei Merkmale charakterisieren alle Arten von Fischfang und die Fischer zu allen Zeiten und in ganz Europa: Sie sind in allen Bereichen voneinander abhängig und auf Solidarität angewiesen. Die kleinen Küstenfischereihäfen waren in den Rahmen der ländlichen Grundherrschaft eingebunden, deren Abgabenforderungen und Gerichtsbarkeit über die Küstenlinie und die Grenze des Wattenmeers hinausreichten. Oft waren die Fischer gleichzeitig Bauern und konnten sich so dem Grundherrn nicht entziehen. Der Fischer gehörte zu einer Gemeinde, in der er geboren und getauft worden war und wo er beerdigt werden wollte, wenn ihn nicht zuvor das Meer verschlungen hatte. Aus derselben Gemeinde stammten in der Regel auch seine Eltern, dort erwartete ihn seine Frau, wenn er von See zurückkehrte, dort wurden seine Kinder geboren. Zu diesen familiären kamen die beruflichen Bindungen. Als junger Mann erlernte der Fischer zusammen mit Vettern und Kameraden aus der Kindheit seinen Beruf auf dem Boot seines Vaters oder eines Onkels. Die Bordgemeinschaft hat Jacques Bernard eindrucksvoll beschrieben, seine auf Quellen aus der Region um Bordeaux fußende Darstellung gilt für alle Küstenbewohner vom Kap Finisterre bis Ouessant und sicher auch darüber hinaus. Dafür ließen sich zahlreiche Beispiele von den Britischen Inseln, aus Flandern, Holland, Deutschland, Skandinavien und aus dem slawischen Bereich anführen, und bei allen Unterschieden finden sich vergleichbare Strukturen auch an der Mittelmeerküste. Auf den Inseln blieb wegen ihrer besonderen geographischen Situation vorwiegend eine Art des Gemeinschaftslebens erhalten, in das ein Fremder erst nach langer Probezeit aufgenommen wurde. Dies gilt von Portugal bis Norwegen und vom Baltikum bis Irland ebenso wie für die rauhesten Inseln der französischen Küste, zum Beispiel Ouessant, die «Wächter-Insel» an der Nahtstelle zwischen Ärmelkanal und Atlantik, und die Insel Sein, wo 1940 die Männer von sich aus und einstimmig beschlossen, den Kampf von England aus fortzusetzen. Einstimmig legen auch heute noch die Fischer der Insel Houat vor der Küste des Morbihan den Beginn der Fangsaison und die je nach «Aussehen» des Meeres anzuwendende Fangtechnik fest. Dieser Wille zu kollektivem

Handeln darf nicht mit rückschrittlichem Konservativismus verwechselt werden. Drei Beispiele aus Portugal, Island und der Bretagne sollen dies verdeutlichen: Zu Beginn unseres Jahrhunderts kämpften die Fischer von Povoa de Varzim in der Nähe von Porto für die Erhaltung ihrer lokalen Gemeinschaftstraditionen, deren Ursprünge ins 14. Jahrhundert zurückreichen und Elemente enthalten, die mit nordischen, skandinavischen und keltischen Rechten verwandt sind. Die irischen Fischer bewahren bis heute Elemente von Solidarität, ein Bewußtsein der Zusammengehörigkeit, das sich zum Beispiel in den Festlichkeiten zum Johannistag ausdrückt, an welchem wie in Galway ein Gemeindeoberhaupt und Sheriffs gewählt werden, die die Gemeinde leiten. Doch nicht alles hat solche Patina angesetzt. Der kleine Bretagnehafen Le Conquet mit seiner ruhmvollen Vergangenheit wurde in den 70er Jahren vollständig erneuert, und zwar von rund 100 jungen Männern im Durchschnittsalter von 31 Jahren, die beweisen wollten, daß das Kleingewerbe an den Küsten lebensfähig bleibt, wenn es sich veränderten Bedingungen anpaßt. Deshalb verzichteten sie auf den Fang von Langusten und spezialisierten sich auf Taschenkrebse. Sichtbar wird hier der Unterschied zwischen dem mediterranen Milieu, wo Individualismus sich mit lärmender Geselligkeit paart, und der Welt der Fischer des Westens und des Nordens, denen die Gefahren des Ozeans stillere Formen der Solidarität auferlegen.

Die große Hochseefischerei in Neufundland, Island und Spitzbergen und nicht zu vergessen die Fahrten in die Antarktis erhöhten die Notwendigkeit zur Solidarität um ein Vielfaches. Die Gründe dafür lagen in der Dauer der Kampagnen, der Entfernung, den Risiken auf See und bei der Arbeit und in der wohl unerläßlichen Härte einer eisernen Disziplin, Bedingungen, die überall gelten, von Spanien und Portugal bis Norwegen über Frankreich und die Britischen Inseln. Eine Vorstellung vom Zusammenleben auf dem engen Raum der Neufundlandschiffe vermittelt die umfangreiche Literatur: Gegenseitigen Dienstleistungen und der Hilfsbereitschaft untereinander standen im selben Ausmaß Animositäten oder gar Feindschaften gegenüber, die so lange unterdrückt wurden, bis sie sich aus manchmal geringfügigem Anlaß gewalttätig entluden. Die geringste Nachlässigkeit konnte Schiff und Mannschaft in Gefahr bringen, eine

Unbedachtheit auf einem Beiboot, eine ungeschickte Bewegung beim Einholen eines Netzes oder die versehentliche Verletzung eines Kollegen, dessen Wunde wegen der hygienischen Bedingungen nicht heilte. Jeder Verstoß gegen die elementare Disziplin zog je nach nationalem Temperament eine mehr oder weniger harte Bestrafung nach sich. Die Regeln müssen selbst auf den großen Schiffen, wo die Disziplin etwas milder war, noch unerbittlich gewesen sein. Wie anders hätte ein verurteilter Verbrecher als ehemaliger Neufundlandfahrer gegenüber einem brutalen Gefängniswärter aufbrausen können: «Wir sind hier doch nicht bei der Hochseefischerei!»

Daß lebensnotwendige Solidarität sich unter dem Druck der finanziellen Bedingungen in Zwang verwandelte, zeigte sich sehr früh in der wirtschaftlichen Organisation der Schiffsausrüstung und des Fischverkaufs. Einzelne kleine Fischer, die ihr eigenes Boot besaßen, konnten nirgends auf Dauer ohne fremde Hilfe auskommen. Wenn sie nicht neben der Fischerei ein Handwerk oder Landwirtschaft betrieben, mußten sie wie 1429 die Bewohner der Insel Bréhat «auf dem Meer fischen, ohne eine andere Arbeit zu verrichten». Jahrhundertelang war dies auch häufig das Los der «sehr armen und bedürftigen» Fischer, die in den Vierteln oder Vororten der großen Häfen lebten, so in Le Pollet in Dieppe, La Chaume in Sables-d'Olonne, La Basse Ville in Boulogne-sur-mer, Alfama in Lissabon und in London in jenem Viertel flußabwärts vom Tower, das Dickens beschrieben hat. Wenn ein Fischer überhaupt ein Boot besaß, das sein einziges Kapital darstellte, dann immer häufiger gemeinsam mit anderen. Viele aber verdingten ihre Arbeitskraft und lebten von ihrem Anteil am Fang. Seit dem Ausgang des Mittelalters nahm in ganz Europa die Schiffstonnage ebenso wie die Dauer der Fangfahrten zu, wodurch sich die Risiken erhöhten. Dies alles verstärkte die vom Ende des 12. Jahrhunderts an zu beobachtende Tendenz zur Kooperation, die mit der Entwicklung der kleinen und großen Hochseefischerei erheblich zunahm.

Der gemeinsame Besitz von Schiffen wirkte sich auf die Modalitäten aus, nach denen die Gewinne aus dem Fischfang aufgeteilt wurden. Allgemein anerkannt war die Entlohnung nach gleichen Teilen; jeder, der seine Netze mitbrachte, erhielt einen bestimmten Anteil. Auch Funktionen und Verantwortlichkeiten wurden bei der Gewinnverteilung berücksichtigt, so etwa für den Besitzer der Ausrüstung und den Steuermann, der das Schiff zu lenken hatte. Solche Grundsätze regelten die Solidarität unter Fischern in der Nordsee und im Ärmelkanal. Die aus dem Lateinischen abgeleiteten Bezeichnungen Sozius für den Teilhaber und Assoziierung für die Form der Zusammenarbeit drücken die Regeln der unter den Fischern bis in die jüngste Zeit praktizierten Kooperation aus.

Da die Fischer möglichst schnell wieder ausfahren mußten und daher den Verkauf des Fangs nicht selbst organisieren konnten, schlossen sie sich mit Wirten bzw. Maklern zusammen, die über Kapital, Personal, Zeit und Beziehungen verfügten und in der Lage waren, beim Einlaufen der Schiffe den Fang zu übernehmen, den Verkauf abzurechnen, den Erlös zu verteilen und im Notfall Vorauszahlungen zu leisten und den Fischern Kredit einzuräumen. Bezeugt ist dieses System, das zumindest bis Holland verbreitet war, für Dieppe, aber wie es funktionierte, weiß man besonders gut von dem kleinen flandrischen Hafen Wenduine (1467). Mit der Zeit erweiterte der Wirt seine Dienstleistungen und beteiligte sich an der Ausrüstung des Schiffes; und weil er auf diese Weise eng mit dem Unternehmen verbunden war, erhöhte sich sein Gewinnanteil, und er wurde zum Fischgroßhändler. Da Wirte und Fischer aufeinander angewiesen waren, erstaunt es nicht, daß dieses System sich trotz aller Ungleichheiten lange gehalten hat. Das von der Französischen Revolution an seiner Stelle eingeführte System der *écorage*, wobei die Handelskammer die Kontrolle des Zwischenhandels übernahm, funktionierte nach sehr ähnlichen Grundsätzen, bevor es dem modernen Unternehmen weichen mußte. Mit der schärferen Trennung von Kapital und Arbeit sollten zu Beginn des 20. Jahrhunderts ganz neue Organisationsformen von Solidarität in der Welt der Fischer entstehen, die Gewerkschaften.

Der Zwang zur Solidarität prägte auch die Formen der gesellschaftlichen Organisation, die in allen Ländern große Ähnlichkeiten aufweisen. Mit Zustimmung der Obrigkeit schufen sich die Fischer in Frankreich, Flandern, Deutschland, England, Skandinavien, Portugal und im Baskenland Berufsorganisationen und parallel dazu religiöse Bruderschaften. Wie in anderen Berufszweigen verlieh das religiöse Leben der weltlichen Solidarität die Weihe einer spirituellen gegenseitigen Verantwortung. Gegenseitige materielle Hilfe wurde ergänzt von Werken der Barmherzigkeit zugunsten armer und kranker alter Fischer und häufiger noch zugunsten von Waisen und Witwen der auf See Verschollenen.

Betrachtet man die Berufsgruppe der Fischer in europäischem Rahmen, so darf man gewiß nicht unterstellen, daß ihre Solidarität jemals bedingungslos gewesen wäre. Tatsächlich kennt die Geschichte ja zur Genüge Gewalttätigkeiten zwischen normannischen und baskischen Fischern am Ende des 13. Jahrhunderts und zu Beginn des Hundertjährigen Krieges und wiederholte Handgreiflichkeiten zwischen bretonischen, englischen und flandrischen Fischern im Laufe dieses Krieges. Nicht zu zählen sind die Fälle von gegenseitigem Betrug, von Überfällen auf Schiffe, von absichtlich zerrissenen Netzen, von Mord und Totschlag. Außerdem war im Mittelmeer wie im Nordwesten der Kaperkrieg zum großen Teil Sache der Fischer, die auf diese Weise ihre Einkünfte ergänzten.

Und dennoch erlauben einige Details wohl, die Formel von der «internationalen Gemeinschaft des Herings» auf alle in irgendeiner Weise mit dem Fischfang befaßten Gruppen auszudehnen. Die Nordsee war ein Raum, dessen Küstenbewohner viel zu viele gemeinsame Interessen teilten, als daß sie in ständigem Streit miteinander leben konnten.

So beobachtet man denn auch neben den dramatischen Vorfällen in den schlimmsten Zeiten des Hundertjährigen Krieges und der Kriege des 17. und 18. Jahrhunderts tatkräftige Bemühungen, eng miteinander verflochtene Interessen zu wahren. Der totale Krieg ist erst eine posthume und bittere Frucht der Spekulationen der Aufklärung und des Mythos vom ständigen Fortschritt der Menschheit. Der Hundertjährige Krieg wurde dagegen immer wieder von Waffenstillständen zugunsten der Fischer unterbrochen, die in dieser Zeit im Schutz großzügig gewährten freien Geleits ihren Beruf ausüben konnten. Wenn der Herzog der Bretagne ein System von Schutzbriefen errichtete und der Herzog von Burgund 1471 den Fischfang durch einen Geleitzug sicherte, so entsprachen sie damit den Erwartungen und Bedürfnissen der Fischer. Verschiedene Quellentexte machen deutlich, daß man sich dieser Problematik bewußt wurde. So faßten die Generalstaaten der Vereinigten Niederlande im 18. Jahrhundert (1747) den Beschluß, den französischen Fischern zu erlauben, «ihren Fischfang an der Küste Englands fortzusetzen»; als Gegenleistung solle der König von Frankreich verbieten, «unter welchem Vorwand auch immer die (niederländischen) Schiffe beim Fischfang zu belästigen».

Überlassen wir zum Schluß das Wort Froissart, der im 14. Jahrhundert feststellte: «Diese Fischer auf dem Meer taten sich nie ein Leid, was für ein Krieg auch zwischen Frankreich und England geführt wurde. Sondern sie sind Freunde und helfen einander in der Not und verkaufen und kaufen auf See ihre Fische, wenn die einen mehr haben als die anderen; denn wenn sie sich bekämpften, gäbe es überhaupt keinen Frischfisch.»

Diese Sätze könnten all denjenigen zu denken geben, die heutzutage in Europa mit den Fischereiproblemen befaßt sind. Froissart als Empfehlung für die Untersuchung oder gar die Lösung des Problems der Fangquoten? Träumen ist schließlich erlaubt.

Achtes Kapitel

Die europäische Gemeinschaft der Seeleute

Wer sind sie?

Salzproduzenten, Küstenfischer und schließlich Hochseefischer sind dem Meer in sehr unterschiedlicher Weise verbunden. Der Salzproduzent ist in vielerlei Hinsicht noch ein Bauer, der die Küste nutzt. Der Fischer lebt auf dem Meer und vom Meer, aber seine Abhängigkeit bemißt sich an der Entfernung der Fischgründe, die er ebensogut kennt wie der Bauer sein Feld. Je weiter das Ziel entfernt ist, um so bestimmender oder gar beherrschender wird das Meer. Das Meer ist nicht nur Arbeitsstätte, es unterwirft sich Männer, Frauen und Kinder, die von ihm leben, ganz und gar; es gestaltet ihr Leben, ihre Mentalität, ihre Gesten, es prägt die Kultur. Es macht aus den Menschen Personen oder besser gesagt Gruppen, die vom Meer, durch das Meer und für das Meer leben.

Die lateinischen Autoren der Antike benutzten das Wort *maritimi* im Plural und bezeichneten damit soziale Gruppen. Ihrem Beispiel folgte ganz Europa und erfand in allen Sprachen Worte oder Wendungen mit derselben Bedeutung, *gens de mer* im Französischen, *genti di mare* im Italienischen, *gente de mar* im Spanischen, *seamen* im Englischen und *Seeleute* im Deutschen.

Aus der Beziehung zwischen Mensch, Meer und Schiff erwuchs die Individualisierung spezialisierter beruflicher Funktionen. Daher der Gebrauch der Bezeichnungen im Singular, zunächst im Lateinischen *(marinarius, navigans, navigator, nauta)*, dann in den verschiedenen Sprachen, im Französischen zum Beispiel der Begriff *marinier* mit seinen Ableitungen *(marinel, maronier, maréant), navigateur* und *nautonier.* Das gesamte Bedeutungsfeld umfaßt der Begriff *ars maris*, die Kunst der Seefahrt, der alle für die Seefahrt benötigten Kenntnisse beinhaltet.

Eine umfangreiche Terminologie kennzeichnet die technischen Spezialberufe und die hierarchischen Abstufungen. Nach ihren jeweiligen Funktionen unterscheiden alle Sprachen die Reeder, Besitzer, den Kapitän, den Geschäftspartner, den Pagen wie den Schiffsjungen, den Lotsen, den Steuermann, den Rudermeister und den Obermaat, den Zahlmeister, den Schreiber usw. Genau umrissene Tätigkeiten beschreiben Bezeichnungen im Zusammenhang mit der Steuerung *(gubernator, sturman, locman, nochier, pilote)* und dem Rudern (in der Antike *remigatores, vogatores,* im Französischen *rameurs*). Vielfältig sind auch die Bezeichnungen für die an Land im Schiffbau tätigen Handwerker, vom Schiffszimmermann über den Kalfaterer, den Zimmermann, den Tauwirker, den Schmied usw.

Die Unterwerfung unter das Meer wirkt sich auch auf die Umgebung der Seeleute bis hin zu ihren Familien aus. In früher Jugend schon heuerten die Knaben als Schiffsjungen an, da das Meer ihnen die erste und einzige Berufsperspektive bot. Vielleicht könnte man sagen, daß sie seit ihrer Geburt Seeluft einatmeten und schon mit der Muttermilch Salz auf ihre Lippen kam. Denn auch die Frauen zählen eigentlich zu den Seeleuten. Sie tragen alle Lasten mit, sie leiden unter der Einsamkeit und dem ewigen Warten, der Einsamkeit der Ehefrau, deren Mann lange Zeit abwesend ist, mit allen damit verbundenen Sorgen, Ängsten und manchmal Eifersüchteleien, Einsamkeit aber auch in der Verantwortung, die sie für die Erziehung einer manchmal großen, sich je nach Anwesenheit des Vaters vermehrenden Kinderschar zu tragen hatte. Diese körperliche Einsamkeit und die Vereinsamung des Herzens beschreibt die gesamte europäische Literatur. Aber die Frau arbeitet auch für das Meer; sie angelt am Strand, flickt Netze, Segel und Taue, und Frauen, oft Witwen, organisierten als Unternehmerinnen seit dem Ende des Mittelalters und lange vor der Industrialisierung auch die Verarbeitung und den Verkauf des Fisches. Alle Sprachen verfügen über nicht immer schmeichelhafte Namen und Adjektive zur Bezeichnung dieser weiblichen Seeleute.

Eine solche Ausweitung des Begriffs Seeleute mag manchen ebenso unannehmbar erscheinen wie die Einbeziehung von Menschen, deren Berufe nicht unmittelbar mit der Seefahrt verbunden sind. Es handelt sich um die Personen, die an Land bleiben, die Seeleute bzw. deren Kinder taufen, unterrichten, Ehen schließen, die Menschen pflegen oder beerdigen, also die Lehrer, Ärzte und Geistlichen. Aber auch diese nehmen teil am Leben und den Gefühlen der Seeleute. Natürlich besteht ein Unterschied zwischen den Bevölkerungsgruppen, die in Abhängigkeit vom Meer leben, und der begrenzten Gruppe der Seefahrer. Die Zugehörigkeit zum Milieu der Seeleute ist im ersten Falle stärker sozial, psychologisch und ethisch definiert, im zweiten Falle beruflich oder technisch, wirtschaftlich oder militärisch bedingt.

Zwei weitere, eng miteinander verbundene Dimensionen, eine historische und eine geographische, bestimmen ebenfalls über diese Zugehörigkeit. Als Karl der Große im 9. Jahrhundert die Dienste der *maritimi* gegen die Wikinger anforderte, verstand er darunter die Küstenbewohner bis 25 Kilometer ins Binnenland hinein. Genauso wurde die Küstenzone auch später wieder definiert, als die Dienstverpflichtung zur Küstenwache festgelegt wurde. Die englische *Act of the Mayntenance of the Navy* aus dem Jahre 1540 betont zunächst das Bemühen, «viele Schiffsmeister, Matrosen und Seeleute zu schaffen, die die Kunst und Wissenschaft der Seefahrt beherrschen», und fährt bezeichnenderweise fort: «Sie, ihre Frauen und ihre Kinder beziehen ihren Lebensunterhalt aus dem Meer und sind gleichzeitig die Stütze der Großstädte, Städte, Dörfer, Häfen und Ankerplätze der Küste; die Bäcker, Brauer, Metzger, Schmiede, Seiler, Schiffszimmerleute, Schneider, Schuhmacher und die anderen Lebensmittelhändler und Handwerker in der Nachbarschaft dieser Küsten beziehen aus derselben Quelle einen großen Teil ihres Lebensunterhalts.»

Auch die anderen Staaten teilten diese Auffassung, die Iberische Halbinsel, die Niederlande, Italien, besonders Venedig, Schweden unter Gustav Adolf und das Königreich Frankreich. Zur Zeit Richelieus wie unter Ludwig XVI. und später im Zeitalter der Restauration galt die gesamte Küstenbevölkerung ebenso wie in England als Nährboden der Seeleute. Der 1629 unter Ludwig XIII. veröffentlichte *Code Michau* betrifft alle Menschen, die mit der Seefahrt zu tun haben. Die monumentale *Hydrographie* des Jesuiten Georges Fournier, die 1643 publiziert, 1667 neu herausgegeben und 1973 nachgedruckt wurde, mißt den guten Seemann an seiner Erfahrung, die wertvoller sei als die Abstammung, und Richelieu selbst instruierte den Kommandeur de La Porte, der im Mittelmeer diente, wie folgt: «Ich wünsche eher kräftige, tüchtige Seeleute, die mit Meerwasser getränkt sind und kämpfen können, als gelockte Kavaliere; denn diese Leute dienen dem König besser.» Diesen besseren Matrosen verhalf Colbert zum Durchbruch; mit der Einrichtung des Klassensystems sollten alle erfaßt werden, «die zum Dienst in der Marine geeignet sind», und diese sollten auch in der Marine gehalten werden; als eine frühe Form der Sozialleistungen erhielten auch die Frauen der zum Marinedienst Gezogenen einen Anteil vom Lohn ihrer Männer. Die Marineordonnanz von 1681 und der später von Valin verfaßte Kommentar interpretieren den Begriff Seeleute sehr weit. Dieses Volk sei «wertvoll», schrieb seinerseits der Marineminister Ludwigs XVI., Sartine. Und die Französische Revolution, die so viele Strukturen zerstörte, hütete sich wohl, daran etwas zu ändern; in einem 1794/95 verfaßten Memorandum wird die Bedeutung der Bevölkerungsschicht, in der Seeleute geboren und geformt werden, außergewöhnlich klar und eindrucksvoll dargestellt: «Benötigt werden Männer, die in Küstenstädten geboren sind; sie müssen frühzeitig Seeluft atmen und in gewisser Weise von der Wiege an mit dem Meereselement spielen ... Ein Mann, der an der Küste geboren ist, wiegt mindestens zwei andere auf ...»

Mehr Gemeinsamkeiten als Unterschiede

Mit der Zeit verwischten sich die geographisch bedingten Unterschiede, aber die Vielfalt der Berufe blieb erhalten. Gewiß hielten sich trotz des zunehmenden Austauschs zwischen den verschiedenen Meereszonen, besonders zwischen Mittelmeer und Atlantik, Gegensätze zwischen den Seeleuten aus beiden Gebieten. Dennoch führten die Anforderungen des Seelebens in allen Schichten des seefahrenden Volkes zu ähnlichen, wenn auch nicht identischen Reaktionen.

Die Fischerdörfer in Katalonien, im Baskenland, in Holland, in der Bretagne, an den flandrischen und dänischen Küsten und in den norwegischen Fjorden sind ähnlich angelegt. Welchen Unterschied außer der Überschwenglichkeit bzw. einer gewissen Zurückhaltung gibt es schon zwischen den Matrosenherbergen in Genua, Marseille, Barcelona und Lissabon einerseits und denen in Bordeaux, Nantes, London, Antwerpen, Rotterdam und Hamburg andererseits?

Das Alltagsleben an Bord wird bestimmt vom Verhältnis zwischen dem verfügbaren Raum und der Anzahl der Männer, die darin Tage, Monate und Jahre verbringen mußten. Reichen einige Männer aus einer Familie, einem Dorf oder dem Freundeskreis als Besatzung für die Küstenfischerei noch aus, so gilt dies nicht mehr für die Hochseefischerei und den internationalen Handel, besonders in seinen exotischen Formen wie beim Handel mit Negersklaven, bei dem fast doppelt so viele Sklaven wie Personal an Bord waren, nicht für den Kaperkrieg, bei dem man eine oder zwei Kapermannschaften benötigte, und schließlich auch nicht für die Kriegsschiffe, auf denen zur eigentlichen Besatzung noch die Soldaten kamen.

Die Lebensbedingungen an Bord lassen sich mit Zahlen allein nicht erfassen. In der Theorie mißt man die Personenkapazität wie bei einer Wohnung an der Zahl der Quadratmeter; man kann auch am Verhältnis zwischen der Ladekapazität (in Gewicht oder Volumen) und der Mannschaftsstärke ablesen, wieviel Platz für den einzelnen zur Verfügung steht. Diese Art der Berechnung wurde für das mittelalterliche Venedig versucht; von der Mitte des 13. bis zur Mitte des 14. Jahrhunderts scheint die Transportkapazität von einer Dritteltonne pro Mann auf eine Tonne angestiegen zu sein. Nach F. C. Lane hätten die am Ende des Mittelalters eingeführten technischen Neuerungen (quadratische Takelage, Heckruder) zu Einsparungen bei der Besatzung führen können, wenn die Seeräuberei diesen Vorteil nicht zunichte gemacht hätte, weil sie die Kapitäne zwang, Soldaten an Bord zu nehmen.

Diese Tendenz begleitete im Norden wie im Süden die technische Entwicklung, die wirtschaftlichen und allgemeinen Bedingungen bis zum Ende der Segelschiffahrt. Eine Schätzung der Ladekapazität an Menschen und Waren ist nur möglich, wenn ausreichendes Zahlenmaterial zur Verfügung steht. Die Gleichsetzung einer Tonne mit dem im Norden gebräuchlichen Maß Last und zwei im Mittelmeer gebräuchlichen *bottes* ergibt nur Annäherungswerte. Ende des 17. Jahrhunderts tauchen genauere Zahlenangaben auf; die französische Marineordonnanz von 1681 bemißt die Tonne mit 979 kg bzw. 1,44 m^3. So stieg das Verhältnis Tonne pro Mann auf den Routen nach Neufundland von 3,9 auf 7,3, zu den Antillen von 4,8 auf 10,5 und nach Afrika von 4,1 auf 7,9. Die Einsparung an Arbeitskräften ist offensichtlich, aber sie setzt auch eine rationelle Verwendung der vorhandenen Kräfte voraus und erfordert eine Erhöhung der Tonnage, die vom technischen Fortschritt begünstigt wird.

Schließlich stellt sich die Frage, ob der Anstieg des Verhältnisses Tonne pro Mann auf den großen Schiffen nicht dazu führte, daß die Ladekapazität auf Kosten des der Mannschaft zur Verfügung stehenden Raums maximal genutzt wurde. Das enge Zusammenleben ist eine der Belastungen des Bordlebens, besonders wenn die Fahrt lange dauert. Begeben wir uns einen Augenblick unter Deck: Während im vorderen Schiffsteil die Führungsmannschaft etwa der Marineschiffe und der Schiffe der großen Handelskompanien im 17. und 18. Jahrhundert einen gewissen Komfort genoß, mußten sich die Mannschaften im rückwärtigen Teil mit schlecht gelüfteten, übelriechenden und lärmerfüllten Kammern begnügen. Nur der Müdigkeit, der Seeluft und der Jugendlichkeit der Matrosen ist es zuzuschreiben, daß sie es fertigbrachten, im Rhythmus der Wachen abwechselnd in denselben Kojen zu schlafen. Die Galeerensklaven dagegen blieben immer auf ihrer Bank, dort schliefen und aßen sie und befriedigten ihre sonstigen Bedürfnisse.

Die Ernährung hing von den örtlichen Gegebenheiten ab und umfaßte meist eine ausreichende Menge von Kalorien. Abwechslungsreiche Kost aber erhielten die Mannschaften nicht und manchmal nicht einmal die Offiziere, weder auf den Mittelmeerschiffen des Mittelalters noch auf den Schiffen der Neuzeit. Sehr früh wurde in der europäischen Schiffahrt eine Hierarchie mehrerer «Tische» (auf den venezianischen Schiffen bis zu vier), gestaffelt nach Funktionen und Rängen, eingeführt. Fleisch gab es im Mittelmeer häufiger als im Norden, wo Hering und Kabeljau überwogen. Hauptnahrungsmittel war immer das Pökelfleisch, zusammen mit Zwieback, der so hart war, daß man ihn in Wasser, Wein, Bier oder Suppe einweichen mußte. Über die Ernährung der Galeerensklaven breitet man besser den Mantel des Schweigens, obwohl sie aus Sorge um ihre Arbeitskraft immerhin ein Minimum an Nahrung erhielten. Insgesamt kann man durchaus von einem Europa der Kalorien sprechen: Im 14. Jahrhundert umfaßte eine Tagesration auf den venezianischen Schiffen 3920 Kalorien, kaum mehr (4000) auf den schwedischen Schiffen, aber sehr viel mehr (6500, durch das Bier) im 18. Jahrhundert auf den großen holländischen Schiffen. Am unteren Ende der Skala rangierten die russischen Schiffe, deren Besatzung sich mit rund 3000 Kalorien begnügen mußte. Zwischen diesen Extremwerten lagen die anderen Nationen, Frankreich, England und die Iberische Halbinsel. Das Bild vom mageren, ausgehungerten Seemann gehört also der Legende an, aber durstig war er immer, da die salzhaltige Luft seine Kehle austrocknete.

Doch auch die gute Seeluft konnte die hygienischen Mängel nicht wettmachen, die bis ins 20. Jahrhundert an Bord herrschten. Es fehlte an Möglichkeiten zur Körperpflege, oft an Kleidung zum Wechseln, wenn die am Körper getragene Kleidung naß war und lange Zeit zum Trocknen benötigte; in der warmen Feuchtigkeit der Unterkünfte vermehrte sich Ungeziefer am Körper und im Raum, einfache Verletzungen wurden zu eitrigen Wunden, Erkältungen zu Augen- und Lungenentzündungen. Läuse, Flöhe und Ratten lebten in Gemeinschaft mit den Seeleuten, bis ein zerstörerischer Brecher sie zwang, das Schiff zu verlassen und wie die Besatzung auf der kleinsten Planke Zuflucht zu suchen. Unter solchen Bedingungen war die Sterblichkeit vor allem auf längeren Reisen relativ hoch. Dann grassierte aufgrund des Vitaminmangels auch der Skorbut, der selbst auf den größten Schiffen jede Aktivität lähmen und das Schiff dem Untergang preisgeben konnte; besonders drastische Fälle kennt man aus dem 18. Jahrhundert und bis zu der Zeit, als die skorbutabwehrenden Kräfte der Zitrone entdeckt wurden. Über wirksame medizinische Betreuung, die diesen Namen verdient, verfügte die europäische Seefahrt erst vom 18. Jahrhundert an. Nur kerngesunde, von Jugend an abgehärtete Männer konnten unter solchen Verhältnissen überleben.

Eine rigorose Disziplin trug dazu bei, Temperamente und Charaktere zu verhärten. Die harte Galeerendisziplin ist zur Legende geworden, die allerdings auch keine Übertreibung scheut. Dabei minderte der schonungslose Umgang mit den Arbeitskräften die Zuverlässigkeit der Mannschaft eher, als daß er sie förderte, ob im Mittelmeer oder im Baltikum auf den anachronistischen Galeeren Schwedens und Rußlands im 18. Jahrhundert. In der Zwischenzeit hatten sich mehrfach mitleidige Seelen für mehr Menschlichkeit eingesetzt. Im 15. Jahrhundert staunte der deutsche Dominikaner Felix Faber über die Passivität der geprügelten Rudersklaven auf der venezianischen Galeere, die ihn ins Heilige Land brachte. Bekannt sind die Wohltaten des heiligen Vinzenz von Paul in Toulon im 17. Jahrhundert. Insgesamt waren die Beziehungen zwischen den Mitgliedern der Bordbesatzung zwar nicht ständig gewalttätiger Art, aber doch genauso hart wie die Elemente, in denen sie sich bewegten. Zum Inbegriff der Härte wurde der Rudermeister bzw. Galeerenvogt (*boss* oder *bosco*), der die Befehle des Kapitäns bzw. des Paschas ausführte. Aber was wäre ohne Strenge aus der Disziplin geworden, die auf einem selbst schonungslosen Meer unerläßlich war, angesichts von Mannschaften, die ihrerseits oft aus rüden Gesellen bestanden?

Gleiche Gefahren – gleiches Bedürfnis nach Sicherheit

Die plötzlich losbrechenden Stürme des Mittelmeers sind genauso gefährlich wie die Unwetter des Atlantiks. Die Nebel am Bosporus, bei Gibraltar und den Berlenga-Inseln vor Portugal, an der Bretagne, vor Flandern oder in den dänischen Meerengen bringen die Schiffe in Gefahr, auf einer Sandbank oder einem Felsen aufzulaufen oder auch mit anderen Schiffen zu kollidieren. Neben solchen Katastrophen und Gefahren, von denen der Binnenländer sich keine Vorstellung macht, erscheint es noch relativ harmlos, wenn der Mast auf die Brücke oder ins Meer stürzt. Das Meer birgt so viele Gegensätze, daß es zu Recht als Quelle des Lebens, als Ernährerin oder gar als «Plasma Europas» gepriesen, aber mit derselben Berechtigung als «Raum des Todes» bezeichnet wurde.

Wegen des dichten Seeverkehrs erlangte das Sicherheitsproblem, das allen Meeren gemeinsam ist, in Europa besondere Bedeutung. Dank intensiver Bemühungen erreichte man bemerkenswerte Resultate, allerdings um den Preis tragischer Erfahrungen und hoher Verluste an Menschen und Material. Technische, rechtliche, soziale und moralische Fortschritte wirkten dabei zusammen. Im technischen Bereich führten die Forschungen im Schiffsbau zur Konstruktion des für die europäische Schiffahrt typischen Dreimasters. Da der Besitz eines guten Schiffes alleine nicht ausreichte, arbeiteten Seeleute aus Nord- und Südeuropa zusammen, wobei die einen die Konstruktionserfahrungen und die empirisch erworbene Intuition perfekter Seeleute mitbrachten und die anderen ihre astronomischen Berechnungen und den Gebrauch der Seekarte.

Die Sorge um die Sicherheit führte zur Bildung von Konvois und von bewaffneten Geleitzügen, aber auch zum Einsatz von Lotsen auf See und in den Mündungsbereichen. Und wiederum nach römischem Vorbild statteten die Europäer ihre Küsten mit Leuchtzeichen aus, deren Zahl vom Ende des 17. Jahrhunderts an zunahm, nachdem die mit dem Bau von Leuchttürmen verbundenen Probleme gelöst waren, die Konstruktion an sich, die Widerstandskraft des Materials, die Energiequellen und die optischen Einrichtungen. In manchen Sektoren der europäischen Küsten stehen sie so dicht, daß die Zahl der Unfälle erheblich zurückgegangen ist und sich die Landschaft bei Nacht in eine festlich beleuchtete Balustrade verwandelt.

Aus dem Bemühen um Unfallverhütung entstanden die Seeversicherungen, wobei die fruchtbarsten Ansätze aus dem Mittelmeerraum kamen. Zwar gab es bereits Vorläufer in der Antike, aber die Beschleunigung des Seehandels regte den Erfindungsreichtum der Kaufleute besonders von Florenz an. Federigo Melis entdeckte, daß diese schon im 14. Jahrhundert Prämienversicherungen abschlossen, in deren Varianten sich die nach Raum und Zeit unterschiedlichen Grade der Naturgefahren und der von Menschen (Krieg, Seeräubertum) heraufbeschworenen Risiken spiegeln. Von hier aus dehnte sich das Versicherungswesen bis zu den Häfen der Atlantikküste und nach Nordeuropa aus; spanische Kaufleute vor allem aus Burgos und Bilbao übernahmen die Praktiken und verbreiteten im 16. Jahrhundert eine Sammlung internationaler Gepflogenheiten bis nach Antwerpen, die wiederum von Hansekaufleuten anstelle älterer Praktiken übernommen wurden, zum Beispiel anstelle der Risikoprämie, die sie aus Gewohnheit und Vorsicht noch lange beibehielten.

Zwei unterschiedlich motivierte Episoden aus verschiedenen

Regionen sollen illustrieren, wie die Sorge um die Sicherheit zur Übernahme fremder Techniken führte. Das erste Beispiel kennen wir schon; es handelt sich um das Schiff *Pierre* aus La Rochelle, dessen Beplankung die Obrigkeit von Danzig in der zweiten Hälfte des 15. Jahrhunderts erneuern ließ und das dann als Modell für den Schiffbau diente. Das zweite Beispiel stammt aus einem venezianischen Text vom Anfang des 18. Jahrhunderts, der ein Lob der nordeuropäischen Schiffe mit einem paradoxerweise entmutigten Unterton so formuliert: «Mit den Westeuropäern kann man nicht konkurrieren, weder was die Geschicklichkeit betrifft noch den Profit und noch weniger in bezug auf die Sicherheit der Schiffe.»

Da auch menschliche Tücke die Seefahrt gefährdete, dauerte es lange, bis wohltätige Initiativen die Gewissen aufrüttelten und die Hilfe für die Schiffbrüchigen organisierten. Es wäre allerdings ungerecht, das negative Urteil über die *naufrageurs*, die Küstenbewohner, die von Schiffsuntergängen profitierten, zu verallgemeinern. Sie konnten sich als Inselbewohner gerichtlicher Verfolgung leicht entziehen und lockten Schiffe in Seenot durch Feuer oder falsche Signale auf die Klippen der äußersten Ausläufer Europas. Eine andere List bestand darin, so lange absolutes Desinteresse an jeglicher Hilfeleistung vorzutäuschen, bis die in Not Geratenen teuer dafür zu zahlen bereit waren; sie verloren ihre ganze Habe und wurden bis zur Zahlung eines Lösegeldes festgehalten. Ein Beispiel dafür bietet das Mißgeschick, das 1432 Jacques Cœur vor Calvi widerfuhr. Mit solchen Praktiken darf man aber nicht gleichsetzen, wenn Bewohner von Ouessant in jüngster Zeit eine Ladung Leinenschuhe aus Fernost erbeuteten, die der Sturm von einem auf den Klippen gestrandeten Frachter gefegt hatte.

Erst in der Neuzeit wurde die ursprünglich rein moralische Verpflichtung zur Hilfe für in Not geratene Menschen institutionalisiert. Seenotrettungsorganisationen entstanden vom Ende des 18. Jahrhunderts an, als christliches und aufklärerisches Gedankengut angesichts zahlreicher Kriege und des anwachsenden Seeverkehrs die Hilfsbereitschaft mobilisierte. Hinzu kommt, daß heutzutage der sommerliche Touristenstrom jedes Jahr Millionen unerfahrener Menschen an die Küsten schwemmt, deren Gedankenlosigkeit zahlreiche Unfälle verursacht.

Die ersten Gründungen erfolgten an den Küsten, wo häufige und schwere Unfälle die Einsicht in die Notwendigkeit am frühesten weckten. Als Beispiele seien die Schiffskatastrophen in der Irischen See am Ende des 18. Jahrhunderts oder an der dänischen und holländischen Küste (1811, 1824) erwähnt oder bekanntere Fälle wie der Untergang der *Medusa* 1816 vor der marokkanischen Küste und besonders der der *Sémillante* 1855 in der Straße von Bonifacio, wobei mehrere hundert Soldaten den Tod fanden, die zur Krim unterwegs waren. Die Erschütterung in ganz Europa war ebenso groß wie die, welche zur Gründung des internationalen Roten Kreuzes führte. In England stellte man daraufhin die *Wreck Charts* zusammen, und auch in Frankreich wurden die Havarien kartographisch erfaßt und auf dieser Basis die Standorte der Rettungsstationen festgelegt.

Erste Organisationen wurden vor 1800 fast gleichzeitig in England und Frankreich von Sir William Hillary und M. de Bernières (1775 in Le Havre) gegründet, weitere folgten in ganz Europa, in Irland (um 1800), Holland (1824), Belgien (1838), Dänemark (1844) usw. Die größten Organisationen entstanden in Frankreich und England. Die *Société humaine des naufragés* (Le Havre 1825) wich der *Société centrale des naufragés* und der *Société des hospitaliers-sauveteurs bretons* (HSB), die sich 1967 zur *Société nationale de sauvetage en mer* (SNSM) vereinigten. Die *Royal Lifeboat Institution* entstand 1849, die *Deutsche Gesellschaft zur Rettung Schiffbrüchiger* 1865. Es folgten das *Istituto de Soccoros a Naufragos* (Lissabon 1892) und die *Sociedad Española de Salvamento de Naufragos*.

Alle Küstenländer schufen in etwa gleich ausgestattete Organisationen. Unsinkbare und schnelle Rettungsboote wurden an den gefährlichsten Küstenabschnitten stationiert und dort, wo private Organisationen entstanden, mit freiwilligen Hilfskräften betrieben, etwa in Deutschland, England, Frankreich, Norwegen und Schweden. In anderen Ländern dagegen (zum Beispiel in Belgien, Dänemark, Spanien, Finnland, Griechenland, Italien, den Niederlanden, in Polen und Portugal) gehört die Seenothilfe zum öffentlichen Dienst, wird zum größten Teil staatlich finanziert und vom Marineministerium verwaltet. Doch die Zusammenarbeit wird durch die Vielfalt der Organisationen nicht behindert; in ganz Westeuropa stehen sie fast täglich miteinander in Kontakt, und alle vier Jahre koordinieren sie ihre Technik und ihre Initiativen auf einer besonderen Konferenz. Tag und Nacht, zu jeder Jahreszeit und bei jedem Wetter ist die europäische Seenotrettung im Einsatz, ohne etwas anderes zu erwarten als die wohlverdiente Dankbarkeit. Schon vor dem wünschenswerten Zusammenschluß aller europäischen Rettungsorganisationen ist die europäische Gemeinschaft der Rettungshelfer nicht erst in Gang gekommen; sie existiert bereits.

Opfer der See sind nicht nur die Ertrunkenen, sondern auch die Altersinvaliden, Unfallopfer, Witwen und Waisen. Das von Colbert in Frankreich eingeführte Hilfssystem, ein Vorläufer der Sozialhilfe, machte in anderen Ländern Schule; es war seinerseits Nachfolger von karitativen Organisationen, deren Ursprung manchmal bis ins Mittelalter zurückreichte. In der Antike besaßen Athen zur Zeit des Peloponnesischen Krieges (5. Jh. v. Chr.) mit dem Schiff *Therapia* und Rom in seiner Flotte vor Misenum (1. Jh. n. Chr.) mit der *Aesculapius* eine Art von Hospitalschiffen. Auch die byzantinische Flotte des 7. Jahrhunderts verfügte über eine Sanitätsabteilung. Im mittelalterlichen Europa gab es Hospize für alte oder verkrüppelte Seeleute sowie für die Waisen der auf See Ertrunkenen, in Venedig das Asyl Sankt Martin (1272) und das Hospiz Sankt Antonius (1317); der Große Rat rechtfertigte die Verwendung eines Teils der Zolleinnahmen für die Seeleute damit, daß diese Anspruch auf Altersvorsorge besäßen: «Es ist ein Werk der Barmherzigkeit und der Frömmigkeit, den armen Seeleuten zu helfen, die 60 Jahre alt sind, die ihre Jugend dem Staatsdienst geopfert haben und dann kraftlos geworden sind.» Die Kandidaten waren so zahlreich, daß man 1385 der *Misericordia* ein weiteres Grundstück und 1500 das Hospital San Nicolo di Castello, das bis zu dieser Zeit der Aufnahme von Pilgern gedient hatte, den arbeitsunfähigen Seeleuten zur Verfügung stellte. Von den im 16. Jahrhundert gegründeten Asylen seien nur die *Monti delle Arte del Mare* im Königreich Neapel erwähnt, sowie auf der Iberischen Halbinsel die Gründungen zugunsten der Fischer von Valencia (1396), der Galeerensklaven in Puerto de Santa Maria (1512), sowie in Porto (1443) und im benachbarten Matosinhos ein Hospital für Seeleute, das heute noch dieser Bestimmung dient. Der Überlieferung nach gründete im 13. Jahrhundert Alexandre Auffredi das nach ihm benannte Hospital in La Rochelle. Im 14. Jahrhundert entstanden ähnliche Institutionen auch an den nordeuropäischen Küsten. Besondere Fürsorge galt in den Häfen wie in den anderen Städten den Waisen; spezielle Amtleute, die in Frankreich als *garde-orphènes* bezeichnet wurden, wachten über sie, in London fanden sie Aufnahme im *Orphan Court*. Im 17. und 18. Jahrhundert wetteiferten die europäischen Städte regelrecht miteinander; gegründet wurden Hospize für Seeleute in Pisa (1627), Civitavecchia (1645 und 1660), Rochefort (1666), Brest und Toulon (1689), Greenwich (1695) und Rotterdam (1740). In Schweden griff das Seegesetzbuch auf eine Bestimmung des Rechts von Visby zurück und bestimmte ein Drittel der Bußgelder, die Matrosen wegen Nachlässigkeit im Dienst entrichten mußten, für wohltätige Zwecke. Alte und verkrüppelte Matrosen, Witwen und Waisen bilden also eine in Unsicherheit lebende Bevölkerungsgruppe, deren Umfang nicht zu beziffern ist, obwohl zu ihr die meisten Opfer der See gehören. Auf See zu sterben bedeutete außerdem nicht immer, zu ertrinken. Viele starben an Bord, und ihr Leichnam wurde in einen steinbeschwerten Sack eingenäht und mit einer Zeremonie den Wellen übergeben. Bei den Sklaventransporten des 18. Jahrhunderts starben sogar mehr Weiße als Schwarze. Alain Cabantous hat errechnet, daß zwischen 1662 und 1791 in Dünkirchen 37,4 % der Todesfälle auf Unfälle an Bord zurückgingen und nur 2,25 % auf Kampfhandlungen. Kaum vorzustellen die Angst dessen, der krank oder am Ertrinken war und fühlte, daß er fern von den Seinen und seiner Heimat sterben mußte! Bewegt notierte C. E. Dufourcq bei seinen Recherchen in katalanischen Archiven ein Gebet, das ein anonymer Seemann verfaßt und auf ein Blatt eines Schiffsregisters geschrieben hatte: «Herr! Laß mich der Gefahr entkommen, wenn es Dir gefällt.»

In solchen Augenblicken richteten Seeleute in ganz Europa, wo die Menschen trotz der Reformation gemeinsame Glaubensgrundlagen bewahrt hatten, in der Hoffnung auf eine endgültige Sicherheit im Jenseits ihren Blick zum Himmel. Diese Hoffnung hegten Menschen zu allen Zeiten und in allen Kulturen. In Extremsituationen, ob auf See, in der Wüste oder im Gebirge, wandten sie sich angesichts drohender Naturgewalten an eine außer- oder überirdische Macht, deren Gewalt auf See unendlich bedrückend erschien. Schon bevor ein Schiff vom Stapel lief, erhielt es eine religiöse Weihe nach festen Riten; dabei wurde am Fuße des Hauptmastes das Evangelium vom Sturm auf dem See verlesen, dann wurde das Schiff vom Bug bis zum Heck ausgesegnet und erhielt einen Namen, der im 15. Jahrhundert noch vom Glauben seines Besitzers zeugte. Die Religiosität der Seeleute unterscheidet sich zwar grundsätzlich nicht von der der Binnenländer, aber offensichtlich doch in der Intensität ihrer Beziehung zum Himmel. Außer in England richtete sich die Bitte um Hilfe von der Mitte des 14. bis zur Mitte des 16. Jahrhunderts meist an die Jungfrau Maria, die als *Stella Maris* angerufen wurde, aber auch an den hl. Petrus, den hl. Nikolaus, dessen Legende vom 12. Jahrhundert an überall verbreitet wurde, und schließlich im Mittelmeer, auf dem Atlantik und in den nordeuropäischen Meeren an verschiedene regional besonders verehrte Heilige. Manchmal wurde bei der Namengebung unter Einbeziehung der Worte Erlöser, Kreuz und Heiliger Geist das Schiff Gott unmittelbar anvertraut. Die Namengebung unterlag aber auch Modeströmungen; so eroberte der hl. Franziskus das Mittelmeer, während die hl. Ursula und die hl. Barbara über die nordeuropäischen Meere wachten. Auch rein weltliche Schiffsnamen, die im Mittelalter ganz selten vorkamen, zeugen immer noch von der Suche nach einer die Natur beherrschenden Sicherheit, etwa wenn positiv besetzte weibliche Allegorien *(Gloria, Benedicta)* oder die Namen von Tieren benutzt wurden, die als Symbole für Kraft und Stärke gelten *(Adler, Löwe)*. Durch den nordeuropäischen Protestantismus änderten sich diese Gewohnheiten. Statt der Fürsprache der Heiligen vertraute man sich dem Schutz Gottes unmittelbar an. Doch bis zur Mitte des 16. Jahrhunderts waren Heilige häufig noch Schutzpatrone von Schiffen, die vom Norden ins Mittelmeer fuhren; für die protestantischen Seeleute bedeutete dies zusätzlichen Schutz vor dem Mißtrauen der Inquisition, die an manchen Orten, wie etwa in Malta, sehr streng war. Aber alle wandten sich mit großer Ernsthaftigkeit, ob direkt oder durch die Vermittlung der Muttergottes und der Heiligen, mit der Bitte um Hilfe an Gott. Die im 17. Jahrhundert von dem Geistlichen Théophile Barbauld von der Insel Ré herausgegebene Gebetssammlung ist von demselben religiösen Geist beseelt wie die Sammlung des Paters Fournier, die dieser eigens für den Fall der Seenot zusammenstellte; das Meer, ein heiliger, weil gefährlicher Bereich, ist auch Erlöser. Unruhige Spannung und festes Vertrauen verbinden sich. Auch hier entfaltet sich die Spiritualität der Französischen Schule des 17. Jahrhunderts, und dies sogar im abergläubischen Milieu ungebildeter Matrosen.

Im Augenblick höchster Gefahr, wenn der Mast zersplittert, die Segel zerrissen und das Ruder gebrochen sind und selbst der Hauptanker keine Hilfe mehr bietet, wird der Ruf nach Hilfe lauter. Nun ist die Mannschaft hilflos, und nur der Himmel kann sie noch retten. In solchen Augenblicken werden Gelübde abgelegt: Für den Fall des Überlebens verspricht man, zu einem der zahlreichen Heiligtümer an den europäischen Küsten zu pilgern und dem wundertätigen Heiligen einen Gegenstand zu schenken, der an das Drama erinnern und den Schenkenden vertreten soll. Als Votivgabe stifteten Seeleute etwa die Schiffsplanke, an die der Gerettete sich geklammert hatte, ein Kleidungsstück, das er bei der Havarie getragen hatte und das er wieder anlegte, um seine Gabe darzubringen, ein Modell des Schiffes, ein Bild oder eine einfache Zeichnung, die das Erlebte darstellten. Diese Praxis ist sowohl anthropologisch als auch spirituell zu erklären. Sie existierte schon in der Antike und bei primitiven Völkern, Votivgaben finden sich an allen europäischen Küsten, auf den griechischen und dalmatinischen Inseln, zum Beispiel auf Cattaro, in großer Zahl in der Annunziata bei Neapel, am Monte Nero, bei Livorno, in Antibes, in Notre-Dame-de-la-Garde von Marseille. Das große Gemälde in N. Sra de Navegadores in Sevilla erinnert an die Entdeckungen. Votivgaben hängen in Notre-Dame-de-Montuzet an der Gironde, in Sainte-Anne-d'Auray und in der kleinsten bretonischen Kapelle, in Honfleur und in Fécamp, in Notre-Dame von Boulogne und in Notre-Dame-des-Dunes bei Dünkirchen ebenso wie in Brügge. Und bei weitem nicht alle entfernte der Protestantismus aus den englischen, deutschen und skandinavischen Gotteshäusern; holländische und dänische Kirchen besitzen Schiffsmodelle, die anstelle der Votivgaben dem Gedenken dienten, den Votivcharakter aber nicht vollständig verleugnen können. Über alle Kriege hinweg sind sogar in Kirchen polnischer Küstenstädte Votivgaben erhalten.

In psychologischer und religiöser Hinsicht besonders interessant sind die Votivbilder. Bernard Cousin hat solche Bilder aus dem Mittelmeerraum genau analysiert und mit Bildern aus anderen Regionen Europas verglichen. Drei verschiedene Ebenen kennzeichnen diese Bilder. Zunächst die Natur, das in Aufruhr befindliche Meer und drohende Wolken; dann der Mensch und sein Schiff bzw. seine Schiffe; schließlich die angerufenen Heiligen. Eine fast rituell festgelegte Gestik bringt den religiösen Gehalt zum Ausdruck. Die Wogen symbolisieren die Notlage, der der Mensch ausgesetzt war. Gesten und Blicke stellen den zwischen dem bedrohten Menschen und dem Heiligen geführten Dialog dar; mitleidig streckt der Heilige die Hand aus, um den Unglücklichen dem Tod zu entreißen. Den vollen Bedeutungsgehalt enthüllen Bilder, auf denen die Jungfrau Maria das Jesuskind im Arm hält; Maria reicht dem Bittsteller die Hand, aber in ihrer Vermittlerrolle schaut sie ihren Sohn an, von dem die Entscheidung abhängt. Solche Bilder erreichen ein theologisches Niveau, das im Seemannsmilieu selten vorkommt, aber die Sicherheit gewährende Funktion der Religion zum Ausdruck bringt, die Jean Delumeau als Titel eines seiner besten Bücher gewählt hat: *Rassurer et Protéger* (Sicherheit und Schutz verleihen).

Gemeinschaftsfähigkeit und Unabhängigkeitsstreben

Es ist für Binnenländer völlig unverständlich, daß es den Seeleuten aus dem Mittelmeer, von der Atlantikküste und aus Nordeuropa gelang, ihre Unterschiede durch zwei gegensätzliche, allen gemeinsame Charakterzüge zu überwinden, die Gemeinschaftsfähigkeit und das Streben nach Unabhängigkeit, aus denen sich ebenso dauerhafte Solidarität wie explosive Spannungen entwickeln konnten.

Das Bordleben mit seinen monotonen und zugleich wunderlichen Aspekten einer – außer auf den kleinen Fischerbooten – künstlichen Männergesellschaft voller Zwänge wurde bereits angesprochen. Den für das Überleben notwendigen Zusammenhalt erzwangen die Sicherheitsbedürfnisse. Wenn mehrere

Fischer gemeinsam ein kleines Schiff besaßen, was häufig vorkam, war solidarisches Verhalten selbstverständlich. Behandelt wird dieses Problem in den verschiedenen Seerechten, auf die wir noch zurückkommen werden. Im Bewußtsein der gegenseitigen Abhängigkeit entwickelten die Seeleute die Gewohnheit, sich gemeinsam zu beraten, besonders in Situationen, in denen es um das Schicksal aller ging. Wer an diesen Beratungen teilnahm, hing davon ab, welche Entscheidungen zu treffen waren, ob wirtschaftliche (Anlaufen eines Zwischenhafens, Verlängerung eines Zwischenstopps) oder technische (Reparaturen, Kalfaterung, Änderung der Route oder Leichterung des Schiffes auf offener See wegen der Wetterlage oder der Piratengefahr). Damit wird die Bedeutung des Begriffs Bordkompanie deutlich, ähnlich der venezianischen Institution des Rates der Zwölf.

Die Solidarität an Bord wurzelte in einer Vielzahl sozialer Bindungen an Land. Auf kleineren Schiffen, wo die Besatzung aus nahen Verwandten, Freunden oder zumindest Bekannten aus der Region bestand, kam der oben erwähnte Rat fast einem Familienrat gleich. Wenn die Männer nicht aus derselben Gemeinde stammten, so doch aus derselben Gegend, und abgesehen von persönlichen Animositäten teilten sie auch die gleichen Grundeinstellungen. Sie trafen sich an Land wieder bei kirchlichen oder weltlichen Festen, sie gehörten Bruderschaften oder Gilden an, die in den großen Häfen nach Berufen gegliedert waren – von den Küstenfischern bis zu den Kalfaterern, Zimmerleuten und Schiffsmeistern – und die einen der oben erwähnten Heiligen zum Schutzpatron ihres Berufsstandes erwählt hatten. Die Bruderschaften der Seeleute waren ähnlich organisiert wie die der Zünfte und Gilden an Land, und wie diese dienten sie in erster Linie der Fürsorge für Witwen und Waisen, alte oder kranke Seeleute. Eine ihrer Aufgaben war die Suche nach den Leichen der Ertrunkenen, damit diese in geweihter Erde beigesetzt werden konnten; waren sie unauffindbar, wurden sie in einer religiösen Zeremonie symbolisch beigesetzt, so in Ouessant, wo bis in die Mitte des 20. Jahrhunderts die sogenannte *proëlla* (etymologisch: *pro illa anima*) üblich war. Sehr eifrig kümmerten sich die Londoner Gilden um die Armen, und die neapolitanischen Bruderschaften leisteten bis zum Ende des 18. Jahrhunderts ihren Beitrag zur Unterhaltung der Seemannsasyle, wozu sie den Erlös aus einer Besteuerung des Fischfangs verwendeten. Manche Bruderschaften überwachten die Ausbildung der Schiffsjungen und der jüngeren Matrosen, indem sie Preise aussetzten, Schwimm- und Ruderwettbewerbe veranstalteten und beispielsweise im 17. Jahrhundert in Le Havre Unterricht in Gewässerkunde zusammen mit moralischer und religiöser Unterweisung erteilten.

Im beruflichen Bereich erlegten die Gilden Bußgelder auf, wenn Trunkenheit an Bord zu Unfällen führte, sie konfiszierten den außerhalb der von ihnen festgesetzten Kampagnenzeit gefangenen Fisch, sie suspendierten Kapitäne, die gegen die Vorschriften verstießen. In Deutschland und im Ostseeraum setzten sie die Löhne der Matrosen fest. Gelegentlich aber verlangte auch fröhliche Geselligkeit ihr Recht, etwa um in den Häfen das Ende der Heringsfangsaison zu feiern; in Dieppe zum Beispiel wurde aus diesem Anlaß das *Banquet de l'oue (= oie)*, das sogenannte Gänsebankett, gefeiert. Andere Bruderschaften organisierten sogar Dichterwettkämpfe (die *puys* in der Normandie), bei denen in der Renaissancezeit auch große Dichter das Meer besangen.

Den Gegensatz – man könnte auch sagen die Ergänzung – zu diesem Solidaritätsgefühl, das bis zur Selbstaufopferung gehen konnte, bildete ein sehr ausgeprägter Sinn für Unabhängigkeit in allen Bereichen, im moralischen, religiösen und manchmal auch disziplinarischen. Erstaunlich ist dies nicht; denn die jungen Männer, die schon als Jugendliche wie Vater oder Bruder zur See fahren mußten, eventuell um zum Unterhalt einer zahlreichen Familie beizutragen, wurden sofort schonungslos mit allen Fragen des Lebens konfrontiert, was ihrer Moral nicht immer guttat. Waren sie auf kleineren Schiffen im Kreis der Verwandtschaft oder zumindest zusammen mit Bekannten noch einigermaßen behütet, so kamen sie an Bord großer Schiffe durch gegenseitige Verführung rasch vom rechten Wege ab.

Gewiß, es gab auch Bräuche, die sie an die Religion erinnerten, die Segnung des Schiffes beim Stapellauf oder beim Auslaufen zu großer Fahrt (Jacques Cartier und seine gesamte Besatzung empfingen am 15. August 1534 die Kommunion, bevor sie nach Kanada ausliefen); die Schiffe salutierten, wenn sie an den Kirchtürmen der beliebtesten Heiligtümer vorbeifuhren, und unter der Anleitung des Obermaats wurden täglich Gebete rezitiert. Geistliche waren vor dem 16. Jahrhundert selten an Bord, nicht einmal auf den Pilgerschiffen, die von Venedig, Genua, Marseille oder Barcelona aus ins Heilige Land fuhren. War kein Priester vorhanden, las man die Meßtexte ohne die Wandlung; man nannte dies eine trockene Messe. Entsprechende Dispens erteilte die Kirche, die den flämischen Fischern schon am Ende des 12. Jahrhunderts erlaubt hatte, an Sonntagen auszufahren. Erst nach der Reformation und mit Beginn der großen Atlantikfahrten befanden sich an Bord großer Schiffe Kapläne oder Pastoren, die sich um das Seelenheil der Besatzung kümmerten.

Angesichts der Vielfalt und auch der Konfrontation christlicher Konfessionen sowie der Entdeckung anderer Religionen in Übersee neigte so mancher Seefahrer zum Skeptizismus und zur religiösen Gleichgültigkeit, zumindest in der Praxis. Doch dieselben Seeleute riefen im letzten Augenblick, wenn man weder täuschen noch prahlen kann, Gott um Hilfe an.

Prahlen ist leicht, wenn man jung und von sozialen Zwängen des Landlebens befreit ist. Sobald man die Mole passiert hat, fegt der Hauch der großen weiten Welt so manches Verbot hinweg. «Die Dinge des Meeres», sagt eine französische königliche Ordonnanz von 1440, «sind nicht vergleichbar mit denen des Landes.» Die Gesten und Riten an Bord bleiben formelhaft und unverstanden; trotzdem ruft man Gott, die Jungfrau Maria und die Heiligen als Zeugen an – anerkennt auf diese Weise ihre Existenz! – und flucht dabei von früh bis spät. Flüche regnen von der Mastspitze auf die Brücke, fliegen vom Bug zum Heck und zurück, als Anfeuerung wie als Beweis für die Befreiung von Zwängen.

Wutanfälle erreichen die Kraft von Stürmen; wegen eines geringfügigen Vorfalls im Zusammenleben oder aus lange unterdrücktem Groll brechen sie wie Gewitter unvermittelt aus. Diebstahl ist noch relativ harmlos neben üblen Schlägereien an Bord oder häufiger unter dem Einfluß des Alkohols in einer Taverne an Land. Auch Rivalitäten um Frauen können den Anlaß bieten, zumal die eheliche Treue in den Etappenhäfen so manchen Tiefschlag einstecken mußte; aber ein Zwischenstopp dauerte nie lange, und bei der Heimkehr erfüllte man die ehelichen Pflichten und erneuerte die Treueschwüre. Streit an Bord gab es auch um Geld, denn sehr viele Matrosen besaßen schon bei der Ausfahrt kaum einen Pfennig und vertranken den Lohn für ihre Arbeit, sobald sie an Land kamen. Manche Gewalttätigkeiten hatten auch edlere Motive; in Dünkirchen ging es einmal um die Verteidigung einer Dienstmagd, die andere Matrosen zu vergewaltigen versuchten; in anderen Fällen einigte spontane Solidarität Seeleute unterschiedlicher Herkunft, die sonst Konkurrenten waren.

Meutereien

Manchmal ging das Bedürfnis nach Unabhängigkeit weiter, überschritt die Grenzen der Disziplin und bedrohte den notwendigen Zusammenhalt. Insubordination einzelner wurde hart bestraft und war häufig Grund zur Desertion, die das französische System der «Klassen» und das englische «Press»-System mit unterschiedlichem Erfolg zu verhindern suchten.

Kollektive Insubordination aber wurde zur Meuterei und führte zu weit schwerwiegenderen Konsequenzen. Alain Cabantous hat in seinem Buch *La Vergue et les Fers* die verschiedenen Aspekte der Rebellion präzise analysiert. Rebellisches Gerede – im Französischen *la groume* –, das zunächst insgeheim weitergegeben wird, schwillt zum Gerücht an, und die Unzufriedenheit eint schließlich eine mehr oder weniger starke Gruppe, die in der Lage ist, das Vorschiff zu besetzen und die Schiffsführung zu bedrohen. Gründe der Auflehnung waren manchmal Vorfälle, die in der kleinen Männerwelt des Schiffes ein Gewicht erlangten, das im umgekehrten Verhältnis zu ihrer tatsächlichen Bedeutung stand, der Tadel an einem Untergebenen, schlechte Behandlung, die Anforderungen des Obermaats, die eintönige Ernährung, Streit um die richtige Route, um die Aufteilung der Erlöse aus dem Fischfang oder auf den bewaffneten Kaperschiffen um die Teilung der Beute. Die Ziele waren je nach der Art der Beschwerden und dem Umfang der Meuterei unterschiedlich. Meutereien mit mehr oder weniger konkreten und legitimen Zielen gab es zu allen Zeiten. Eine lebendige Vorstellung von den Umständen vermitteln die Gerichtsakten von Venedig oder Genua, aus den Häfen der Iberischen Halbinsel, der Hanse, von England und Frankreich, die Archivalien der Admiralitäten und die Gnadenerlasse. Auf einem katalanischen Schiff stachelte der Anführer einer Meuterei, der sich als Pirat betätigen wollte, seine Männer auf, den Kapitän zu ermorden: «He, Leute! Ihr wollt euch die Taschen füllen? Also los! Nehmen wir uns alles, gleich wem es gehört.» Ohne soweit zu gehen, trat 1757 die Besatzung eines britischen Schiffes in Streik und drohte zu desertieren, wenn die Besitzer den Matrosen nicht einen größeren Teil des Laderaumes zur Unterbringung ihres Freigepäcks überließen. Dieser Anteil der Matrosen an der Ladung, der auf der Brücke gelagert werden mußte und so den Unbilden der Witterung ausgesetzt war, bildete eine allgemein anerkannte Ergänzung der Entlohnung (die *portata* in Venedig), die im englischen Seerecht (1786) als Besitz der Familie des Matrosen definiert wurde.

Selten führten einfache Matrosen die Meuterei an, oft waren es Offiziere der zweiten Reihe oder Seeoffiziere von einem gewissen Bildungsniveau, die aus Neid handelten oder alte Rechnungen zu begleichen hatten. Am berühmtesten wurde die Meuterei auf der *Bounty*, die so bekannt ist, daß man sie nicht mehr darzustellen braucht. Rund zehn Jahre später, 1797, brachen in der britischen Marine so schwere und langanhaltende Meutereien aus, daß das Land an den Rand einer Katastrophe geriet. Diesem Vorbild folgten weitere Rebellionen, bis hin zu den Meutereien im Schwarzen Meer im Jahre 1917.

Eine Plage für alle Marinen, angefangen von den Streitkräften der italienischen Städte im Mittelalter bis zum 18. Jahrhundert, blieb die Desertion, die zwar nicht den Umfang der Meutereien erreichte, aber häufiger vorkam. Typisch dafür ist die genuesische Marine im 14. und 15. Jahrhundert; 1356 verzeichnet ein *Manuel des fugitifs des Galées de la Commune* 190 Deserteure von 13 Galeeren, die, vom Leben an Bord angewidert, eine weniger harte und besser bezahlte Arbeit gesucht hatten; und dies, obwohl 1339 eine Verordnung mit dem Ziel erlassen worden war, die Desertionen zu begrenzen. Diese führten manchmal sogar zu einer so starken Beeinträchtigung der Geschäfte, daß die betroffenen Kapitäne sich gezwungen sahen, unterwegs Leute anzuheuern, um die Lücken aufzufüllen.

Korsaren und Piraten

Kaperei und Piraterie boten jahrhundertelang dem Unabhängigkeitsstreben der Seeleute ein abenteuerliches Betätigungsfeld. Seit dem 19. Jahrhundert genießen beide allerdings zumindest in Europa nur noch die Gunst der Romanschriftsteller und ihres Publikums. Seit einigen Jahrzehnten bemüht sich die Geschichtswissenschaft, sie zu analysieren, zu beschreiben sowie ihren Umfang und ihre Tragweite zu ermitteln, was kein leichtes Unterfangen ist.

Vom Ende des Mittelalters an bemühte sich die staatliche Obrigkeit, die Schäden zu begrenzen, das heißt die Anwendung von Gewalt auf See zu kanalisieren. Die anarchische Situation war nur mit großem Aufwand zu kontrollieren; denn Privatleute wie auch manche Staaten organisierten illegale Unternehmungen. Im 14. Jahrhundert nutzten in der Nordsee die Vitalienbrüder, im Ärmelkanal und im Atlantik englische, französische, bretonische und spanische Korsaren und Piraten die Wirren des Hundertjährigen Krieges, um selbst während der Waffenstillstände reiche Beute zu machen; im Mittelmeer blieben weder das Tyrrhenische Meer noch die Adria oder die Ägäis von christlichen und sarazenischen Raubzügen verschont.

Die Staaten bemühten sich, ins internationale Recht eine Unterscheidung zwischen Kaperei und Piraterie einzuführen. Unterstützt wurden sie dabei von Juristen wie Bartolo de Sassoferrato und Grotius; Fortschritte erbrachten Ende des 15. Jahrhunderts bilaterale Verträge zwischen Frankreich, der Hanse, Kastilien und England. Von dieser Zeit an galt als Korsar, wer mit Wissen des Fürsten auf See dessen Gegner angriff und der Admiralität die Entscheidung über die Rechtmäßigkeit der Prisen überließ. Pirat dagegen war, wer unkontrolliert irgendwelche Schiffe überfiel und ausraubte. Der Korsar wurde ehrbar, der Pirat zum Verbrecher.

Im Norden und am Atlantik fielen die Ergebnisse zwangsläufig dürftig aus, da der Kaperkrieg erlaubt blieb, der in den französisch-englischen Kriegen von Ludwig XIV. bis Napoleon, in den englisch-holländischen Kriegen in der Mitte des 17. Jahrhunderts und im Ostseeraum zur Zeit des Dreißigjährigen Krieges und bei der russisch-schwedischen Rivalität eine bedeutende

Rolle spielte. Komplexer war die Lage im Mittelmeerraum. Im 16. Jahrhundert verließen die Uskoken ihre dalmatinischen Inseln, um den Handel zu stören. Das Mittelmeer blieb in seiner gesamten Ausdehnung das bevorzugte Feld der bewaffneten Konkurrenz zwischen Christen und Barbaresken; denn dort unterschied man nur vage zwischen Kaperkrieg und Piraterie. Jede Seite warf der anderen Seeräuberei und außerdem ihre Ungläubigkeit vor.

Eine Lösung des Problems erbrachte erst das Ende der barbaresken Schiffahrt im 19. Jahrhundert und das internationale Verbot des Kaperkrieges, obwohl man zugeben muß, daß es auch in den beiden Weltkriegen Fälle von Kaperei und gelegentlicher Piraterie gab. Innerhalb einiger Jahrhunderte verstand es der Staat, die Abenteuerlust der Seeleute für sich zu nutzen; er hat sie gezähmt, ohne sich immer darüber im klaren zu sein, daß auch der Kaperkrieg und nicht nur die Piraterie ein Wirtschaftsparasit ist; denn ohne selbst Werte zu schaffen, zweckentfremdet er Güter und menschliche Energien.

Heterogene Besatzungen

Die Schiffsbesatzungen wurden im Laufe der Zeit immer heterogener, obwohl dies zu Konflikten und Rivalitäten führte und der Zusammenhalt von ethnischen, politischen, sozialen und religiösen Gegensätzen in Frage gestellt wurde. Viele Galeerenkapitäne des Mittelmeerraumes sahen sich wegen der zahlreichen Desertionen gezwungen, irgendwelche sich anbietenden Arbeitskräfte anzuheuern, eine Tendenz, die seit dem Mittelalter anhielt.

Die Genuesen fanden schließlich einen Weg, die Fluktuation in geordnete Bahnen zu lenken; der Dienstpflichtige mußte vor einem Notar Bürgen benennen, die für die Gestellung eines Ersatzmannes garantierten. Natürlich wurden viele Genuesen und Ligurer rekrutiert, aber die Mannschaften wurden auch mit Seeleuten aus anderen Regionen und nicht nur von der tyrrhenischen Küste aufgefüllt. Michel Balard hat errechnet, daß zwischen 1369 und 1409 die 7508 Seeleute auf acht bewaffneten Galeeren zu vier Fünfteln aus Ligurien stammten (1400 aus Genua und 207 von der westlichen Mittelmeerküste); das restliche Fünftel stammte von den benachbarten Küsten und den genuesischen Besitzungen im Orient; es waren also Griechen oder Slawen. Die Venezianer rekrutierten zahlreiche Griechen auf Kreta, in Euböa und auf den Kykladen. Reisende wie Felix Faber beobachteten die teilweise bizarre Zusammensetzung der Mannschaften auf venezianischen Schiffen, «Makedonier, griechische Sklaven, Türken und Sarazenen»; die Ungläubigen kannten ihrerseits keine Skrupel, christliche Gefangene als Rudersklaven auf ihren Galeeren einzusetzen. Die Rekrutierung von Seeleuten im Dienste Venedigs war so disparat, daß man zu Recht von einem «ethnischen Mosaik» sprechen kann. Zusammengewürfelte Mannschaften fanden sich auch in Marseille, Barcelona und Valencia, wenn auch nicht im selben Ausmaß wie in Venedig. Die Entdeckungsreisen zogen Arbeitskräfte auf der Suche nach Gewinn und Abenteuer an; neben erfahrenen Seeleuten strömten auch Landratten, angelockt von den Nachrichten aus den entdeckten Ländern, nach Lissabon, Sevilla und Cadiz zu den Flotten eines Vasco da Gama, Cabral und besonders Magellan.

Zwischen manchen Häfen existierte eine Art Partnerschaft. Die im 16. Jahrhundert zwischen Nantes und Bilbao geschlossene *Contratación* trug Züge einer internationalen Bruderschaft; so betete man etwa für die Verstorbenen aus beiden Häfen. In den zahlreicheren anderen Fällen bestätigte die Assoziierung lediglich bereits bestehende Beziehungen, z. B. zwischen den Häfen im Norden der Bretagne und den Häfen von Devonshire und Cornwall (besonders Roscoff und Lannion, Exeter und Dartmouth) oder zwischen den Küsten der Region Caux und Essex (Dieppe, Fécamp, Rye und Hastings), sowie zwischen Dover und Calais, zwischen Flandern, Seeland und Ostengland. Auch in der Ostsee existierten so enge Bindungen zwischen den germanischen und slawischen Küsten einerseits und den skandinavischen andererseits, daß diese schließlich zu Keimzellen der Seeherrschaftspläne der schwedischen Wasa und der russischen Romanow wurden.

Die Versorgung der Seefahrt mit Arbeitskräften

In Nordeuropa und im Mittelmeerraum übernahmen einzelne Orte und Regionen die Funktion eines internationalen Arbeitsmarktes für Seeleute. Der Matrose war zum Lohnarbeiter geworden, dessen Beschäftigung von der demographischen Situation sowie von den wirtschaftlichen Bedingungen und den technischen Bedürfnissen abhing. Die im 17. und 18. Jahrhundert in den Fischgründen Neufundlands erworbene Kompetenz machte die Hochseefischerei zum Nachwuchsreservoir der englischen, französischen und spanischen Marine. Vor allem in der Handelsschiffahrt waren die Besatzungen außerordentlich gemischt. Flandrische Jesuiten bezeichneten sie zu Beginn des 17. Jahrhunderts als «eine Ansammlung des Bodensatzes der Nationen». Aber dabei handelte es sich nicht um ethnische Vielfalt. Vauban konnte an Ludwig XIV. schreiben, daß ein Siebtel der mit Dienstpflichtigen besetzten Schiffe protestantische Mannschaften besaß. Zweifellos trug auch die konfessionell gemischte Zusammensetzung der Mannschaften dazu bei, daß die Beziehungen zwischen den Seeleuten der Atlantikküste von einer gewissen Toleranz charakterisiert waren. Noch stärker vermischt waren die Mannschaften im Mittelmeerraum, wo sogar auf europäischen Kriegs- und Handelsgaleeren Sarazenen neben Christen oder solchen, die dafür galten, dienten. Und alle diese Seeleute akzeptierten zwar die Notwendigkeit eines harten Lebens, strichen aber auch gelegentliche Gewinne aus der Kaperei oder uneingestandenem Seeräubertum ein.

Angebot und Nachfrage bestimmten den Markt. Während Nordeuropa Seeleute im Überfluß besaß und Holland, Dänemark und die Hansestädte ihren Bedarf selbst decken konnten, ergriffen Frankreich und England Maßnahmen, um ihre Seeleute festzuhalten. Die *Navigation Act* von 1661 sah vor, daß drei Viertel der Besatzungen britisch sein mußten. Colbert bemühte sich, die französischen Matrosen im Dienste des Königs von Frankreich zu halten und zu verhindern, daß sie auf holländischen Schiffen anheuerten. Von den schätzungsweise 300 000 bis 400 000 europäischen Seeleuten, Matrosen und Fischern zusammengerechnet, besaß Frankreich am Ende des 17. Jahrhunderts höchstens 43 000 und 1789 etwa 55 000, weit weniger als England. Um das Defizit auszugleichen, mußte man nicht nur die eigenen Seeleute halten, sondern für den Handel auch auf ausländische Arbeitskräfte zurückgreifen. Dies versuchten Reeder aus Bordeaux und Nantes, als sie 1730 von der königlichen Verwaltung Erleichterung «zur Einstellung fremder Matrosen» verlangten, denen ermöglicht werden solle, «sich an das Königreich zu binden».

Das Beispiel Dünkirchen

In seiner Arbeit über Dünkirchen hat Alain Cabantous diese Hafenstadt als interessantes Beispiel eines europäischen Arbeitsmarktes für Seeleute im 17. und 18. Jahrhundert vorgestellt. Durch ihre Lage zwischen Nordsee und Ärmelkanal, ihren Zugang zur kleinen und großen Hochseefischerei, zur internationalen Küstenschiffahrt und zum Kolonialhandel sowie durch ihre Erfahrung mit dem Kaperkrieg profitierte die Stadt lange Zeit von ihrer politisch zwiespältigen Lage, und gleichzeitig hatte sie darunter zu leiden; sie gehörte nämlich zu den Spanischen Niederlanden, war andererseits eng mit den Holländern verbunden und auf gute Beziehungen zu England angewiesen. Zur Zeit des französischen Seehelden Jean Bart endete diese Phase mit der endgültigen Anbindung an Frankreich unter Ludwig XIV. Nirgends läßt sich die von M. Bogucka geprägte Formulierung besser anwenden als hier: «Die maritime Welt entzieht sich der Grenzziehung und in weitem Maße auch der Zeit.» Dünkirchen war ein Schmelztiegel; hier gab es keine vorherrschende Ausländergruppe wie die Spanier in Bordeaux oder die holländische Kolonie in Nantes, sondern eine ständige Fluktuation von Matrosen auf der Suche nach Lohnarbeit. Zwischen der Mitte des 17. und des 18. Jahrhunderts kam die Mehrzahl aus England, den skandinavischen und deutschen Ländern; um 1740 kamen dann Italiener, Spanier und Flamen. Trotz der Instabilität der Familien stammten von den ausländischen Seeleuten, die zwischen 1710 und 1790 in Dünkirchen heirateten, 25 % aus Venedig und Genua, 12,5 % aus Spanien, jeweils 11 % aus Spanien und Deutschland, nur knapp 8 % aus Holland und 3 % aus Skandinavien. Die Genauigkeit der Zahlenangaben ist dabei weniger bedeutsam als das Faktum an sich. Die Verhältnisse in

Dünkirchen erscheinen aber noch bescheiden neben den Häfen der Vereinigten Niederlande, wo der Anteil ausländischer Seeleute über 40% lag, höher noch als in London, Sevilla, Marseille und Genua. Aus alledem geht hervor, daß am Ende des 18. Jahrhunderts das seefahrende Volk in Europa zum Völkergemisch geworden war.

Neuntes Kapitel

Vertraute Bilder

Landschaften

Karten und Portolane

Europa ist ein relativ übersichtlicher Kontinent, so daß man mit ein wenig Abstand schon die Nuancen seiner Konturen erkennt. Besser als jeder andere kann dies der Seemann, der ständig Entfernungen und Abstände vermessen muß. Befährt er die Westküste Europas, erkennt und erwartet er geradezu die Landschaften, die in den Karten verzeichnet und in Portolanen beschrieben sind. Wenn er mit seinem Kompaß den Winkel vermessen hat, den seine Route mit der auf der Portolankarte eingezeichneten Richtung der Windrose bildet, erkennt er bald die Küstenlinien und die Landzeichen, die der Autor des Portolans ausführlich beschreibt: «Wenn du zur Loire (nach Nantes) fahren willst, solltest du wissen, daß die Ile du Pilier und die Pointe de Chémoulin in Nordnordost und Südsüdwest liegen. Die Pointe de Chémoulin ist flußabwärts vor Saint-Lesayneres (Nazaire), und darauf steht eine Kapelle, und es ist eine schwarze Landspitze, und um der Fahrrinne genau zu folgen, ... muß man an Land eine Mühle sehen ... mitten in der kleinen Sandbucht, die vor Chémoulin liegt.» An solchen Details kann der Seemann die Küste erkennen, deren Verlauf mehr oder weniger geschickte Zeichnungen nur ungenau wiedergeben.

Auf diese Weise bewältigt er die gesamte Fahrt. Aber «in der Ostsee», schreibt der Kartograph Fra Mauro (1459), «navigiert man weder mit der Karte noch mit dem Kompaß, sondern mit dem Lot». Dies war auch schon notwendig, wollte man die Küste Flanderns oder Seelands anlaufen, um Sluys, Middelburg oder Antwerpen zu erreichen. Von Flandern an löst das nordeuropäische *Seebuch* den *Routier de la mer* ab: «Wenn du vom Zwin zu den Riffen Jütlands segeln willst, mußt du dich 27 Faden von Land entfernen und nach Nordnordost fahren ... und diese

Richtung beibehalten, bis du nur noch 40 Faden Tiefe hast; fahre dann nach Nordosten, bis du Jütland siehst ... Sobald du die Riffe von Skagen passiert hast, wirf das Lot aus, bis du nur noch 10 Faden Tiefe hast ... Schließlich wirst du vor der Stadt Rostock ankommen.»

Die ständige Verbesserung der «Sprache der Geographen» (Fr. de Dainville) führte dazu, daß die Karten den Seeleuten immer präzisere Hilfestellung leisteten; denn die Geographen erfanden besondere Zeichen zur Kennzeichnung von Felsen, sandigen Ufern, Ankerplätzen und für den Einsatz des Lotes zur Erkennung von Sandbänken und sogar Fischgründen. Im 15. Jahrhundert tauchte in italienischen Karten eine Neuerung auf, die nahe an die Malerei reicht; die Karten wurden umrahmt oder ausgeschmückt mit Vignetten, auf denen die Hafenansichten abgebildet waren. Ein besonders typisches Werk dieser Art verfaßte Cristoforo Buondelmonte, Sproß einer großen florentinischen Familie, der 1420 dem Kardinal Giordano Orsini eine Art Führer durch die Kykladen und die Ionischen Inseln widmete, den *Liber insularum Archipelagi*. Das Buch enthält rund 90 Bilder, die der Autor dem Kardinal mit folgenden Worten anpreist: «... dort werdet Ihr grünende Berge und Gebirge weiß von Schnee sehen, Quellen, Ebenen, Häfen mit den umliegenden Landzungen und Klippen, Festungen, Wasserflächen ...» Die Stadt Chios, «ein sehr sicherer Hafen», wird mit den beiden Leuchttürmen dargestellt, die die Hafeneinfahrt beherrschen, und mit der Mauer des Kastro, die noch existiert. Das Werk Buondelmontes wurde mehrfach kopiert, ins Griechische übersetzt und nachgeahmt, besonders von Bartolomeo delli Sonetti (1485) und Benedetto Bordone (1528). Das kartographische Genre des *Isolario* erlebte seine Blütezeit im 17. Jahrhundert; in manchen dieser Inselbeschreibungen werden die Inseln des Mittelmeers in einer zeichnerischen Genauigkeit und einer harmonischen Farbgebung präsentiert, deren Qualität an die Miniaturen in Manuskripten heranreicht, die vom Ende des 15. Jahrhunderts an Rhodos, Konstantinopel, Venedig, Neapel, Genua und Marseille darstellen.

Im *Isolario* verbanden sich Darstellung der Hafenansichten und die Karte im eigentlichen Sinne des Wortes. Schon zur Zeit Buondelmontes schmückte Gabriele de Vallsecha aus Mallorca eine Karte des Mittelmeers (1447) mit recht konventionellen Ansichten; Genua erkennt man an seiner weit vorgeschobenen Mole. Die Kartographenschulen übernahmen diese Technik, Diego Homem stellte zum Beispiel 1559 Lissabon dar. Zahlreich sind die Beispiele aus dem 17. Jahrhundert. Der Seeatlas, den der Lotse Lucas Waghenaer aus Enkhuizen 1584/85 unter dem Titel *Spieghel der Zeevaerdt* bzw. 1592 als *Thresoor der Zeevaerdt* veröffentlichte und der in viele Sprachen, unter anderem 1600 ins Französische, übersetzt wurde, war mit seinen 23 Seekarten ein Basishandbuch der europäischen Seefahrt, bis 1693 der *Nepotune français* erschien. Ob Waghenaer in den Schulen am Mittelmeer und in Dieppe nur nachgeahmt wurde oder ob seine Arbeit als Vorbild diente, jedenfalls werden von dieser Zeit an immer häufiger Städte auf den Karten bildlich dargestellt. 1603 finden sich Barcelona, Marseille, Genua, Venedig und Ragusa auf den Karten des Francesco Oliva aus Mallorca, 1620 zeigt Charlat Ambrosin aus Marseille in seinem Atlas die Ansichten der Häfen. Und schließlich versieht Jean Guérard aus Dieppe seine *Description hydrographique de la France* (1627) und seine Karte des *Océan septentrional* (1628) mit Zierrahmen, in denen er die Häfen der Atlantikküste (besonders Dieppe), des Ärmelkanals und der nordeuropäischen Meere beschreibt und mit einer fast photographischen Genauigkeit abbildet.

Bedenkt man, daß den Seefahrern vom 15. Jahrhundert an auch Handbücher (Lotsenhandbücher, Gezeiten- und Abweichungstabellen) als wissenschaftliches Material zur Verfügung standen, womit sie die Route zum nächsten Hafen bestimmen konnten, und berücksichtigt man, wie stark diese Hilfsmittel verbreitet waren, so darf man wohl behaupten, daß der Verlauf der europäischen Küste vom Bosporus bis zu den dänischen Meerengen für die Seeleute keine Geheimnisse mehr barg.

Küstenlandschaften

Jeder Europareisende weiß, wie stark sich manche Küstenlandschaften gleichen, unter anderem die Küsten, an denen Salz gewonnen wird. Am Mittelmeer wie am Atlantik bilden Salzbekken und Zuleitungsgräben eine schachbrettartige Landschaft von Rechtecken. So war den Hansekaufleuten die Küstenlandschaft nirgends fremd, wenn sie von der Guérande zur Baie von Bourgneuf segelten und dann weiter zur Saintonge und nach Portugal; dasselbe galt für die Genuesen, die von ihrer Atlantikfahrt nur Ballast zurückbrachten, bis sie in Ibiza ein Salz luden, das dem des Languedoc und von Hyères recht ähnlich war. Die Venezianer dachten allerdings nur an die Herstellungskosten, wenn sie in Kreta oder an der dalmatinischen Küste Salz luden. Insgesamt sehen sich Küsten, an denen Salz gewonnen wird, zum Verwechseln ähnlich.

Sehr große Unterschiede bestehen dagegen zwischen den verschiedenen Küstentypen, die Reisende im Laufe der Jahrhunderte vielfach beschrieben haben, während die Seeleute mit den entsprechenden Schwierigkeiten zu kämpfen hatten. Ob flaches Ufer, aufragende Felsküste oder Klippen unter der Wasserlinie, gefährlich sind sie alle, und bei Sturm fährt man besser in die See hinaus, wartet eine bessere Wetterlage ab und steckt die «Nase», das heißt den Bug des Schiffes, in den Wind. Inseln wurden unterschiedlich eingeschätzt, wie aus anschaulichen Berichten von Seereisenden im Mittelmeer hervorgeht: Neben Inseln, die Zuflucht vor dem Sturm bieten, sind andere seit der Antike gefürchtet. Die Unterschiede zu den weniger zahlreichen und dichter beieinanderliegenden Inseln des Atlantiks sind beträchtlich. Viele sind Piratennester; am größten ist die Gefahr auf den großen Handelsrouten und dort, wo Inselgruppen die Möglichkeit zu Fallen und Überraschungen bieten, etwa an den Küsten Kleinasiens, bei den Ionischen Inseln, den dalmatinischen *canali*, an der Straße von Bonifacio zwischen Korsika und Sardinien, bei den Berlenga-Inseln vor Portugal, an den Engstellen der Saintonge und des Aunis, vor der Bretagne, in der Irischen See und vor den dänischen Meerengen. Inseln bedeuten Sicherheit und Gefahr zugleich, sie sind Zufluchtsorte für Menschen in Not, aber auch Schlupfwinkel für zwielichtiges Gesindel.

Wachtürme, Leuchttürme, Bojen

Wagemut, Angst und Vorsicht wurden dadurch gefördert bzw. gemäßigt, daß die europäischen Küsten im Laufe der Jahrhunderte mit einem immer dichteren Netz von Sicherheitsmaßnahmen ausgestattet wurden. In manchen Abschnitten gleichen die westeuropäischen Küsten heute gut beschilderten und bewachten Straßenzügen.

Der Sicherheit dienen zwei sich ergänzende Systeme, die Bewachung der Küsten und die Signalgebung zur Orientierung der Navigatoren. Beide Systeme tauchten zuerst im Mittelmeerraum auf, von wo aus sie zur atlantischen und nordeuropäischen Küste vordrangen. Typisch ist die Kette von Wachtürmen an den Ufern des Mittelmeers, die vermutlich schon in frühgeschichtlicher Zeit existierte. In Korsika und Sardinien nennt man sie gerne genuesische Türme; genauso gut könnte man von katalanischen Türmen sprechen. Aber das ist weniger wichtig als das von den Quellen belegte Faktum an sich. Aus provenzalischen Quellen des 14. Jahrhunderts läßt sich eine Karte erstellen, die zwischen Rhône und La Turbie ein Netz solcher Wachtürme in einem Abstand von 20 bis 25 km aufweist; auf diese Entfernung konnte man mit Feuerzeichen oder Signalen das Auftauchen feindlicher Segel am Horizont anzeigen. Verdächtig waren oft die Segel von Feinden der Stadt oder des Staates, immer aber die von Piraten. Und da gleiche Ursachen gleiche Wirkungen hervorrufen, wurden die Atlantikküsten mit ähnlichen Sicherheitsanlagen ausgestattet. Der Bedrohung des Südens durch die Sarazenen entsprach hier die Wikingergefahr, weshalb die Karolinger schon im 9. Jahrhundert die Küstenwache einführten und die Küstenbewohner verpflichteten, Wachposten an den Küsten zu errichten. Die französischen Küstenburgen und die englischen *cliff-castles* dienten demselben Zweck wie die Wachtürme am Mittelmeer. Später übernahmen die monarchischen Staaten diese Aufgabe selbst; die Verteidigung der französischen Küstenfront organisierte Vauban unter Ludwig XIV.

Leuchttürme künden seit der Antike und dem Mittelalter vom Erwachen Europas zum Seeleben, und daß ihre Zahl und Leistungsfähigkeit im Laufe der Jahrhunderte zunahm, beweist, daß den mit der Seefahrt zusammenhängenden Problemen wachsende Beachtung geschenkt wurde.

Die Antike hatte die damals befahrenen Küsten entsprechend ausgestattet, so die Zufahrt zur Donaumündung, die Ufer des Bosporus, die Straße von Otranto (bei Dyrrhachium), bei Ravenna, dessen Türme auf den Mosaiken abgebildet sind, in

Messina und in Rhegium zur Unterstützung der natürlichen Signale, die von den Vulkanen ausgingen, und schließlich fünf eng stehende Leuchttürme zwischen Neapel und Ostia. An der ligurischen Küste lief die Lichterkette weiter, von Albenga nach Fréjus, Marseille (der *Pharo*) und Port-Vendres. Der Leuchtturm von Cadiz markierte die Einfahrt in den Atlantik und den Beginn der Atlantikroute; der gut erhaltene Leuchtturm von La Coruña wurde im 18. Jahrhundert wieder in Betrieb genommen; auf der restlichen Route sind aus der Antike nur noch Ruinen erhalten, etwa in Dover oder in Boulogne die 1644 zerstörte berühmte *Tour d'Ordre*.

Vom 12. Jahrhundert an baute das Mittelmeer das antike Erbe weiter aus, etwa in Genua, wo der Leuchtturm am Ende der Mole in der Mitte des 15. Jahrhunderts einem Onkel des Christoph Columbus anvertraut wurde; auch die Insel Meloria im Osten erhielt einen Leuchtturm (1157), den um 1300 der Turm von Livorno ergänzte. An der atlantischen und der nordeuropäischen Küste, die lange Zeit gefährlich dunkel geblieben waren, erglühten allmählich einige Lichter an den Hafeneinfahrten und auf Kirchtürmen. Doch waren dies einfache Feuerstellen, winzige, von ferne kaum wahrnehmbare Lichtchen, eher Schiffslaternen als Leuchttürme, die bei Nacht an den tagsüber sichtbaren Landmarken brannten. So an der Einfahrt zur Gironde, wo Eduard, der Schwarze Prinz, der in der zweiten Hälfte des 14. Jahrhunderts das englische Aquitanien verwaltete, von 1362 an ein Feuer auf einem 16 Meter hohen Turm auf dem Felsen von Cordouan unterhalten ließ, um den Seeleuten den Weg nach Bordeaux und seinen Weinbergen zu weisen. Denselben Dienst erwiesen die Türme von La Rochelle (1498) und der Glockenturm der Stiftskirche von Guérande den Hanseschiffen, die zum Einkauf von Baiensalz gekommen waren. Ihre Rückfahrt nach Norden sicherten nördlich von Calais zehn Leuchttürme, besonders die von Ostende, Blankenberge und Walcheren; ihre Route führte sie dann am Leuchtturm von Falsterbo bei der Ausfahrt aus dem Sund vorbei. Wer schließlich nach Lübeck wollte, dem zeigte ein Feuerturm die Einfahrt zur Trave, während ein 122 Meter hoher Kirchturm von weitem die Lage der Stadt Rostock anzeigte. Um 1600 sicherten mehr als 15 Leuchttürme die deutschen, slawischen und skandinavischen Küsten bis Riga.

Vom 17. Jahrhundert an wurden die europäischen Küsten durch technische Verbesserungen der Leuchttürme ständig sicherer. Bemerkenswert war, daß Frankreich und England trotz zahlreicher Kriege miteinander wetteiferten und manchmal sogar zusammenarbeiteten, um die neuralgischen Zonen am Pas de Calais und an der Einfahrt in den Ärmelkanal mit Signalen auszustatten.

Könnten Leuchttürme ihre Geschichte erzählen, wären Cordouan und Eddystone wohl am gesprächigsten. Beide sind so unersetzlich, daß sie mindestens viermal restauriert wurden. Cordouan wird schon auf den Portolankarten verzeichnet. Louis de Foix, einer der Architekten des Escorial, machte am Ende des 16. Jahrhunderts aus dem Turm bei dessen dritter Restaurierung ein Kunstwerk, das im 19. Jahrhundert zusammen mit Notre-Dame von Paris als historisches Monument eingestuft wurde und das man heute weniger vor dem Meer als vor dem Vandalismus der Touristen schützen muß. Großes Aufsehen erregte um 1700 der Bau des Leuchtturms von Eddystone bei Plymouth (das heute noch existierende Bauwerk ist der vierte Bau, 1882), ein Ereignis, das zu einem interessanten Fall von internationaler Zusammenarbeit führte. Der Kommandant der britischen Flotte sandte dem Marineintendanten von Brest eine Zeichnung des Turms von Plymouth, damit er nicht mit dem neu gebauten Leuchtturm in Ouessant verwechselt werden könne; dieser war vorsichtshalber weiß gestrichen worden, und die *Gazette de France* meldete 1700 den Bau des Leuchtturms von Ouessant «allen Nationen, deren Schiffe in den Ärmelkanal einfahren und aus ihm ausfahren, damit diejenigen, die von weither kommen, diesen Turm nicht für den von Sorlingues halten». Der Leuchtturm von Ouessant ersetzte ein Leuchtzeichen, das «nach alten Verträgen mit England die Könige von Frankreich in Kriegs- wie in Friedenszeiten zu unterhalten sich verpflichtet haben sollen». Wahrlich glückliche Zeiten, bedenkt man, daß Cordouan vom September 1939 bis zum Juli 1945 erloschen blieb.

Beide Seiten wetteiferten miteinander. 1686 ließ Ludwig XIV. eine Untersuchung durchführen, da er wissen wollte, «wie in England die Leuchttürme gebaut werden»; so sollte es auch in Frankreich geschehen, wofür Vauban in der Folgezeit sorgte.

Fortschritte wurden überall von den Bedürfnissen des Seeverkehrs und den technischen Möglichkeiten angeregt. So erhöhte England besonders zur Zeit der Napoleonischen Kriege die Anzahl seiner Leuchttürme und beschaffte die benötigte Energie aus den Kohlelagerstätten in Küstennähe. Frankreich, das 1800 24 Leuchttürme besaß, verfügte 1885 über 360 und 1987 über 1088 Leuchttürme und Leuchtzeichen.

Die Entwicklung der Energiequellen und der Optik trieb den Fortschritt überall voran. In weniger als einem Jahrhundert ging man von Kohle auf pflanzliche und mineralische Öle über, dann auf Petroleum (1907), Erdöl (1948) und Elektrizität. Die optische Ausstattung änderte sich vollständig, als die von Teuler und Borda erfundenen Spiegel und die von Fresnel entwickelte Linse (1882) eingesetzt wurden, zusammen mit einem System, das vom Festfeuer bis zum Taktfeuer reicht (1854) und gebündelte Lichtsignale in verschiedenen Farben (weiß, grün, rot) verwendet. Die Reichweite der Lichtquellen etwa des Leuchtturms von Creach auf Ouessant ist mit 34 Meilen sehr beachtlich, deren geplante Verdoppelung den rund 50000 Schiffen, die jährlich den RAIL, die Hauptader des europäischen Seeverkehrs, benutzten, demnächst noch größere Sicherheit bieten wird.

Internationale und besonders innereuropäische Absprachen waren nötig, um auf so stark befahrenen Seerouten Sicherheit zu bieten. Internationale Codes legen die Farbe der Leuchtzeichen fest, ihren Helligkeitsgrad und ihre Frequenz; jede Veränderung muß international mitgeteilt und abgesprochen werden. Die *International Association of Lighthouses Authorities* veranstaltet regelmäßige Konferenzen über den europäischen Rahmen hinaus, veröffentlicht Informationen und bildet eine der gemeinsamen Institutionen, welche die Basis der europäischen Einigung bilden.

Die Vorhäfen

Nord- und südeuropäische Seeleute machten sich im Laufe der Zeit mit Hafenformen vertraut, an die sie nicht gewöhnt waren. Am wichtigsten waren für sie die Topographie der Küstenlandschaft und die Bewegungen der Gezeiten oder auch deren Fehlen. Die Seeleute aus dem Mittelmeerraum, die an bestimmte Küstenformen gewöhnt waren, lernten in Westeuropa nach und nach ganz andersartige Küstenlandschaften kennen.

Westeuropa öffnet sich dem Meer weiter und tiefer, ist in manchen Bereichen auch geschützter durch Trichtermündungen, in die das Seeleben bis zu dem Punkt vordringt, wo die Meereswogen verebben, wo der Dialog zwischen Land und Meer beginnt und die Hafenlandschaft sich ausdehnt. Mit der Zunahme der Tonnage und des Tiefgangs der Schiffe und angesichts der starken Versandung der Mündungen wurde der Schiffsverkehr dort immer problematischer. Einerseits waren auch Vorhäfen gefährdet, aber das Risiko wurde andererseits ausgeglichen durch den Gewinn an Zeit, denn man verkürzte so die Fahrt flußaufwärts oder ersparte sie ganz. Im ausgehenden Mittelalter und in der Neuzeit wurden daher zahlreiche Vorhäfen angelegt.

Aus unterschiedlichen Gründen verzichteten manche Hafenstädte auf solche Anlagen. Lissabon benötigte keinen Vorhafen. Bordeaux dagegen, das tief in der Gironde liegt und schon im Mittelalter einen Vorhafen hätte anlegen können, verzichtete darauf und konzentrierte auf seinen Kais fast den gesamten Handel mit der wichtigsten, aber nur saisonal stark anfallenden Ware, dem Wein; außerdem konnte vor der Industrieansiedlung kein anderer Hafen diese Aufgabe so günstig übernehmen. Ähnliches gilt für Nantes, das außerdem näher am Meer liegt. Einen Vorhafen benötigten weder Bristol noch London, das einerseits in Meeresnähe, andererseits aber so tief im Land liegt, daß es vom Meer nicht gefährdet wird; außerdem liegen die kleinen Häfen von Ostengland, in Sussex und in Kent, so nahe, daß sie von Natur aus als Vorhäfen für London dienen können, eine Rolle, die sogar Southamptom am Ende des Mittelalters übernahm.

Dagegen stellte sich das Problem der Vorhäfen für Rouen, die Häfen der Niederlande (im umfassenden Sinne) und die der Nordeuropäischen Tiefebene. Rouen war in zweifacher Hinsicht betroffen, durch die Navigationsprobleme in der Seinemündung und die relativ lange Dauer der Fahrten flußauf und flußab. Die Strömungsverhältnisse und die angeschwemmten Untiefen erschwerten die Einfahrt in den Mündungstrichter, die gewundene und veränderliche Fahrrinne war von der Springflut gefährdet. Noch in neuerer Zeit benötigte man drei Gezeiten, um Rouen zu erreichen. Doch wäre ohne die wirtschaftliche Bedeutung des Hinterlandes mit der Region Paris kaum (wie in Nantes und Bordeaux) das Bedürfnis nach dem Bau eines Vorhafens entstanden. Unter diesen Voraussetzungen aber wurde es so dringlich, daß die Stadt Rouen die Neugründung Le Havre in ihrem Zuständigkeitsbereich behalten wollte. Zwar entsprach die Gründung dem Willen des Königs Franz I., dessen Namen sie ursprünglich trug (*Ville Françoise de Grâce*), aber die wirtschaftlichen, flußgeographischen und politischen Bedingungen der Gründung machen das Problem der Vorhäfen recht deutlich. Die Spanischen Niederlande bieten zwei unterschiedliche Beispiele. In Brügge kämpfte man gegen die Natur; beide zwischen dem 12. und 15. Jahrhundert nacheinander angelegte Vorhäfen, Damme und Sluys, fielen unrettbar der Versandung zum Opfer. Brügge besaß schon für den berühmten Nürnberger Reisenden Jérôme Munzer (Monetarius), der die Stadt 1495 auf seiner Europareise besuchte, einen altmodischen Charme, während er Damme als «sehr schöne Stadt» und Sluys als «herrlichen Hafen» bezeichnete. Zur gleichen Zeit aber begann schon der Aufstieg Antwerpens.

Die Schelde war und ist ein sehr schöner Wasserlauf, aber im 15. und 16. Jahrhundert fuhren nicht alle Schiffe 80 Kilometer flußauf bis Antwerpen, sondern viele warfen an den Zwischenstationen seiner Vorhäfen Anker; die seeländischen Inseln bieten zahlreiche Durchfahrten an, zwischen denen Mensch und Natur ihre Auswahl trafen. Bis zum 15. Jahrhundert erfolgte die Zufahrt über die Oosterschelde, was für die von Sluys kommenden Schiffe einen Umweg bedeutete. Stürme und Meeresbrandung öffneten der Schiffahrt den Hont, den Westarm der Schelde. Ohne wirtschaftlichen Schaden für Bergen-op-Zoom, den alten Vorhafen an der Westerschelde, dessen Messen ihre Bedeutung bewahrten, entstanden in der Mitte des 15. Jahrhunderts neue Ankerplätze und Zwischenlager an der Westerschelde, auf Walcheren, in Arnemuiden, Veere und Vlissingen und vor allem in Middelburg, das besonders günstig für die aus Westen anfahrenden Schiffe lag und für Antwerpen dieselbe Funktion übernehmen konnte wie Le Havre für Rouen, da die

Die Hafenzufahrten von Brügge und Antwerpen im 15. Jahrhundert

großen Schiffe die Fahrt flußaufwärts nicht riskierten. Die Transaktionen wurden im Geschäftszentrum Antwerpen abgewickelt, dessen Hafen mit neuen, auf bestimmte Waren spezialisierten Kais ausgestattet wurde und bald auch mit drei Kränen, einem älteren aus Holz und zwei jüngeren aus Stein, die in der Nähe der Festung Steen im Herzen der Stadt und im Schutz einer Mauer errichtet wurden, welche die flußauf und flußab stehenden Türme zur Überwachung des Verkehrs miteinander verband.

Einen Sonderfall stellt Lübeck dar. Die Stadt war 1158/59 am Zusammenfluß von Wakenitz und Trave neugegründet worden, 20 km vor der Einmündung der Trave in die Ostsee. Bis zum Ende des Mittelalters war die Trave für seetüchtige Schiffe tief genug. Aber ganz in der Nähe von Lübeck lagen die kleinen Häfen der holsteinischen Landenge. Außerdem fungierte das nur knapp 50 km entfernte Hamburg zumindest bis ins 16. Jahrhundert als eine Art lübischer Vorhafen an der Nordsee. Dann begann der Aufstieg Hamburgs, das seine Bevölkerung verdreifachte, seine Tonnage verdoppelte, sich eine Börse zulegte und schließlich Lübeck an der Führungsspitze der Hanse ablöste, nicht ohne dann seinerseits angesichts der Entfernung vom Meer mit dem Problem des Vorhafens konfrontiert zu werden.

Physiognomie der Hafenstädte

Natürlich waren die Hafenstädte am Mittelmeer, an der Atlantikküste und in Nordeuropa unterschiedlich angelegt. Neben deutlichen Gegensätzen in der Anlage und in den menschlichen Verhaltensweisen gab es aber auch so viele Gemeinsamkeiten, daß Seeleute, auch solche, die sich nur kurz in einem Hafen aufhielten, sich nirgends ganz fremd fühlten. Anhand einiger Konstanten kann man wohl die typische Hafenstadt definieren.

Der Hafen liegt entweder innerhalb oder außerhalb der Stadt. Außerhalb liegt er oft, wenn es sich um einen Mündungshafen handelt, dessen Befestigung am Fluß entlang verläuft wie in Rouen, Bordeaux, Antwerpen, London, Palermo und Konstantinopel, dessen Mauer das Goldene Horn säumt. In anderen Fällen umschließt die Mauer auch die Ankerplätze, etwa in La Rochelle, Marseille, Genua und Ragusa. Ob aber auf der Reede oder an der Küste, schließlich kommt das Schiff mit einem Element in Kontakt, das seine Ankunft im Hafen besiegelt, dem Kai.

Bei aller Banalität ist der Kai auch ein Ort der Poesie. Er bedeutet einen Zwischenstopp – ist also ein Ort der Ruhe – oder auch das Ende der Reise «im Hafen des Heils». Zu Ende sind die auf See ausgestandenen Ängste, das Abgeschnittensein von Nachrichten, die Monotonie der männlichen Bordgesellschaft. Überall, in Bergen wie in Palermo, in Danzig und Hamburg wie in Genua, in Antwerpen, Lissabon oder Sevilla, in Rouen und Nantes, in Bordeaux wie in Marseille, ist der Kai der Ort der Zwischenlager und Magazine, der Verwaltungsgebäude, wo die Formalitäten für den Aufenthalt des Schiffes erledigt, Zölle entrichtet und Rechtsstreitigkeiten abgewickelt werden. In der Nähe des Hafens residieren die Admiralität und Sonderinstanzen wie der Präfekt, der Wasservogt, die konsularischen Gerichte, Instanzen, die je nach ihrer Funktion in den europäischen Sprachen mit den verschiedensten Namen bezeichnet werden.

Vielfältig sind die Geräusche am Kai, das Knarren der Flaschenzüge an den Lademasten oder in manchen Häfen an den Kränen. Aber auch andere Geräusche erfüllen den Kai, die lauten Stimmen der Dockarbeiter, die Flüche der Fuhrleute, das Hämmern der Pferdehufe. Zu den Geräuschen kommen die Gerüche, der strenge Geruch des Herings, der berauschende des

Weins, der Duft der Nadelhölzer und der Gewürze; aber darein mischt sich der Gestank aus den Laderäumen und den Kloaken am Ufer. Noch im 18. Jahrhundert waren keineswegs alle Winkel der Kais salonfähig.

Zeugnis davon geben Darstellungen von Häfen auf Stichen und Bildern, aber auch Reiseberichte. Zweifellos herrschte in den Bordellen am Mittelmeer eine andere Atmosphäre als in Nordeuropa, aber das Personal und die Kundschaft waren vergleichbar, wenn nicht gar identisch. Nur als Beispiel sei darauf verwiesen, welche Ähnlichkeit besteht zwischen den Gassen, die in Genua die *ripa* hinauf zu den Hügeln der Stadt führen, und denen, die in Marseille einst ein Labyrinth zwischen dem Hafen und der Kathedrale *La Major* bildeten, den Hafenspelunken vom *Quai des Chartrons* in Bordeaux bis zur *Fosse* in Nantes und dem Londoner *East End*, wie Dickens es kannte, und den Spielhöllen von Antwerpen, Amsterdam und Hamburg. Es gibt, vergessen wir das nicht, ein Europa der Matrosenkneipen, das älter ist als das der zwielichtigen Bars des 20. Jahrhunderts.

Der Kai ist all dies, aber damit erschöpft sich seine Bedeutung im Hafenleben noch nicht. Vom Kai gehen die Gassen aus; die einen tragen die Namen der Nationen, deren Mitglieder dort wohnen, wie in Palermo und in Brügge; andere und manchmal dieselben tragen den Namen des Berufsstandes, dessen Handwerker sich dort niedergelassen haben und vor den Augen der Passanten oder unmittelbar auf offener Straße arbeiten. Als lebendiger Organismus entwickelt sich die Hafenstadt am Mittelmeer, am Atlantik und in Nordeuropa im gleichen Maße wie der Handel; sie wächst, verlagert ihr Zentrum oder schrumpft mit dem Verlauf der Geschäfte. Die Menschen zeigen ihr Bedürfnis nach sozialer Abgrenzung eher in der Qualität ihrer Häuser als in der Wahl der Wohnlage. Häuser und Villen der Ausländer, die, wie wir sahen, in Brügge und Antwerpen, Venedig, Lissabon und London lebten, stehen neben denen alteingesessener Familien, die mit den reichen zugewanderten Familien verwandt sind. Die Kaufmannsaristokratie fand sich gerne in bestimmten Pfarreien oder Vierteln zusammen, am Gran Canale in Venedig, in der Via San Luca in Genua, in Saint-Michel in Bordeaux, Saint-Nicolas in Nantes, Saint-Etienne des Tonneliers und Saint-Jean in Rouen, am *Strand* in London. In allen

Hafenstädten Europas standen in der Nachbarschaft dieser prächtigen Villen die Gebäude, in denen die Geschäfte abgewikkelt wurden, die Kaufmannslogen an der Mittelmeerküste (Genua, Montpellier, Barcelona, Valencia), die Börse in Brügge, Antwerpen, Amsterdam und schließlich in London und Hamburg.

Das einfache Volk der Matrosen drängte sich dagegen in schmutzigen Hafenvierteln, so etwa in Genua, Lissabon und London. In den ältesten Städten steht ein Schloß in der Stadtmitte oder über der Stadt. In Lissabon erhebt sich das Kastell über dem alten Stadtteil Alfama, in London kontrolliert der Tower den Lauf der Themse, das alte Schloß in Rouen die Seine und in Antwerpen der Steen die Schelde, mittelalterliche Schlösser dominieren die Städte Brest und Boulogne.

Am Ende des Mittelalters war die Hafenstadt also ein Organismus und ein Modell, an dem sich der neuzeitliche Hafen orientierte, ohne die Gesamtanordnung grundlegend zu verändern.

Arsenale

Neben den historischen Stadtkern trat, vorwiegend in der Neuzeit, im Norden wie im Süden als neues Element das Arsenal. Anhand vergleichender Untersuchungen, die in den letzten Jahren erschienen sind, lassen sich die gemeinsamen Züge dieses Phänomens im europäischen Raum erfassen.

Zunächst ist zu unterscheiden zwischen Werft und Arsenal. Die Werft ist ein spezialisiertes Unternehmen, das sich meist in Privatbesitz befindet und sich auf einen bestimmten Bereich des Schiffbaus beschränkt. Eine Werft kann am kleinsten Hafen, an der entlegensten Küste liegen. Das Arsenal dagegen ist eine Institution der Obrigkeit, die sich eine Flotte zulegen will. Diese Aufgabe setzt eine besondere Einrichtung, spezialisiertes Personal und die Übernahme zusätzlicher Funktionen voraus, wie die Lagerung von Material und die Konstruktion, die Bestückung und die Ausbesserung von Schiffen. Deshalb entstehen Arsenale meist dann, wenn aus technischen, wirtschaftlichen und politischen Gründen die Improvisation nicht mehr ausreicht, weil zu gleicher Zeit große Kapitalmengen und kontinuierlich zur Verfügung stehende kompetente Arbeitskräfte bei möglichst niedrigen Kosten benötigt werden. Arsenale entwickeln sich daher parallel zum Ausbau staatlicher Macht.

Die arabische Abstammung des Wortes Arsenal *(darsenaa)* zeigt, daß es sich bei der Sache um ein Erbe des Mittelmeers handelt, doch wurde die Institution nicht vom Kalifat überliefert, sondern von Athen und Rom über Byzanz. Schon die Namen Athen und Themistokles erinnern daran, daß Europa bereits in der Frühzeit seine Freiheit vom persischen Imperialismus mit Schiffen aus den griechischen Werften erkämpfte. Ist es zu gewagt, die hellenische Seekriegsführung während der Perserkriege mit der des mediterranen Okzidents unter venezianischer Führung zur Zeit von Lepanto zu vergleichen?

Das typische Arsenal blieb nach José Merino bis zum Ende des 17. Jahrhunderts das des Mittelmeers, bevor die Arsenale am Atlantik neue Maßstäbe setzten. Verändert wurde aber auch dann nur die äußere Gestalt, ansonsten blieb das Arsenal eine homogene Einheit innerhalb der Hafentypologie. Die Besonderheit seiner Aufgaben bestimmt die Spezialisierung des Personals von der Leitung bis zur Verwaltung und Ausführung, von den Ingenieuren bis zu den Schiffszimmermeistern. Das Arsenal ist eine Welt für sich, in menschlicher, technischer und verwaltungstechnischer Hinsicht ebenso wie in bezug auf Topographie und Architektur. Es kann innerhalb, wegen der Ausdehnung des benötigten Geländes aber auch außerhalb der Hafenstadt liegen wie in Venedig, Messina, Barcelona, Sevilla und Lissabon. Nach diesen Vorbildern wurde schon am Ende des 13. Jahrhunderts das erste königlich französische Arsenal auf freiem Gelände des linken Seineufers gegenüber von Rouen, also außerhalb der Stadtmauern, errichtet und *Clos des Galées* benannt; dort blieb es, bis Franz I. im 16. Jahrhundert Le Havre mit einem Arsenal für den Bau seiner eigenen Schiffe gründete.

Die neuzeitlichen Arsenale waren oft Reißbrettschöpfungen entweder auf völlig neuem Gelände oder in unmittelbarer Nähe einer älteren Stadt. In Pisa entstand im 15. Jahrhundert die *Tersana* der Medici mit ihren neun Galeerenbaustellen, die auf einem Gelände errichtet wurden, das die Medici von dem außerhalb der Stadtmauern gelegenen Kloster San Vito gekauft hatten. Alle Arsenale der Hanse in Nordeuropa wurden außerhalb

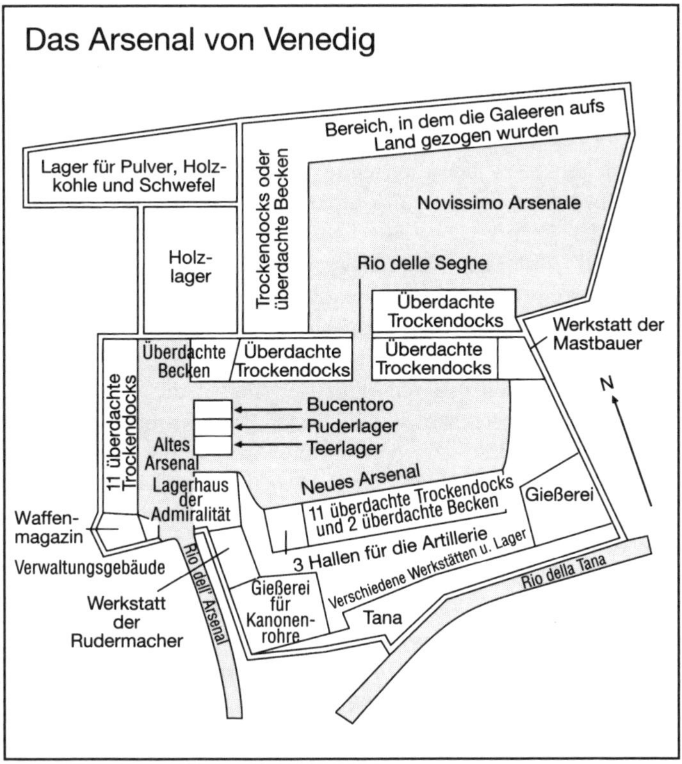

Das Arsenal von Venedig

der Stadtmauern entweder auf einer Flußinsel wie in Köln oder einer Halbinsel wie in Hamburg oder Bremen angelegt. Zeugnisse der Malerei bestätigen die schriftliche Überlieferung. Ein berühmtes Gemälde von Grassi zeigt ebenso wie später angefertigte Stadtpläne die Werften zwar in unmittelbarer Nähe, aber außerhalb der Stadtmauer.

Vom Ende des 17. Jahrhunderts an, als die große Zeit der europäischen Arsenale begann, wurden diese auch unmittelbar an der Peripherie der großen Hafenstädte angelegt. Das 1670 beschriebene Arsenal von Marseille wurde östlich vom Alten Hafen erbaut, auf dem Gelände des Plan Formigier, gegenüber der mittelalterlichen Stadt und weit weg von den im Osten der Stadt angelegten Wohnvierteln. In Lorient baute die Indische Handelskompanie die Stadt neben ihre Werften; Rochefort entwickelte sich rund um das Arsenal; das Arsenal von Brest liegt unterhalb des Schlosses und neben der Stadt, an einer Bucht, an der wie in Ferrol eine enge Durchfahrt je nach Bedarf als Schutz oder Falle dienen kann.

In der geographischen Verteilung und der Anlage von Arsenalen spiegelt sich die wachsende Zentralfunktion des Staates. Über ihre lokale Bedeutung hinaus dienten sie einer weit ausgreifenden Politik. Dies läßt sich nachweisen in Brest, Toulon und noch in Marseille, in Cartagena, in El Ferrol wie in Cadiz, das Sevilla ersetzte. Das gleiche gilt für England, wo zu dem am Ende des Mittelalters angelegten Arsenal von Southampton in der Mitte des 16. Jahrhunderts Chatham und 1689 Devonport traten. In Nordeuropa schließlich ergänzten die Arsenale von Antwerpen, Amsterdam, Kopenhagen, Karlskrona, Stockholm und Kronstadt die Karte der großen europäischen Arsenale im 18. Jahrhundert.

Im 17. und 18. Jahrhundert verstärkte die staatliche Intervention den ausgeprägt technischen Charakter der Hafenstädte, in denen regelrechte Industriekomplexe entstanden. Im Arsenal, wo in fast industrieller Weise Schiffe gebaut wurden, lagerten die Grundmaterialien, wurden die benötigten Teile hergestellt und waren für verschiedene Produktionsphasen spezielle Anlagen vorhanden, Becken zur Behandlung des Holzes, eine Schmiede, Kräne, Vorrichtungen zur Einpassung des Mastes, in Rochefort und Portsmouth schon Ende des 17. Jahrhunderts Ausbesserungsbecken. Besondere Erwähnung verdienen schließlich die majestätischen Gebäude der Seilwirkereien; die Wirkerei in Chatham hat die von Woolwich, Portsmouth und Devonport überlebt und arbeitete bis 1984. Die Seilerei von Rochefort, die nach dem Zweiten Weltkrieg wiederhergestellt wurde, bleibt der Stolz dieser Stadt; ihr monumentales Aussehen vermittelt einen Eindruck von der Bedeutung eines Arsenals in einer Küstenstadt.

Das Meer und die Mentalitäten

Nicht nur materielle und visuelle Bilder sind allen Seeleuten vertraut. Es gibt auch Vorstellungen, die entweder eigenen Erlebnissen und Überzeugungen oder der Phantasie und der Mythenwelt entspringen. Ihr Bezug auf die Welt der See verleiht ihnen die Bedeutung einer Botschaft von den Herausforderungen des Meeres. Dem Raum und der Zeit trotzend, ist das Meer den flüchtigen Generationen der Menschen, die an einen begrenzten Raum gebunden sind, durch seine Dauerhaftigkeit und seine unendliche Weite überlegen. Der Beständigkeit des Kontinents setzt es seine sprunghaften Launen entgegen, die menschliche Betriebsamkeit erwidert es mit strengem Schweigen. Die See zwingt den Menschen, sich ihr ganz zu überlassen; denn sie ist unumschränkte Herrin.

Die Bedrohung, die in dieser Herausforderung liegt, teilt Europa mit allen Küstenregionen der Welt; allein die Art, wie es darauf antwortet, ist ihm eigen. Bislang beobachteten wir Europa bei der Arbeit, im Norden wie im Süden. Genauso interessant ist es jedoch, die geistigen Reaktionen auf die Gefahren der See zu untersuchen. Hier reicht der Spannungsbogen von der Angst vor dem Element bis hin zu Träumen vom Glück, zu einer Suche nach dem Unendlichen und schließlich zu der Überzeugung, daß die unermeßliche Weite der See eine Aufforderung zum Handeln darstellt.

Ängste, Sinnestäuschungen, Aberglauben

Das Meer ist ein zwiespältiges Element, zugleich Quelle des Lebens und Bereich des Todes, sowohl eine böse als auch eine wohltätige Macht. Erweist es sich als bösartig, muß man es zähmen, mit ihm zurechtkommen, wie die Seeleute sagen. Vor diesem Hintergrund wird das vom 36. Breitengrad bis zum Polarkreis reichende Geflecht von Phantasievorstellungen, Legenden und Praktiken verständlich, um dessen Exorzismus sich die christliche Religion bemühte und das Anthropologen, Ethnologen, Soziologen und Religionshistoriker zu erklären versuchen. Vorwiegend griechisch-lateinisch geprägt war nicht nur die Überlieferung im Mittelmeerraum; wir sahen bereits, daß dieses kulturelle Erbe sich mit keltischen, skandinavischen, slawischen und germanischen Mythen verband. Die griechischen und römischen Meeresgottheiten stießen auf die Konkurrenz der heidnischen Gottheiten Nordeuropas. Da sie identische

Funktionen ausübten, wurden ihre Bezeichnungen manchmal austauschbar; den Beweis liefert die gelehrte Literatur, die je nach Herkunftsland des Autors bald die einen, bald die anderen Namen benutzt. Nicht anders erging es den Legenden; die Naturkräfte des Meeres wurden zu Personen, die allerorten Übeltaten vollbrachten. Angsteinflößend sind die meteorologischen Phänomene, Stürme, Flutwellen, Nebel und Zeiten der Windstille mit all ihren üblen Folgen wie schlechtem Fischfang, Zerstörung der Salzgärten, Havarien und Angriffen monströser Tiere. Gegen all diese Mißhelligkeiten kannte die Magie im Mittelalter wie im Norden zahllose Gegenmittel, die das Christentum mit der heidnischen Erbschaft übernahm. Trotz geduldiger und manchmal gewalttätiger Bemühungen gelang es den Eremiten und Missionaren an den Küsten Irlands, Britanniens, Galliens und Germaniens im Hochmittelalter nicht, die von den Vorfahren überlieferten Praktiken auszurotten oder zumindest zu «taufen», zu verchristlichen. Reste davon existieren heute noch in Form traditioneller Tabus (etwa die Anwesenheit einer Schwangeren an Bord, die Mitnahme oder der Verzehr von Kaninchenfleisch), von Wahrsagerei (die Deutung der Wellenbewegung und der Windrichtung an bestimmten Tagen des Jahres, Deutung der Träume), sühnender Gesten (Verstecken von Münzen am Fuße des Hauptmastes) oder von Vorsichtsmaßnahmen vor der Ausfahrt aufs Meer (Befragung eines Astrologen, Mitnahme eines Hexenmeisters, der mit einem Messer und magischen Formeln den Orkan durchschneiden kann). Wichtig an diesen Handlungen ist allein das Motiv, sei es dem Handelnden bewußt oder nicht. Ihre Verbreitung über die Jahrhunderte hinweg und von der Adria bis zum Baltikum, im Ärmelkanal und an den Bänken Neufundlands erklärt sich aus der diffusen Überzeugung, daß das Meer bei allem Nutzen, den es bringt, ein bevorzugter Aufenthaltsort der Macht des Bösen sei, die im christianisierten Europa als Satan bezeichnet wurde.

Die alten Seefahrervölker achteten strikt auf gute und böse Vorzeichen. Die guten führten fast überall zu Formen der Volksfrömmigkeit, welche die Kirche übernahm oder tolerierte. Doch konnte sie weder verhindern, daß sich Legenden um die überlieferten Tatsachen rankten, noch daß Formen echter Frömmigkeit von abergläubischen Praktiken überlagert und verformt wurden. Es kostete die Kirche viel Mühe, an die ursprüngliche Bedeutung der deformierten Praktiken zu erinnern. Wallfahrtsorte entstanden dort, wo der Überlieferung nach ein leeres Schiff mit der Leiche oder der Statue eines Heiligen gestrandet war, so in Santiago de Compostella und Notre-Dame in Boulogne, um nur zwei Beispiele zu nennen. Mit gefährlichen Stürmen reagierten Satan und seine Helfershelfer auf die Begegnung mit dem Gottgeweihten. So wurde die Kirchentür der Abtei von Les Dunes eines Nachts während des Chorgebets vom Sturm aufgerissen, und der Erzähler fährt fort: «Der Teufel war da, in eigener Person.» Geläufig war auch die Ansicht, im Geschrei der unaufhörlich umherfliegenden Möwen ertöne die Klage der in den Vögeln lebenden Seelen der Verstorbenen, besonders der auf See Ertrunkenen, die kein Begräbnis erhalten hatten.

Überhaupt war der Tod auf See die größte Angstvorstellung. Durch einen Unfall oder an einer Krankheit, an Skorbut oder Typhus an Bord den Tod zu finden bedeutete zu sterben, ohne die Seinen, sein Haus oder sein Dorf wiederzusehen: Die Leiche wurde in einen Sack genäht, der mit einem Stein oder einem Metallteil beschwert ins Wasser geworfen und den Meerestieren als Beute überlassen wurde. Dabei begleiteten den Toten eine Zeremonie vor versammelter Mannschaft und ein gemeinsames Gebet. Und sogar diese Zeremonie entfiel, wenn ein Seemann im Kampf starb. Die Familien ihrerseits warteten voller Angst auf Nachricht, bis im Laufe der Zeit die schlimme Vorahnung zur Gewißheit wurde.

Gewiß forderte das Leben sein Recht bald zurück. An einem Apriltag des Jahres 1516 zum Beispiel läuteten die Glocken von Penmarch in der Bretagne nach Ablauf der Witwenzeit zur gemeinsamen Hochzeit der jungen Frauen der im Januar des Vorjahres ertrunkenen Matrosen der *Pierre*. Dennoch bewegte deren Schicksal die Menschen tief; denn man glaubte, die Seelen der Ertrunkenen seien zum Umherirren verdammt und klagten im Heulen des Windes und im Geschrei der Vögel. Am meisten bedrückte jedoch der Glaube, daß am Ende der Zeiten der Körper des Ertrunkenen unauffindbar sein werde und deshalb nicht an der Auferstehung der Toten teilhaben könne.

Da die Familien und die Bruderschaften der Seeleute die Gräber ihrer verschollenen Mitglieder nicht besuchen konnten, beteten sie häufig für deren Seelenruhe, spontan wie in der *proëlla* von Ouessant oder in der kanonischeren Form von Seelenmessen. In diesem Milieu fielen der Glaube an das Fegefeuer und die damit verbundenen Formen der Frömmigkeit, deren Entwicklung vom 12. Jahrhundert an Jacques Le Goff untersucht hat, auf fruchtbaren Boden. Der Glaube an einen besonderen Ort der Reinigung und der geistigen Vollendung, der von Irland bis Kalabrien akzeptiert wurde, verbreitete sich auf dem Seewege mit Überlieferungen, die auf den heiligen Patrick zurückgehen. War dies nicht eine Quelle des Trostes für die Familien, die um das Seelenheil ihrer Ertrunkenen bangten?

Man könnte annehmen, daß in den protestantisch gewordenen Ländern vom 16. Jahrhundert an mit der offiziellen Ablehnung des Glaubens an das Fegefeuer auch der Volksglaube an die Anwesenheit der Seelen der Verstorbenen vollständig aufgegeben wurde. Und man fragt sich, ob die in den nordeuropäischen Ländern übliche Aufstellung von Tafeln, die an die Toten erinnern und die mit den in bretonischen Gemeinden errichteten «Mauern der auf See Gebliebenen» vergleichbar sind, nur der Erinnerung dienten und wirklich keinerlei Aufforderung zum persönlichen Gebet für die Toten darstellten. Solche Erinnerungsbräuche sind charakteristisch für die Länder, in denen die germanische und angelsächsische Mythologie verwurzelt ist und «die Legenden von Meeresgespenstern, von Geisterschiffen und fliegenden Holländern auf den Vorderdecks erzählt» werden. Mit diesen Worten spricht Alain Cabantous ein bislang ungelöstes Problem an. Immerhin besteht die Möglichkeit, daß die Mentalität der westeuropäischen Seeleute in einem so wichtigen Punkt bis in unsere Tage eine wesentliche Gemeinsamkeit bewahrt hat.

Träume vom Glück. Der Inselmythos

Morbide Tendenzen neben der Suche nach Kompensationen auf dem Wege der Hoffnung gehören zur widersprüchlichen Psychologie der Seevölker. Aber ist dies nicht charakteristisch für solche Gesellschaften wie die der Seeleute, in denen alle Mitglieder zum Warten gezwungen sind? Hoffen bedeutet immer ein wenig auch träumen, und die geläufigste Form der Hoffnung ist die auf ein besseres Leben, der Wunsch, sich wohler zu fühlen. Daher findet sich bezeichnenderweise bei allen Seevölkern eine Konstante, nämlich die Wunschvorstellung oder besser der Mythos von den Inseln der Glückseligkeit.

Dieser Traum existiert bereits seit den frühesten Tagen der europäischen Geschichte im Vermächtnis der Antike und in den keltischen Legenden. Vielfältig variiert wurde der Mythos nicht nur deshalb, weil die Inseln unauffindbar waren, sondern auch weil die Wirklichkeit, auf die man stieß, den Erwartungen nicht entsprach und man das Glück daher ständig anderswo suchen mußte. Symbolisch dargestellt wird dies in der legendären Episode von dem Wal, der in dem Augenblick abtauchte, als der heilige Brendan auf seinem Rücken eine Messe zelebrierte. Erhofftes Glück, Illusion einer Entdeckung, verlorenes Glück, erneute Suche, ein typischer Kreislauf im Abenteuer der Menschheit.

Die Suche nach dem Glück entspringt der Sehnsucht nach dem irdischen Paradies der biblischen Urzeit, das die Kartographen des Mittelalters irgendwo auf der nördlichen Erdhalbkugel, auf einer Insel, also in isolierter Lage, oder hinter einer Barriere oder Gebirgen auf dem Kontinent ansiedelten. Je nach Geschmack, Temperament und Zeit nimmt die Glücksinsel alle möglichen Formen an. Unerläßliche Bedingungen für die Eremiten des Hochmittelalters auf den Inseln von Lérins, den bretonischen, anglonormannischen, irischen und schottischen Inseln wie für die Liebenden in den keltischen Romanen sind die Abgeschiedenheit durch das Meer und die Abwesenheit von Nachbarschaft.

Diese idealisierten Inseln können für Asketen das Fegefeuer sein (man denkt dabei an die Inseln im Norden), für andere aber das Paradies aller Genüsse (Antilia, die Kanarischen Inseln), ein Reich der uneingeschränkten Liebe und des Reichtums, da die Sonne Gold erzeugen soll, Ort des mühelosen Lebens ohne Anstrengung und Arbeit, weil die Natur alles liefert. Wenn diese Inseln bewohnt sind, dann sind ihre wenigen Bewohner glücklich, von Natur aus gut und zum Teilen bereit. Fügen wir hinzu, daß diese Inseln Etappen auf dem Weg zu riesigen Regionen des Reichtums und der Lebensfreude sind: Für Christoph Columbus waren die Antillen Zwischenstationen auf dem Weg zum sagenhaften Land Cathay. Das ebenso außergewöhnliche wie bewundernswerte Wunderbare *(mirabilia)* nährte die Träume auf dem Atlantik wie auf dem Indischen Ozean.

Der unsterbliche Inselmythos hatte die unterschiedlichen Konsequenzen – meist positiver Natur. Er löste die skandinavischen Wanderungen aus, die Suche nach den Bänken von Neufundland, bewog den Infanten von Kastilien im 14. Jahrhundert zur Eroberung der Kanarischen Inseln, führte zu Beginn des 15. Jahrhunderts Jean de Béthencourt und Gadifer de La Salle zu den Kanaren und die Genuesen, Portugiesen und Spanier nach Madeira und zu den Azoren. Ganz aus der Traumwelt der Phantasie stammt das Bild vom guten Wilden, vom *Roman de la Rose* bis zu *Paul et Virginie* und Bougainville; es inspirierte *Utopia* und führte die Reisenden durch das Land der galanten Liebe anhand der *Carte du Tendre* des Fräuleins von Scudéry; es nahm in *Robinson Crusoe* definitive Gestalt an, und schließlich führte Jules Verne die Jugendlichen des 19. und 20. Jahrhunderts zur «geheimnisvollen Insel».

Der Inselmythos schien weit entfernte Archipele zu bevorzugen. Die küstennahen Atlantikinseln betrachteten die französischen Missionare des 12. und 13. Jahrhunderts mit den Augen des Glaubens. Wie die franziskanischen Prediger des 15. Jahrhunderts, die dort das Eremitentum erneuerten, sahen im 17. und 18. Jahrhundert zum Beispiel ein Michel Le Nobletz, ein Julien Maunoir, ein Louis Grignion de Montfort die Inseln «als Spiegelbild des irdischen Paradieses ohne Apfelbaum und ohne verführerische Schlange». Vielleicht stammt dieses idyllische Tableau von solchen frommen Eremiten, aber auch der Einfluß von Laien wie des Fischers Francois Le Su von der Insel Sein und der Françoise Troadec aus Ouessant ist dabei zu bedenken; letztere hatte von ihrem Vorfahren Brouscon aus Le Conquet geographische Kenntnisse geerbt, und unter Verwendung korrekter Techniken entwarf sie eine Karte, die die Seefahrt zum Himmel über schwierige Meere beschreibt, eine religiöse Replik der *Carte du Tendre*.

Selbst im Zeitalter der Aufklärung erstrahlt der Traum nicht immer in den hellen Farben des Glücks. Manche zweifeln; andere sind enttäuscht, vor allem von den Inseln, die nahe an Europa liegen und zu groß für den Rückzug in die Einsamkeit und zu bekannt sind, als daß sie zum Träumen anregen könnten. Ein originelles Beispiel bietet die Ansicht Friedrichs des Großen. In seinen Reflexionen über Machiavelli fällt er über Engländer und Korsen ein gleichermaßen unerbittliches Urteil und schreibt 1740, weniger als dreißig Jahre vor der Geburt Napoleons: «Die Römer, die Großbritannien erobert hatten und es wegen des unruhigen und kriegerischen Charakters seiner Völkerschaften nicht befrieden konnten, verlegten sich darauf, diese zu verweichlichen, was ihnen gelang . . . Was die Korsen betrifft, so sind sie eine Handvoll Menschen, die genauso tapfer und überlegt sind wie die Engländer; ich glaube, man wird sie nur mit Klugheit und Güte zähmen können.»

Bedürfnis nach Absolutheit

Daß die religiöse Bindung der Seeleute über die europäischen Religionswirren des 16. Jahrhunderts hinaus erhalten blieb, bedarf der Erklärung oder zumindest der Erforschung. Katholische Missionare bemühten sich nicht nur um die Atlantikinseln; die Küstenregionen der lateinischen Länder blieben ihrem Glauben verhaftet, so daß zum Beispiel im 17. Jahrhundert die Verehrung der heiligen Anna von Auray aus in ganz Westeuropa und sogar über den Atlantik bis an die Ufer des Sankt-Lorenz-Stroms verbreitet wurde. Die post-tridentinische Kirche widmete den Seeleuten eine erhöhte Aufmerksamkeit, die weit über die Bemühungen um den Erhalt errungener Positionen hinausging. Die Zeitgenossen des heiligen Vinzenz von Paul, des «Apostels der Galeeren», erlebten in Frankreich und in Spanien die *Missio navalis*, eine frühe Vorläuferin der heutigen Seemannsmission; und der Jesuit Georges Fournier entwickelte in seinem bereits zitierten Werk *L'Hydrographie* ebenfalls eine Art Pastoral für Seeleute. Schon aus Gewohnheit, aber auf den größeren Schiffen auch auf Veranlassung der mitfahrenden Schiffsgeistlichen, blieb das Gebet an Bord «ein unersetzliches Element des Gemeinschaftslebens». Und da die Gedanken der Aufklärung die Mannschaften weniger erreichten als die Führungskräfte, konnte auch die Revolution Glaubensinhalte und religiöse Praktiken nur oberflächlich und für kurze Zeit beeinträchtigen.

Dasselbe gilt für den protestantischen Teil Europas. In England und Schottland etwa hätte eine rigorose Bekämpfung traditioneller Frömmigkeitsformen die Geister verwirren können. Daher legten auch weiterhin manche Matrosen Gelübde ab oder unternahmen Wallfahrten, oder sie baten wie in Danzig katholisch gebliebene Kollegen, dies an ihrer Stelle zu tun. Solche Praktiken sind im 17. und 18. Jahrhundert vielfältig bezeugt. Einige reformierte Pastoren jedoch erkannten die Gefahr und verfaßten schon im 16. Jahrhundert eigene Gebetbücher für die Seeleute in englischer Sprache, um Unmoral und Blasphemie zu bekämpfen. Alle diese Bemühungen zeitigten unterschiedliche Resultate, aber am Ende des 18. Jahrhunderts erfolgte nach einer großzügigen Verteilung von Bibeln eine religiöse Erneuerung in der englischen Marine, die sogar während der Meuterei von 1797 ihre Spuren hinterließ.

Wie ist also zu erklären, daß die religiöse Bindung der Seeleute so dauerhaft war? Es erscheint banal (aber warum sollte etwas Banales unbedingt falsch sein?), dies ihrem Kontakt mit der unermeßlichen Weite des Meeres zuzuschreiben. Wie das Gebirge oder die Wüste lädt das Meer zum Nachdenken ein, und weil es unendlich weit ist, kann es den Geist auf die Unendlichkeit hinweisen. Die Begegnung mit der Gefahr lehrt den Menschen Demut vor höheren Kräften. Neben dem Bewußtsein der eigenen Relativität entwickelt sich so das Bedürfnis nach Absolutheit.

Appelle

Seefahrer aller Zeiten folgten den Verlockungen des Meeres. Die See bot ihnen die entsprechenden – kurzen oder weiten – Wege an, zunächst die Küstenverbindungen in Europa, dann die Routen, die sich wie ein Spinnennetz über die Ozeane legten, vergleichbar dem Windrosenaufbau der Portolankarten. Um so weit zu gelangen, mußte viel Phantasie, Unternehmungsgeist und Mut aufgebracht werden sowie ein Sportsgeist, der bei genauer Kenntnis seiner Möglichkeiten diese Eigenschaften bis an die Grenzen ausschöpfte und sich selbst übertraf. Der Dialog zwischen dem Seemann und dem Meer vollzog sich in Fragen und Antworten.

Am Anfang standen Neugier, Wißbegier und Freude am Risiko. Die Geschichte der Risikofreude, ihrer Motive, Wagnisse und Ergebnisse wäre eine eigene Untersuchung wert. Jedes Unternehmen lebt von der Phantasie dessen, der die verschiedenen Aspekte und den Verlauf durchdenkt, das Ziel bestimmt und ein Gesamtkonzept entwirft, das dann in die Tat umgesetzt wird. Ist dies nicht eines der Geheimnisse der großen europäischen Entdeckungen, so auch der Entdeckung Amerikas, deren 500-Jahrfeier mit der Geburt des vereinten Europa zusammenfällt?

Es mag vermessen erscheinen, die Antwort der Europäer auf die Verlockungen des Meeres als Berufung zu bezeichnen. Aber ihnen nicht zu folgen hätte bedeutet, sich einer Herausforderung zu entziehen, und schließlich unterbreitete das Meer auch anderen Völkern ähnliche Angebote. In seinem Dialog mit dem Meer besaß Europa den Vorteil, daß es lange Zeit darauf vorbereitet wurde. Nachdem die Seeherrschaft Athens Geschichte geworden war, sammelte Europa erste Erfahrungen in den abenteuerlichen Unternehmungen der Kelten und der Wikinger, lernte es aus den Erfolgen der Genuesen und Venezianer und ging es schließlich mit den portugiesischen Unternehmungen ein kühnes Wagnis ein.

Die Art der Herausforderungen, auf welche die Seeleute reagierten, macht ihre Lebensformen verständlich, die in ihren Grundzügen in ganz Europa fast identisch sind. Es ist banal, aber notwendig, die wirtschaftlichen Motive der europäischen Expansion nach Übersee am Ende des Mittelalters zu betonen; hinzu kamen vom 16. Jahrhundert an politische und koloniale Ambitionen. Europa hielt sich für berufen, den weltweiten Seeverkehr zu übernehmen, und fast alle Staaten glaubten daran teilnehmen zu müssen, nach Portugal und Spanien Frankreich und England, dann Dänemark und die Vereinigten Niederlande und später das Deutsche Reich und das vereinigte Italien. Einen anderen Weg wählte Rußland, um auf dem eurasischen Kontinent zu einem vergleichbaren Ergebnis zu gelangen. So blieb die Bezeichnung Kolonie für Überseebesitzungen reserviert, bis in jüngster Zeit die Erschütterung der Sowjetunion den kolonialen Charakter dieses Reiches zutage brachte.

Darüber hinaus glaubte Europa, es müsse über das Meer hinweg auch die Seelen führen. Die christlichen Kirchen hielten es für ihre Pflicht, als Hüter der allein seligmachenden Wahrheiten diese zu verkünden und manchmal aufzuzwingen. Die Missionare folgten den Seeleuten, und bezeichnenderweise diente im 17. Jahrhundert der Begriff Propaganda zur Bezeichnung der römischen Kongregation, die mit der Missionierung der Völker beauftragt war.

Dieser Glaube an eine wirtschaftliche, politische, intellektuelle, moralische und religiöse Berufung beschränkte sich nicht auf Europa als geographische Einheit; er besaß – und besitzt bis heute – eine soziale Dimension mit vielfältigen Aspekten. Deshalb schwingen in den verschiedenen Bereichen der europäischen Kultur Resonanzen des Seelebens in allerdings unterschiedlichen Klangfarben mit.

Zehntes Kapitel

Eine kulturelle Dimension: Das Meer sehen, fühlen und verstehen

Am Ende unseres Spaziergangs entlang der europäischen Meeresküste erscheint es angebracht, die Zeugen zu befragen, die aus unterschiedlichen Gründen und Blickwinkeln das Meer betrachtet und gesucht haben oder vor ihm geflüchtet sind, auf seine Stimme gehört und seine Botschaften verbreitet haben.

Literarische Äußerungen

Die Literatur spiegelt das Thema Meer in zahllosen Facetten, wenn auch nicht in allen Epochen in gleicher Breite und gleicher Intensität. Und doch trug diese Vielfalt dazu bei, daß Europa sich seiner Identität bewußt wurde. Ein Mittelmeeranrainer betrachtet das Meer unter Umständen ganz anders als ein Nordeuropäer, aber die Art der Betrachtung unterscheidet sich nicht im Wesentlichen, so daß auch die Beschreibungen auffällige Parallelen aufweisen. Läßt man einmal die Vielfalt der Sprachen, der Temperamente und der Umstände außer Betracht, zeigen sich in der Behandlung des Themas in ganz verschiedenartigen Texten aus unterschiedlichen Epochen gleichwohl Analogien und Vergleichbarkeiten. Konventionellere Texte verwenden immer wieder die gleichen Topoi, andere aus späterer Zeit bemühen sich offensichtlich um eine realistische Sicht des Phänomens Meer. In beiden Fällen aber ist diese Sicht entweder pessimistisch oder optimistisch gefärbt. Die europäische Literatur gab beide Sichtweisen, die sich häufig vermischten und überlagerten, von Generation zu Generation weiter. Das Mittelmeer erscheint als lichtdurchflutetes, bald lachendes, bald melancholisches Meer, der Atlantik dagegen nuancenreicher und in gedeckteren Farben, launenhaft in seinen Gezeiten und furchterregend in seinem Zorn. Zweifel und Angst erregen beide, aber sie können auch beruhigende Sicherheit ausstrahlen. Diesen unausgewogenen, launenhaften Charakter kennt die griechisch-lateinische Literatur ebenso wie die «barbarische» Tradition Nordeuropas. Neben Homer, Thukydides und Vergil stehen die keltischen, skandinavischen und slawischen Epen, und wie wir sahen, wurden letztere in gewisser Weise sogar von der antiken Tradition beeinflußt, so daß sich die Götterwelten und Legenden teilweise überlagerten.

Als das Christentum an die Stelle der heidnischen Kulte trat, begann es einen gnadenlosen Kampf gegen deren Mythologie. Soweit die mittelalterliche Literatur sich auf das Meer bezieht, findet man Spuren dieses Kampfes, und zwar in allen Literaturgattungen, in der Hagiographie, den Ritterromanen und der höfischen Poesie, in liturgischen Texten und Predigten, in theologischen und moralischen Abhandlungen, in Weltspiegeln und schließlich in Briefen. Die mittelalterliche Gesellschaft beurteilte das Meer ähnlich zwiespältig wie die Gesellschaft der Antike, nämlich als Reich des Bösen und des Unglücks und gleichzeitig als Quelle von Glück und Reichtum. In den Augen des christianisierten Mittelalters macht Satan das Meer Gott streitig. Die Quellentexte bringen zum Ausdruck, daß Angst und Hoffnung sich die Waage halten, daß das Meer anderen als den üblichen Gesetzen folgt. Manchmal fällt es schwer, Klischees und stilistische Redundanzen ohne Bezug zur Realität als solche zu erkennen. Um 1400 wurde der biblische Bericht vom Sturm auf dem See, dem Jesus zu ruhen befahl, als Exemplum für die Geschicke des Schiffes der Kirche und seines Steuermanns, des Papstes, interpretiert, um die von Häresien und Schismen verwirrten Gläubigen zu beruhigen. Bei der Interpretation des Themas Meer empfiehlt sich Vorsicht; denn das Haschen nach stilistischen Effekten und das Bemühen um eindrucksvolle Schilderung ist kaum zu unterscheiden von der Wiedergabe authentischer Wirklichkeit. Die Autoren von Reiseberichten über Pilgerfahrten in den Orient geizen z. B. mit Details über die Seefahrt, die sie für belanglos hielten; dagegen ergehen sie sich ausführlich in Schilderungen märchenhafter Episoden und Phantastereien, die sie mit klassischen Reminiszenzen vermischen, womit sie das Niveau ihrer biblischen oder profanen Bildung erkennen lassen. Da begegnen etwa Noah und Jonas den Sirenen. Anregender aus heutiger Sicht sind nautische Beobachtungen von Chronisten wie Joinville.

Manche Autoren besaßen Erfahrung mit der Seefahrt. Erinnert sei nur an die präzisen Angaben Adams von Bremen über die nordeuropäischen Meere und an die seefahrerische Kompetenz des normannischen Dichters Wace. Am Ende des 12. Jahrhunderts beschreibt Pierre de Blois eine schreckliche Überfahrt von England nach Frankreich im Juni 1178. Der Steuermann mußte das Schiff schließlich treiben lassen, andere Manöver waren nicht mehr möglich, bis sich am nächsten Tag der Sturm legte. Und der Autor schließt seinen Bericht: «Das war, als ob ich von den Toten auferstanden wäre.» Im 14. Jahrhundert spielen einige Erzählungen des Florentiners Boccaccio in dem ihm vertrauten Mittelmeerraum zwischen den Balearen und Ägypten, Neapel und Trapani auf Sizilien; er beschreibt die Zollformalitäten in Palermo und den Handel auf den Märkten von Barletta. Die Seeräuberei inspirierte ihn zu romantischen Episoden: Eine arme gefangene Christin lernte in den Diensten einer sarazenischen Dame das Arabische, während sie Seide, Leder und Palmfasern bearbeitete. Eine andere Frau verlor im Sturm ihren Mann, strandete auf der Insel Pongo und lebte dort einige Monate lang wie eine «echte Wilde», bis genuesische Seeleute sie zufällig fanden und auf ihrem Schiff mitnahmen. Stürme werden als Strafmaßnahmen Gottes dargestellt. Petrarca kennt die Schiffahrt immerhin so weit, daß er die Beisetzung der Pestopfer von 1348 mit dem Stauen einer Schiffsladung vergleicht: «So wie man im Bauch eines Schiffes die Waren übereinander stapelt, so bedeckte man die Leichen mit einer Schaufel Erde, sobald der Graben gefüllt war.» Der Franzose Eustache Deschamps kannte das Meer nur von seinen Fahrten über den Ärmelkanal; er beschreibt die damit verbundenen Unannehmlichkeiten, ohne auf Klischees zurückzugreifen: Manchmal habe er nicht schlafen können, weil er «das große Meer tosen hören» mußte, und oft, so heißt es in seiner Ballade 84, «muß man mitten im Sturm in den Laderaum hinuntersteigen, sich mit offenem Mund ausstrecken und wegen des Gestanks erbrechen».

Zu Beginn des 15. Jahrhunderts berichtet der Kastilier D. Pedro Niño in *Victorial* über seine Seefahrt von der spanischen Küste bis nach Flandern. Dabei ging der Schiffer das Wagnis ein, bei Nacht die schwierige Strömung vor Sein zu passieren. «Die Wogen waren so hoch, daß sie den Mond verdeckten», schrieb er. Im sogenannten Feenhafen am Aberwrach galten die Irrlichter der benachbarten Sümpfe als böse Geister.

Noch weiter von der Wirklichkeit entfernten sich die Autoren, wenn sie das Thema auf der Bühne darstellten. Und bemühten sich die Regisseure einmal um realistische Darstellung, bog sich das Publikum bei der Darstellung von Havarien vor Lachen.

Man sollte annehmen, daß sich im Zeitalter der großen Abhandlungen über die Seefahrt in der Literatur die realistische Darstellungsweise endgültig gegen die konventionelle durchsetzte. Aber beide Strömungen bleiben erhalten und vermischen sich gelegentlich. Eindeutig ablehnend äußert sich noch Erasmus; die Beschreibung des Schiffbruchs, die er unter dem Pseudonym Adolf an Antonius richtet, veranlaßt diesen zu dem entsetzten Ausruf: «Was für ein schrecklicher Bericht! Ist das die Seefahrt? Gott bewahre mich davor, jemals einen solchen Plan zu fassen!» Rabelais stellt den Sturm sachkundig, aber humorvoll dar; Panurge und Bruder Jean des Entommeures rufen alle Heiligen und Dämonen gleichzeitig an, um beim Sturm «die ansteckende Pest aller Millionen von Teufeln» zu beschwören, «die Kapitel halten, um ihren neuen Rektor zu wählen». «Welche Torheit», sagte Erasmus, «sich dem Meer anzuvertrauen!»

Waren die Männer, die die Meere erforschten, wirklich verrückt? Schlimmer noch: Zu den Mannschaften einiger Entdekker, darunter Magellan, gehörten Vorbestrafte. Gomes Eanes de Zurara, der Biograph Heinrichs des Seefahrers, verachtete in der Mitte des 15. Jahrhunderts die *genta baixa* auf den Schiffen der Entdecker, die ein Jahrhundert später noch Louis Vivès mit dem unübersetzbaren Schimpfwort *faex maris* belegte. Im Jahrhundert der großen Entdeckungen beurteilte die Literatur die Seeleute oft genauso negativ wie das Meer selbst. Manchmal wurden sie aber auch wie die antiken Heroen der Seefahrt mit Lob überhäuft. Nach Zurara berichteten am Ende des 15. Jahrhunderts die Repräsentanten des Königs von Portugal an der römischen Kurie in epischer Breite über die Großtaten ihrer Landsleute. Dies taten in der Folge auch João de Barros und Camões. Die Entdeckungen des Christoph Columbus, des Magellan und des Verrazano fanden in der spanischen, italienischen und französischen Literatur ein breites Echo; die wichtigsten

Werke sind so bekannt, daß sie hier nicht weiter behandelt werden müssen. Alle sozialen Schichten interessierten sich für diese Berichte; in der Normandie zum Beispiel wurden zur Zeit eines Jean Ango jährlich literarische Wettbewerbe zum Thema Meer ausgeschrieben, an denen sich die größten französischen Dichter wie etwa Clément Marot beteiligten. Einige Seefahrer waren sogar selbst Humanisten, so Jean Parmentier aus Dieppe, ein versierter Seemann, der sowohl Latein als auch Griechisch beherrschte.

So erlangte das Meer in der europäischen Literatur einen festen Platz, obwohl die Seeleute insgesamt einen abscheulichen Ruf genossen und das Meer selbst als furchterregendes Element galt. Im Zeitalter des Humanismus wurden dann alle Überlieferungen miteinander vermischt: Die antiken Meeresgottheiten werden neben der Jungfrau Maria, dem Meeresstern, angerufen, die Volksmythen mischen sich mit den Heiligenviten der *Goldenen Legende*, nautische Wissenschaft mit seemännischem Empirismus. Selbst Neptun hätte seine Fische nicht wiedererkannt.

Daraus entstanden zwei Literaturgattungen: eine literarische, die eine phantasievolle Symbolik entwickelte, und eine zunehmend wissenschaftliche. Sie sollen hier zwar nicht ausführlich beschrieben werden, aber einige Etappen und einige Autoren verdienen doch besondere Erwähnung.

Eine alte und sehr lebendige Literaturgattung war die Beschreibung von Ländern. Der spanische *Libro del conoscimiento* und das zur gleichen Zeit (14. Jahrhundert) erschienene Buch des Jean de Mandeville wurden weithin gelesen und in alle europäischen Sprachen übersetzt. Ihre aufzählende und beschreibende «Geographielehre» enthielt noch viele traditionelle Fabeln, wenn diese auch mit Vorbehalt vorgetragen wurden. Dies warf man auch André Thevet vor, dessen Werk aus dem 16. Jahrhundert eine eigenartige Mischung von Realität und Phantasie darstellt. Neben solchen Werken erschienen seriöse Reiseberichte. Münzer berichtete von seinen Reisen durch Westeuropa, Claude de Bronseval schrieb über die Iberische Halbinsel, Sigmund von Herberstein über Rußland und Montaigne über Italien; alle diese Berichte erweiterten die Kenntnisse der Europäer auf einem Niveau, das dem früherer, konventioneller Texte klar überlegen war.

Zwar befassen sich viele Reiseberichte des 16. und 17. Jahrhunderts mit außereuropäischen Ländern, aber gerade dies lenkte die Aufmerksamkeit ihrer Verfasser auf die Seefahrt und liefert uns interessante Aufschlüsse. Besonders wichtig ist in diesem Zusammenhang, daß die Autoren sich sehr weit von Europa entfernten, bis jenseits der europäischen Meereshorizonte. Jean de Léry brachte von seinen Reisen nach Brasilien die Erkenntnis mit, daß diejenigen, «die nicht auf dem Meer waren, ... nur die Hälfte der Welt gesehen haben», eine Erkenntnis, die bis heute ihre Gültigkeit bewahrt hat; auch der Autor der vorliegenden Arbeit fühlte sich erst richtig als Europäer und verstand Europa erst richtig, als er 1962 eine Mission in Brasilien übernahm.

Vom 17. Jahrhundert an ist besonders in Frankreich, England, Spanien und Italien eine klare Trennung zwischen der konkreten, manchmal wissenschaftlichen Bezugnahme auf das Meer und seiner literarischen Darstellung festzustellen.

In der Literatur ist das Thema geprägt vom Klassizismus, wobei das Mittelmeer sehr viel häufiger als der Atlantik behandelt wird. Die Zahl und die Bedeutung der Meeresabenteuer in Erzählungen, Dramen und Gedichten entsprechen dem Geschmack am Romantischen, Sensationellen und Spektakulären. Eine genauere Analyse liefert die Dissertation von A. Bournaz-Baccar. Selten verfügen die Autoren über eigene Erfahrungen mit der Seefahrt, nicht einmal Corneille, dessen Heimatstadt Rouen doch eng mit dem Meer verbunden war. An die Stelle präziser Kenntnisse treten meist Neugier auf die Welt der Seefahrt und ihre weit entfernten Ziele sowie die Beschäftigung mit der Ambivalenz des Meeres. Allerdings drang mancher Ausdruck aus der Seemannssprache seiner Anschaulichkeit wegen in den allgemeinen Sprachgebrauch der Schriftsteller ein. Manche Autoren reagieren auf das Meer auch mit einem Anflug von Sentimentalität. So schrieb die Herzogin von Montpensier, die *Grande Mademoiselle*, an Frau von Motteville: «Wenn man am Meeresstrand spazierengeht, träumt es sich sehr sanft.»

Meist jedoch flößt das Meer Mißtrauen ein, und es wird selten um seiner selbst willen beschrieben. In den Romanen und Theaterstücken, in denen es eine Rolle spielt, wird es vorwiegend im Zusammenhang mit tragischen Abenteuern und unter

Zuhilfenahme von vielen Metaphern und Hyperbeln in Szene gesetzt. Die Themen der Flucht, die die Annahme einer neuen Identität und den Beginn eines neuen Lebens ermöglicht, der Entführung durch Piraten und der Versklavung nährten sich von antiken Legenden und der barbaresken Wirklichkeit; Seeungeheuer wetteifern mit dem Tosen von Wind und Wellen und mit der Grausamkeit der Menschen.

Erst Shakespeares außergewöhnlichem Talent gelang es, im *Sturm* mit der mythologischen Konvention zu brechen und im Dialog zwischen Prospero und Ariel den Untergang ganz realistisch zu schildern: «Alle», so sagt Ariel, «tauchten in den salzigen Schaum», und singend fügt er hinzu: «Dein Vater liegt fünf Faden tief. Seine Knochen haben sich in Korallen verwandelt»; und schließlich legt der Dichter König Ferdinand den vermutlich aus *Le Quart Livre* von Rabelais entlehnten Ausspruch in den Mund: «Die Hölle ist leer; denn alle Teufel sind hier!»

Die Beschreibungen der anderen Autoren bleiben meist reichlich trocken, Corneilles Darstellung in *Andromeda* ebenso wie die Rotrous in *Iphigenie auf Aulis.* Etwas naturgetreuer ist die Schilderung im Roman *Artamène ou le Grand Cyrus* von Madeleine de Scudéry, wobei allerdings ihre eindrucksvolle Beschreibung des Brandes von zwanzig Galeeren dem sechs Jahre zuvor entstandenen Gemälde *Troyennes incendiant des Navires* von Claude Gellée, genannt Lorrain, zu verdanken sein dürfte. Läßt man literarische Spielereien außer acht, so findet man bei vielen Autoren Sensibilität für das Meer, wie in den Beschreibungen der Straße von Gibraltar und von Belle-Ile durch den aus der Normandie stammenden Saint-Amand, was immer Boileau an ihm auszusetzen hatte. Schließlich ist man dankbar, wenn Tristan einem Gedicht einfach den Titel *La Mer* gibt.

Mit Beginn des 18. Jahrhunderts setzte in ganz Europa eine Welle von Berichten über Seeabenteuer ein. Von 1699 an erlebte der *Telemach*, den Fénélon zur Unterweisung des Herzogs von Burgund, eines Enkels Ludwigs XIV., geschrieben hatte, großen Publikumserfolg; aber was mindestens drei oder vier Generationen darin fanden, war ein antikisiertes Mittelmeer, auf dem Neptun, seine Gattin Amphitrite und die Nereiden die Phantasie der Jugendlichen von Tyros nach Karthago, von Korinth nach Syrakus schweifen ließen. England erwachte schließlich aus solchen Kinderträumen und schuf Erzählungen, die einen realen Hintergrund besaßen. 1719 veröffentlichte Daniel Defoe einen Roman nach den unglücklichen Erlebnissen des Schotten Alexander Selkirk, alias *Robinson Crusoe*; ähnlich erfolgreich war sieben Jahre später Jonathan Swift mit *Gullivers Reisen*. Beide Werke wurden jahrzehntelang im Ausland übersetzt oder imitiert, so z. B. von Nicolas Chamfort mit seiner *Jeune Indienne* (1764). Die Franzosen mußten bis zum Vorabend der Revolution (1788) warten, um sich über den tatsächlich erfolgten und nicht erdichteten Untergang des Schiffes *Saint-Gérand* zu grämen, auf dem *Paul und Virginie* eine Überfahrt gebucht hatten. Um sein Buch sachkundig zu schreiben, besuchte der Autor Bernardin de Saint-Pierre eigens Port-Louis, den Sitz der Indischen Handelskompanie. In diesem Zusammenhang sei auch darauf verwiesen, wie erfolgreich die Reiseberichte eines Cook und eines Bougainville in Europa waren. Dort wird zwar nicht von europäischen Meeren berichtet, aber das Interesse Europas an den Meeren in aller Welt scheint bezeichnend für die Zeit zu sein.

Diese Aufmerksamkeit fand ihren Niederschlag in mehreren literarischen Genres, in pädagogischen Werken (soweit man dabei von Pädagogik sprechen kann), Reiseberichten, Romanen, Gedichten und manchmal in Theaterstücken. Sie alle setzten in der ersten Hälfte des 19. Jahrhunderts das Meer und die Seeleute in Szene; an ihnen läßt sich ablesen, wie Meer und Seefahrt wahrgenommen wurden und wie sich diese Wahrnehmung entwickelt hat.

Natürlich spiegeln die Jugendbücher die Vorstellungen der Erwachsenen. Die Nachkommen des *Telemach* sind inzwischen trivial geworden, und die französische Jugendliteratur bemüht sich, das Meer mit dem pädagogischen Realismus darzustellen, der früher den inzwischen vom Fernsehen ersetzten Sachkundeunterricht kennzeichnete. Ein Jahrhundert lang (1877–1976) führte die *Tour de France par deux enfants* junge Leser von Marseille nach Dünkirchen. Dann übernahmen zwei andere Kinder der Zeit nach dem Zweiten Weltkrieg die Führung von Le Havre bis Bayonne (1977). Dazwischen führte die in Marseille beginnende *Voyage d'Edgar* die Mitreisenden ins Baltikum und von dort nach Grönland. Dieses Buch erschien zwar schon

1938, aber seine europäische Offenheit verdient ebenso besondere Erwähnung wie ein humorvolles Kapitel mit der Überschrift «Von einigen Personen, die um Gibraltar spuken». Der Leser wird in einen Salon geführt, wo sich mehrere Personen unterhalten, eine kleine Prinzessin namens *Méditerranée*, eine junge Dame mit geschmeidigem Körper und schwarzer Haut, *Madame Afrique*, ein großer, starker Herr, der urplötzlich in heftigen Zorn gerät, namens *Atlantique* und schließlich *Madame Europe*, eine alte, noch rüstige Dame, sehr steif, sehr konservativ; sie verdeckt die Falten an ihrem Hals mit einem Band, trägt einen Hut aus der Zeit der Königin Viktoria und betrachtet *Madame Afrique* durch eine Lorgnette.

Wie Monique Brosse gezeigt hat, gelangt das Thema Meer in der europäischen Literatur der Romantik besonders häufig zur Darstellung. Vorläufer war Bernardin de Saint-Pierre, der das Thema Sturm in die Literatur einführte, den Sturm, der zugleich Spektakel und epischer Angriff mit magischen und bösartigen Zügen und meteorologisches Phänomen ist. Der Sturm folgt einem Zeremoniell, einer Art Protokoll, was aber technische Details nicht ausschließt. Echte Seeleute wie James Fenimore Cooper erfanden den Seeroman, in dem Cooper den Heldentypus des Seewolfs prägte. Sein Roman *Der Lotse* (1823) soll von dem zwei Jahre früher (1821) erschienenen Roman *Der Seeräuber* von Walter Scott beeinflußt worden sein. In seiner Generation, aber auch noch nach ihm, waren es immer wieder Seeleute selbst, die die Dramatik der bewunderten Seehelden am besten erfaßten. Daß manche Autoren den Sturm gerne in die Nebelbänke Nordeuropas verlegten, die die damals viel gelesene Ossian-Legende beschreibt, oder in die norwegischen Fjorde, die ebenfalls ein Modethema darstellten, entspricht der verschwommenen Sentimentalität der Dandys. Genausogroß wie das gefühlvolle Mitleid mit den Opfern der Piraten war die Bewunderung für die Kühnheit der Korsaren, die das 20. Jahrhundert zu Idolen oder Supermen erhoben hat.

Ihren Erfolg verdankt die See-Literatur der romantisierenden Tendenz zum Heroenkult und der Vorstellung, daß Krankheit und Schmerz einen moralischen und geistigen Wert besitzen, vor allem aber den erzählerischen Qualitäten der Autoren. Wäre Chateaubriand nicht in Saint-Malo geboren, hätte er die Seele seiner Heimatstadt nicht so genau schildern, seine Bewegung bei der ersten Begegnung mit Brest nicht ausdrücken, von seiner dramatischen Überfahrt über den Atlantik nicht berichten und den Glanz der königlichen Flotte, die siegreich aus dem amerikanischen Krieg zurückkehrte, nicht beschreiben können. Zu seiner Zeit und später verstanden es Seeleute, anschaulich aus ihrem Leben zu erzählen. Mehrere Seeleute waren Dichter und Maler, wenn auch nicht alle das Niveau eines Garneray erreichten, dem wir später noch begegnen werden. Erwähnen wir einige Zeitgenossen von beiden Seiten des Kanals: Frederick Marryat, englischer Marineoffizier, der von Louis-Philippe das Kreuz der Ehrenlegion erhielt «für Verdienste, die er sich um die Wissenschaft und die Seefahrt» erworben hatte; er bleibt berühmt wegen seines Romans *The Phantom Ship (Der fliegende Holländer)*. Zur gleichen Generation gehören die beiden ersten französischen Autoren von Seeromanen, die diesen Namen verdienen, Edouard Corbière und Augustin Jal aus Lyon, der sich wie Chateaubriand bei der Ankunft in Brest auf den ersten Blick in die Stadt verliebte.

Zumindest in Frankreich sind aber nur wenige Romane mit den expressionistischen Werken des Marinechirurgen Eugène Sue vergleichbar. Als Teilnehmer an der Schlacht von Navarino beschreibt er die *Salamandre* im Kampf, wie sie «dröhnte, wütete, herumfuhr und mit ihren Enterhaken in eine feindliche Fregatte biß». Eindrucksvoll verstand er es auch, den Untergang der *Méduse* zu beschreiben und ein romantisches Epos um die Person des Jean Bart zu ranken.

Die Generation, die die Unabhängigkeit Griechenlands unterstützte, begrüßte den Sieg von Navarino, begeisterte sich für die englischen und französischen Entdeckungen in den Meeren der südlichen Erdhalbkugel, deren Etappen sie in der Londoner und Pariser Presse verfolgte (z. B. in der Reiserubrik des *Globe*), und sie nahm mit Charles Dickens bewegten Anteil am Los des *David Copperfield*, mit Heinrich Heine in *Reisebilder* am Los der Seemannswitwen auf Norderney und mit Honoré de Balzac an der Armut der Salzproduzenten der Guérande.

Um 1860 ändert sich in der See-Literatur der Ton; in didaktischer Weise bemüht sie sich nun, den Anforderungen eines wissensdurstigen Publikums gerecht zu werden. Sie betrachtet das

Meer sachlicher und objektiver und beschreibt die mit der Seefahrt zusammenhängenden Berufe und Techniken. «Nach der Romantik wird das Meer entdramatisiert und zum Objekt einer öden und monotonen Praxis», versichert M. Brosse. Aber hat sie damit wirklich recht? Wie soll man dann die ausgeprägte Sensibilität der *Travailleurs de la mer* bei Hugo und die eindrucksvolle Beschreibung der See in *La Mer* von Jules Michelet erklären? Wie außerdem den außerordentlichen Erfolg von Jules Verne, dessen in alle Sprachen übersetzte Werke Spannung mit psychologischer Analyse, der technischen Genauigkeit seiner Zeit, ja sogar der Zukunftsforschung verbanden? Angesichts der Bekanntheit des Autors erübrigen sich weitere Erläuterungen.

Diese Entwicklung bedeutet aber keineswegs die Abkehr vom Romanhaften. Die Sensibilität nimmt männlichere Züge an, geht aber wenigstens bei den bedeutendsten Autoren nicht verloren. Immer noch brausen die Stürme. Nach der Schilderung des Sturms im hohen Norden durch Edgar Poe läßt Victor Hugo in *Oceano Nox* das feierliche Echo des Getöses in «der stürmischen Behausung Gottes» erschallen. Alphonse Daudet verherrlichte die *Agonie der Sémillante*, bei der sich in einer Winternacht das «Zufallsgrab» der bei den Lavezzi-Inseln Ertrunkenen öffnete. Manchmal ersetzt auch dichterisches Talent die Erfahrung mit dem Meer; Arthur Rimbaud hatte das Meer nie gesehen, bevor er das Gedicht vom *Bateau ivre* ersann. Wahres Talent kann alles erspüren und ausdrücken; sonst hätte Stéphane Mallarmé in *Brise marine* nicht seine Sehnsucht ausdrücken können, «dahin zu gehen, wo die Vögel sind, umherzuirren im Meer, umherzuirren in der Woge». Mit einem einzigen Wortspiel hatte Charles Baudelaire in *Spleen* das Blitzen der Leuchttürme, das harmonische Schwanken der Brandung und die Bewegung der Menschen, die abfahren und ankommen, beschrieben. Aber es gibt auch die Menschen, die nicht mehr zurückkommen. Ihrer gedachte Paul Valéry *(Le Cimetière marin)* mit einer Sensibilität, die in Gruissan (Aude), nicht weit entfernt von dem Ort, den Valéry beschreibt, die Liste der in die Gedenkmauer für die Ertrunkenen gravierten Namen nur andeuten kann.

Noch heutzutage berichten Seeleute, die natürlich nicht alle Dichter sind, über ihre Erfahrungen mit dem Meer, wobei viele

Schriftsteller durch ihre realistische Darstellung beeindrucken. Dazu lieferten mehrere Generationen aus ganz Europa ihre Beiträge. Nordeuropa schenkte uns Hans Christian Andersen und seine Erzählungen, Henrik Ibsen und Alexander Kielland, den Autor des Romans *Capitaine Worse.* Und wiederum die Stürme des Nordatlantik inspirierten Rudyard Kipling zu *Captains Courageous* (Brave Seeleute) und Pierre Loti, mit dem wir bereits den Bosporus bereisten, zu *Pêcheurs d'Islande.* Aber Konvergenzen gibt es auch bei Autoren anderer Genres, z. B. bei zwei humanistisch gebildeten Diplomaten. Alexis Léger (Saint-John Perse) gab mit seiner kosmischen Vision Europas und der Welt eine Art Replik auf seinen Berufskollegen und Vorgänger Paul Claudel. Aber am vollkommensten, am europäischsten und darüber hinaus ein echter Seemann war wohl der gebürtige Pole Joseph Conrad, der Engländer wurde, nachdem er zwanzig Jahre lang in der französischen und englischen Handelsmarine gedient hatte. Besser als alle anderen verstand es Conrad in *Taifun*, die Macht des Westwinds zu beschreiben, «dieses Königs des Okzidents, der den Nordatlantik beherrscht, von den Azoren bis Kap Farewell regiert und den Schiffen, die zum Ärmelkanal fahren, böse Nächte beschert». Aber Conrad verspürt auch die «sanfte Verführungskraft» des Mittelmeers, der «Wiege des Seehandels und des Seekriegs», dieses «großen Zimmers eines alten Hauses, worin zahllose Generationen ihre ersten Schritte machten»; denn, so fügt er hinzu, «alle Seeleute bilden nur eine einzige Familie». Eine einzige Familie! Das schrieb Conrad 1906. Fünfzig Jahre später, nach zwei Weltkriegen, rief Saint-John Perse in *Amers* aus:

> «O Meer voll Einigkeit und Streit!
> Das Fragen an die großen Einiger der friedlichen
> Völker richtet!
> Meer, das Verbindungen und Bündnisse schafft!»

Die Tinte auf den römischen Verträgen, mit denen die Europäische Gemeinschaft ins Leben gerufen wurde, war noch nicht getrocknet. Sollte der visionäre Diplomat des Quai d'Orsay Gehör finden? Später!

Reflexe in der Malerei und anderen Künsten

Die bildenden Künste blieben nicht hinter der Literatur zurück. In ganz Europa wurden denkwürdige Ereignisse ebenso ausführlich in der impressionistischen Malerei und Musik verarbeitet wie in der Poesie, den Erzählungen, den Theaterstücken und der pädagogischen Literatur.

Die bildliche Darstellung von Seeszenen entsprang unterschiedlichen Motiven, ästhetischen Gründen, aber auch der Freude am Außerordentlichen und Pittoresken. Viele Malereien befriedigten das kollektive Bedürfnis nach militärischem Ruhm oder politischem Ansehen. Selbstdarstellung der Mächtigen war schon im 11. Jahrhundert das Motiv der Teppichproduktion in Europa; die Wandteppiche von Bayeux liefern dafür das vollkommenste Beispiel, das Lucien Musset kürzlich analysiert hat. Einem Comic vergleichbar, erzählen sie von der Eroberung Englands durch den Normannenherzog Wilhelm im Jahre 1066; Bilder und Kommentare veranschaulichen den Bau der Schiffe, das Einschiffen, eine Seeschlacht und die Landung. Das Meer selbst wird recht ungeschickt durch Wellenlinien dargestellt, während die Zeichnung von Schiffen und Mannschaften vom Bemühen um Genauigkeit zeugt.

Die Illustration von Manuskripten ist ein weiterer Bereich der Kunst, der das ganze Mittelalter hindurch gepflegt wurde. Da die Berichte über Seefahrten außerordentlich zahlreich sind, kann man wohl davon ausgehen, daß das Publikum Geschmack an den Texten und den eingestreuten Miniaturen fand. Trotz mancher Ungeschicklichkeiten lassen die Zeichnungen genau erkennen, wie sich die Form und die Takelung der Schiffe entwickelte, welche Tätigkeiten die Seeleute ausübten und wie die Häfen angelegt waren. Die Auswahl der Sujets, die Art sie zu behandeln, ihr friedlicher oder tragischer Charakter demonstrieren, wie die Welt der See gesehen oder beurteilt wurde. Im übrigen wird die Tatsache, daß sehr viele Miniaturmaler mit dem Meer alles andere als vertraut waren, dadurch ausgeglichen, daß sie und ihre Kunden sich sehr für das Meer interessierten. Die Arbeiten von Christiane Villain-Gandossi, die außerordentlich viele Miniaturen in europäischen und amerikanischen Bibliotheken ausgewertet hat, beweisen, wie wichtig diese Werke sind, will man ermessen, welche Bedeutung das Meer in der europäischen Kultur des Mittelalters besaß.

Eine weitere aussagekräftige Quellengruppe sind Siegel und Wappen; sie bieten den Vorteil, daß sie einer unmittelbar erlebten Wirklichkeit entsprechen und sich in einem bestimmten sozialen und institutionellen Rahmen entwickeln. Numismatik und Heraldik bieten zahlreiche Bezüge zum Meer, die Numismatik besonders, da sie noch stärker als die Heraldik die Ansprüche und das Schicksal der Hafenstädte und der seefahrenden Staaten symbolisch zum Ausdruck bringt. Die Wappen beinhalten häufig neben den ursprünglichen Elementen Symbole der politischen Bindungen und ihrer weiteren Geschicke, so daß auf diese Weise gelegentlich Erinnerungen an längst vergangene Abhängigkeiten wachgehalten werden.

Die Siegel der europäischen Hafenstädte spiegeln deren Geschichte und leisten einen erheblichen Beitrag zur Kenntnis der Geschichte des Schiffbaus. Das Profil der Schiffe, die etwa die Siegel von La Rochelle, Damme, Sandwich, Lübeck und Danzig zieren, gibt Aufschluß über eine bestimmte Schiffbautechnik und deren Entwicklung vom 12. zum 13. Jahrhundert; politische und wirtschaftliche Ambitionen kommen in Legenden und Emblemen zum Ausdruck.

Schon die Antike hatte zum Gedenken an bestimmte Ereignisse oder Personen Münzen geprägt. Unterstützt durch den Fortschritt der Prägetechnik, griff die Renaissance dieses klassische Erbe verstärkt auf. Frankreich, England, Spanien, die Fürsten und Städte Italiens und Deutschlands wetteiferten dabei miteinander. 1663 wurde die französische *Académie des Inscriptions et Belles-lettres* von Ludwig XIV. beauftragt, Legenden für Münzen zu entwerfen und die Qualität der Prägung zu überwachen. Daß viele Münzen maritime Themen aufgreifen, geht aus den Arbeiten von M.-J. Jacquiot hervor; die Auswahl der Themen und Personen, die auf diese Weise einen hervorragenden Platz im nationalen Gedächtnis erhielten, zeigt, welche Bedeutung dem Seehandel beigemessen wurde. So erinnerten Gedenkmünzen an die Seeschlacht von Cartagena (1643), an die Befestigung von Dünkirchen (1671), die Schlachten im Ärmelkanal von 1690 und 1694; allgemein bekannt sind auch die ambitionierte Darstellung des Erdballs, der von der königlichen

Sonne unter der Devise *Nec pluribus impar* beschienen wird, oder die Medaille zur Verherrlichung der 1668 erneuerten königlichen Marine, auf deren Rückseite ein Schiff mit der Legende *Navigatio instaurata* abgebildet ist, sowie die Münzen, die die Expansion nach Übersee feiern. Diese Beispiele sind bezeichnend für die in allen europäischen Staaten übliche Form politischer Propaganda.

Sehr verbreitet sind volkstümliche Produkte ohne künstlerischen Anspruch, und zwar Graffiti an den verschiedensten Orten, an Kirchen, Türmen oder einfachen Häusern; hier finden sich mit einfachsten Hilfsmitteln hergestellte Ritzzeichnungen von Schiffen, Seeleuten, nautischen Szenen. Die spontane Aufrichtigkeit dieser zerbrechlichen Zeugen des Seelebens verdient Aufmerksamkeit. Beispiele solch rudimentärer Ästhetik, in der ehemalige Seeleute oder Gefängnisinsassen auf unbeholfene Weise ihre Erinnerungen und Sehnsüchte festhielten, finden sich in der Normandie (Dieppe, unteres Seinegebiet), La Rochelle und Beaucaire an der Rhone.

Die Seemalerei

Dem Gedenken dienten auch die weitverbreiteten Votivmalereien mit Motiven aus der Seefahrt. Die Aufklärung verachtete sie als naive Arbeiten mittelmäßiger Farbenkleckser. Diderot bezeichnete sie in seiner Enzyklopädie als Abfallprodukt der Malerei, und das selbst in Italien, wo es nur noch «arme Maler» gebe, die «zur Sicherung des Lebensunterhaltes» gezwungen seien, «für ärmliche Pilger solche (Votivbilder) herzustellen». Was hätte er, der Chronist der Ausstellungen, wohl dazu gesagt, daß bei der Pariser Ausstellung von 1831 die Arbeiten eines Jugelet aus Dieppe zugelassen wurden? Die Verachtung für eine «obskurantistische» Praxis wich der Hochachtung für das unbestreitbare Niveau einiger authentischer Künstler (Bommelaer in Dünkirchen, Grandin in Fécamp, Adam in Honfleur, Pajot in Sables d'Olonne und besonders die Dynastie Roux in Marseille). In den letzten dreißig Jahren holten Ausstellungen in den südeuropäischen Ländern diese Werke aus ihrem Schattendasein und machten sie (die Malerei von Livorno zum Beispiel) sogar jenseits des Atlantiks bekannt. Da diese Bilder sehr zerbrechlich sind, sind nur wenige aus der Zeit vor dem 17. Jahrhundert erhalten, es sei denn, sie werden mit Sicherheit einem großen Künstler wie Niccolò da Fabriano *(Der hl. Nikolaus rettet ein Schiff aus Seenot)* zugeordnet oder in einem berühmten Bauwerk aufbewahrt (wie die *Muttergottes der Seeleute* im Alcazar von Sevilla).

Nicht zur Votivmalerei zählt die Folge der *Legende der heiligen Ursula* in Venedig; sie zeigt, welch aufmerksamer Beobachter Carpaccio war, von dem man behauptet hat, er sei eine Parenthese in der Geschichte der Seemalerei; er stellt das Kielholen eines großen Schiffes mit kompliziertem Takelwerk in beeindruckender technischer Genauigkeit dar.

Zwei Haupttendenzen kennzeichnen die Seemalerei wie alle Bereiche der Malerei überhaupt. Die eine zielt auf die möglichst exakte Abbildung der Realität, die andere verinnerlicht das Gesehene; beide kennen zahlreiche Nuancen, die realistische Tendenz entwickelt schließlich ein eigenes Genre.

Während die großen Maler der Renaissance das Meer meist nur von ferne sahen, brachten Flamen und Holländer im 17. und 18. Jahrhundert die eigentliche Seemalerei zur vollen Blüte. Sie bricht in die europäische Kunst ein «mit dem Ungestüm einer Sturmflut zur Tagundnachtgleiche». Einige Namen sind allgemein bekannt, Van de Velde, Ruysdael, Backhuyzen, de Hooghe; aber jede Aufzählung bleibt unvollständig.

Im Zusammenhang mit diesen berühmten Schulen schrieb ein Kritiker, daß «ein Seemaler die Schiffe wie ein Schiffbauer und wie ein Seemann kannte, und wenn er Seeschlachten darstellte, dann besaß er militärische Erfahrung». Die Seemalerei produzierte Hafenansichten und Flottengemälde, sie porträtierte Reeder und Seeleute der Vereinigten Niederlande und schuf auf diese Weise regelrechte historische Dokumente.

Eine andere Strömung entsprach dem literarischen Klassizismus und verlieh den Seestücken akademischen Charakter. Das lichterfüllte Meer wird majestätisch, von Säulen oder Säulenhallen umgeben dargestellt; aber man braucht schon viel Phantasie, um die mit Stückpforten ausgestatteten Schiffe, aus denen der Künstler Odysseus oder Aeneas in Gesellschaft der Nereiden aussteigen läßt, der Antike zuzuordnen. In diesen Bildern mischen sich verschiedene Genres, und das Meer hat hier nur einen indirekten Bezug zur Wirklichkeit. Claude Lorrain hätte den *Telemach* illustrieren können, und der obenerwähnte Kritiker, selbst offizieller Marinemaler, hält es für problematisch, Lorrain als Seemaler zu bezeichnen.

Die Landschaftsmalerei des 18. Jahrhunderts bemühte sich besonders um Detailgenauigkeit. In Venedig entstanden Genre und Begriff der *Veduta*; schon der Name drückt den Willen aus, die sichtbare Realität zu reproduzieren. Hervorragende Vertreter dieser Richtung waren Canaletto, Guardi und Zucarelli. Das Genre hatte in Frankreich großen Erfolg. Claude-Joseph Vernet lernte am venezianischen Vorbild und zeigte seinen Landsleuten ihre Meere und ihre Häfen. In seiner Serie *Quinze Ports de France* folgte er gewissenhaft den von dem Generaldirektor für Bauwesen Marigny im Namen Ludwigs XV. erstellten Richtlinien. Durch seine Treue zum Detail kann man zum Beispiel den Bau eines Schiffes in Rochefort und die geschäftige Betriebsamkeit auf den Kais von Toulon verfolgen. Dieses Genre hatte ungeheuren Erfolg beim Publikum und trug mit dazu bei, das Interesse der Franzosen für ihre Marine zu wecken. Die Ausstellungskataloge, besonders die von 1763, belegen dies ebenso wie die Verbreitung der Stiche von Ozanne.

Vernets Akademismus hinderte ihn aber nicht, auch die Naturkräfte der See zu beobachten und Bilder zu zeichnen, die im Gegensatz zu seinen friedvollen Hafenansichten stehen. Er war nämlich auch beeinflußt von einem Zeitgenossen Lorrains, dem Neapolitaner Salvator Rosa, der für seine theatralische Darstellung von Stürmen und Untergängen berühmt war. Die Franzosen gewöhnten sich also auch an eine erweiterte Sicht der Meereshorizonte.

Vernet unterhielt enge Beziehungen zu England, wo die realistische Sicht des Meeres einen Höhepunkt erreichen sollte. Das Meer wird allmählich zum Spektakel, dem die Romantik seinen vollen Umfang verleihen sollte. Zwei Namen beherrschen das Ende des 18. und den Beginn des 19. Jahrhunderts. Zunächst William Turner, dessen umfangreiches (vorwiegend in der Londoner Tate-Galerie gezeigtes) Werk charakterisiert ist von außergewöhnlicher Kraft der Linienführung und der Nuancen. Niemand konnte den Sturm besser beobachten, erfühlen und ausdrücken. Dieser Mann, der sich gegen Ende seines Lebens als professioneller Seemann ausgab, war wie besessen vom Wasser, dessen Farbkontraste und dessen Spiel mit Licht und Schatten er in vollendeter Kompositionskunst wiedergab. Man hat in diesem Zusammenhang von «Vorboten des Impressionismus» gesprochen. Ein Beispiel liefert sein Gemälde *Nelsons Tod* (1808). Sein Zeitgenosse John Constable war ein Landschaftsmaler des Meeres; er stellt ein friedlicheres Meer dar, den Strand von Brighton und die Bucht von Weymouth, wenn auch darüber ein dräuender Wolkenhimmel hängt.

Auch diesseits des Kanals geriet die Seemalerei unter den Einfluß der Romantik. Was die Maler ihrem französischen Publikum zeigen, ist sowohl von klassischer Dramatik als auch von starken Gesten und Farben gekennzeichnet; klassisch-akademische Themen in romantisch-bewegter Unruhe zeigt Louis Garneray, ein Schüler von Vernet, der an den Feldzügen des Robert Surcouf in Indien teilgenommen hatte und erster offizieller Marinemaler Frankreichs war. Das gleiche könnte man von Eugène Delacroix *(Dantes Barke)* und von Théodore Géricault *(Das Floß der Medusa)* behaupten.

Abschließend sei noch bemerkt, daß es den Impressionisten gelang, ihr Publikum mit dem Meer vertraut zu machen. Immerhin aber scheint eine Unterscheidung angebracht, die bis in unsere Tage gültig bleibt. Manche Maler stellten das Tosen des Windes und der See dar, obwohl sie es nur vom Strand aus gesehen und erlebt hatten; sie zeichneten Häfen und Schiffe, fuhren aber selbst selten zur See. Nennen wir als Beispiel nur Adam, Braque und Dufy einerseits und andererseits Pissaro, Baboulène, Monet und Buffet. Signac allerdings fuhr selbst zur See.

Wenn der Künstler aber Maler und Seemann zugleich ist, nimmt er offensichtlich das Meer sehr viel differenzierter wahr. So vermittelt die sensible Darstellung des vor einigen Jahren verstorbenen Malers Pierre Fleury neue Eindrücke vom Ozean; in unendlichem Nuancenreichtum interpretierte und übersetzte er das Spiel der physischen Kräfte des Windes und der Wellen, machte aber auch die Symbolik ihrer Macht begreiflich. Vor diesem Hintergrund wird verständlich, daß Frankreich sich im 19. Jahrhundert ein Korps offizieller Marinemaler zulegte, deren Auftrag allerdings kein rein ästhetischer war. Sie arbeiteten in engem Kontakt mit den Marineoffizieren und den Hydrographen und beteiligten sich mit an der Lösung wissenschaftlicher Aufgaben.

Das musikalische Echo

Zu der vom Meer inspirierten Symphonie der Künste leistet natürlich auch die Musik ihren Beitrag, und dies schon seit der Antike. Auf den attischen Galeeren wie auf ihren späten Nachfolgern des 18. Jahrhunderts in der Ostsee unterstützten Gesänge den Rhythmus der Ruder. Auf den Segelschiffen begleiteten Matrosenlieder die Gesten des Mastwächters. Die Matrosen nahmen einfache Instrumente mit an Bord, um gegen die Langeweile anzukämpfen. Seit Beginn der Passagierschiffahrt wurden die Passagiere mit Konzerten unterhalten. Und schließlich besitzen alle Flotten ihr Musikkorps, das wegen seiner künstlerischen Qualitäten und als Stütze der Truppenmoral geschätzt wird. Solche Unterstützung kam auch von der lyrischen Theatermusik; ein Beispiel ist das Finale der 1740 in London uraufgeführten Oper *Alfred* mit der Hymne *Rule, Britannia!*, die das ganze viktorianische Zeitalter hindurch gesungen wurde und den Stolz der Engländer auf ihre Marine zum Ausdruck brachte.

Auch der Beitrag des Meeres zur symphonischen Komposition in Europa ist eine Frucht der Romantik. Wie schon M. Brosse bemerkte, ist es erstaunlich, daß die Geräuschkulisse des Meeres auf hoher See und noch stärker an den Felsküsten kein größeres Echo in den Reiseberichten und Bordjournalen gefunden hat. Lakonisch erwähnen sie das Pfeifen des Windes in den Segeln und Wanten, die Regenschauer, die auf die Brücken und Laufgänge prasseln, das Knirschen der Ketten, das Krachen des Holzes und schließlich die Schreckensrufe, wenn das Schiff auf Grund läuft. Orientieren sich Seeleute eher mit den Augen als mit den Ohren? Bezeichnenderweise stammen einige Gedichte, die die Stimmen des Meeres besonders zutreffend und eindrucksvoll beschreiben, von blinden Landbewohnern.

Geschärft durch das Erwachen eines deutschen Nationalbewußtseins, fand die Sensibilität der Romantik in den Traditionen der Vorfahren sprudelnde Quellen der Inspiration und gab so ganz Europa ein Beispiel. Mit der *Grotte de Fingal* gehörte Berlioz zu den ersten, die das Zeichen zum Bruch mit der konventionellen Langeweile gaben. Aber erst Richard Wagner verstand es, die gewalttätige Großartigkeit des Meeres als Heldenepos zu vertonen. Seine Oper *Der fliegende Holländer* (1843) basiert auf der Legende von einem tragisch verlaufenen Schiffsuntergang, bei dem Mannschaft und Schiff zugrunde gingen. *Tristan und Isolde* entstammen dem unerschöpflichen Reservoir der nordeuropäischen Sagenwelt des Meeres; aus ihm schöpfte auch der Finne Sibelius in der Mitte des 20. Jahrhunderts, als er das Kalevala-Epos umsetzte und ein symphonisches Gedicht *Océanides* nannte.

Das von Generation zu Generation immer wieder aufgegriffene Thema des Sturms ermöglicht die verschiedensten Formen der Instrumentierung; bekannt ist, welchen Vorteil daraus im 17. Jahrhundert Henry Purcell in England, im 18. Jahrhundert Luigi Caruso in Italien und im 19. Jahrhundert Antoine Thomas in Frankreich und Tschaikowski in Rußland zogen.

Die Tradition der Themen mischte sich mit den nationalen Traditionen. Ein Beispiel lieferte Sibelius, ein anderes Sir Edward Elgar; seine *Sea Pictures* (1897–1899) schöpfen einen großen Teil ihrer Motive aus der keltischen Vorzeit Englands und aus dem Alltagsleben des Londoner Hafens. Benjamin Britten beschrieb 1951 in *Billy Budd* die britische Marine des 18. Jahrhunderts.

Das Motiv des Meeres in der europäischen Musik beschränkte sich nicht auf die Bearbeitung alter nationaler Themen. Auf seine eigene Weise beeinflußte und faszinierte das Meer Komponisten wie Maler. Nach seiner Überfahrt mit der *Borda* diente Albert Roussel einige Jahre zur See. Am anderen Ende Europas quittierte ein Rimski-Korsakow den aktiven Dienst erst nach 17 Jahren, um anschließend elf Jahre lang als Inspektor der Musikkorps der zaristischen Marine zu dienen. Sein Talent der Instrumentierung erstellte «bewegte symphonische Bilder», in denen manche die unablässigen Bewegungen des Meeres zu erkennen glauben. Als dem Herausgeber der Werke von Mussorgski verdankt man ihm die Veröffentlichung der *Möwe*, eines Werkes, das die Veränderung der Harmonielehre einleitet.

Die modernen Symphonien schließlich beschreiben die Persönlichkeit des Meeres mit seinen gewaltigen Wogen, der Brandung der Gezeiten, den Zornesausbrüchen der Stürme und ihren heftigen Böen. Hier finden die Komponisten ein unerschöpfliches Feld der Ausdrucksmöglichkeiten. Maurice Ravel verstand es in *Une barque sur l'Océan* besser, starke Eindrücke wiederzugeben, als Gefühle zu beschreiben und Emotionen zu wecken. Claude Debussy erlebte das Meer erstmals in Cannes, bevor er sich in Rußland bei der Mäzenin von Tschaikowski aufhielt. Bei dieser Reise lernte er Mussorgski kennen, der ihn stark beeinflußte. Seine drei symphonischen Skizzen *Das Meer*, die er in Dieppe (1903) komponierte und die zunächst einen Skandal auslösten, stellen die sich ständig wiederholende Bewegung von Ebbe und Flut in strahlendem Licht dar. In einer für seine Zeit gewagten Form beschreibt er in einer verwirrenden Vielfalt von Tönen die ständig fließende Beständigkeit des Ozeans. In dieser Musik lebt das Meer, und nur das Meer.

Die nautischen Wissenschaften

Nur der ständige Fortschritt von Wissenschaft und Technik machte es möglich, daß Europa die Weltmeere beherrschen und seine Überlegenheit lange Zeit aufrechterhalten konnte.

Der europäische Beitrag zur Entwicklung der nautischen Technik wurde gefördert von Erfindungsreichtum, Unternehmungsgeist und von umfangreichen Kapitalmitteln und Ressourcen; aber auch der Beitrag Chinas zur Entwicklung der Navigationstechnik darf hier nicht unerwähnt bleiben. Im folgenden kann nur ein kurzer Überblick über die Probleme und die jeweiligen Lösungsversuche gegeben werden. Auch wollen wir auf die Schilderung der Anfänge und der Einzelheiten verzichten und nur die wichtigsten Etappen der Entwicklung in Europa herausgreifen. Angeregt wurde sie durch den Konjunkturverlauf, aber ihr Ursprung war die Wißbegier, die Phantasie, die Überlegung und die Forschung; hinzu kamen wirtschaftliche und politische sowie die sicher nicht weniger bedeutsamen sozialen Bedingungen.

Die großen Etappen der europäischen Kulturgeschichte, das

12., 16. und 18. Jahrhundert, kennzeichnen auch die Geschichte der europäischen Seefahrt, die in diesen Epochen mit den größten Herausforderungen konfrontiert wurde. Zwar wurde ständig mit großem Eifer geforscht, aber dennoch führte die Entwicklung nicht zu stetig ansteigender Ladekapazität, größerer Geschwindigkeit und erhöhter Sicherheit. Immerhin schufen der Bau des Dreimasters und die Aufteilung des Segelwerks im 15./16. Jahrhundert die Grundlage für spätere Verbesserungen, die in der Mitte des 19. Jahrhunderts ihren Höhepunkt erreichten. Die Navigation in den europäischen Gewässern stellte noch nicht so hohe Anforderungen an die Außenbordverkleidung, wie sie später in den tropischen und äquatorialen Gewässern auftauchten. In der zweiten Hälfte des 18. Jahrhunderts löste man das Problem in England und in Frankreich, indem man den Schiffsrumpf mit Kupfer beschlug, im 19. Jahrhundert dann durch den Schiffbau aus Eisen und später aus Stahl. Einige große Neuerungen markieren die Entwicklung des Schiffbaus. F. C. Lane hat in seinen Arbeiten die Leistungen des venezianischen Schiffbaus im Mittelalter herausgearbeitet, regelrechte Baupläne wurden aber erst im 18. Jahrhundert üblich. Heutzutage kann man mit Hilfe des Computers aus den in den Quellen faßbaren Daten die Linienführung und das Profil der Schiffe rekonstruieren. Technische Abhandlungen erschienen bereits im 16. Jahrhundert, aber eine wissenschaftliche Ausbildung erhielten die Schiffbauer in England und Frankreich erst im 18. Jahrhundert, so daß sie in der Lage waren, Pläne ihrer Entwürfe zu zeichnen, die technischen Daten der Schiffe zu errechnen und eine Typenvielfalt von Schiffen und Fregatten zu entwickeln. Eigene Schulen (in Paris die *École des Travaux publics*, aus der 1765 die *École du génie maritime* wurde) und Akademien (1752 die *Académie de marine* in Brest) trugen dazu bei, aus der Kunst des Schiffbaus eine Wissenschaft zu machen. Damit entfernte man sich meilenweit von den seit dem 16. Jahrhundert durchgeführten tastenden Versuchen, solche Institutionen zu gründen (zum Beispiel in Dieppe und Le Havre), was noch im 17. Jahrhundert Autoren wie der Jesuit Fournier anmahnten. Die Enzyklopädie, über deren Bezug zur Seefahrt 1984 in Brest ein Kolloquium stattfand, konnte einen so wichtigen Sektor des Wissens natürlich nicht vernachlässigen. Sie appellierte an alle zeitgenössischen Spezialisten, besonders an die Mitglieder der Marineakademien. Genannt seien aus Frankreich nur Sébastien Bigot de Morogues, Aymar de Roquefeuil, Henri Duhamel du Monceau, Pierre Bouguer, Honoré Vial du Clairbois, Philippe Buache und Jacques Bellin. In England erschien 1786 die *Methodische Enzyklopädie*, eine Art Replik auf das Unternehmen Diderots.

Lange Zeit entwickelte Europa die benötigten Schiffsmodelle, bevor außereuropäische Staaten (die Vereinigten Staaten und Japan) eigene Produktionen hervorbrachten, große Kampfschiffe oder leichte Einheiten, große Handelsschiffe oder kleine und mittlere Frachtschiffe. In Europa entstand am Ende des 19. Jahrhunderts die sogenannte Junge Schule, in Europa wurden die Prototypen der Unterseeboote entworfen und gebaut. Um diese Fortschritte wetteiferten und konkurrierten die europäischen Nationen, zwar in dem Bewußtsein, daß der wissenschaftliche Zugewinn Allgemeinbesitz war, allerdings nicht gerade im Geiste der Kooperation.

Bemerkenswert ausgeprägt war die Zusammenarbeit zwischen Seefahrt und Wissenschaft im Bereich der Nautik. Trotz der im Zeitalter der Entdeckungen eingeführten technischen Neuerungen war man weiterhin nicht in der Lage, auf See den Längengrad zu bestimmen, auf dem man sich gerade befand. Es begann ein Wettlauf zwischen dem Londoner *Board of Longitudes*, für das Königin Anna einen Preis von 20000 Pfund Sterling aussetzte, und dem *Bureau français des Longitudes*, das innerhalb der Akademie der Wissenschaften, die ebenfalls einen Preis aussetzte, gerade entstanden war. Den Durchbruch brachte die Erfindung eines Chronometers, das die Berechnung der Entfernung zwischen dem Mond und den Fixsternen überflüssig machte. Berechnungen von Franzosen (Borda, Romme, Delambre, La Caille) und Engländern (Maskeline, Autor des *Nautical Almanach*) führten zur Verbesserung der Mondtabellen. Das Verdienst der Erfindung des Schiffschronometers teilen sich der Engländer John Harrison und die Franzosen Pierre Le Roy und Ferdinand Berthoud, deren Entdeckungen 1761–64 und 1768 auf See experimentell überprüft wurden. Die Navigation wurde zur exakten Wissenschaft, als die Marinen beider Länder mit diesen Chronometern ausgestattet wurden; erst mit dieser Erfindung endete aus nautischer Sicht das Mittelalter.

Die wissenschaftlichen Früchte dieser Erfindungen ernteten als erste die Hydrographie und die Kartographie. In Frankreich wurden beide Wissenschaftszweige von Ludwig XVI., den Buache darin unterrichtet hatte, gefördert. Schon 1720, also 75 Jahre vor der Gründung einer entsprechenden Institution in England, wurde in Frankreich das *Dépôt général des cartes et plans, journaux et mémoires concernant la navigation* geschaffen. Ludwig XVI. ist es auch zu verdanken, daß Beautemps-Beaupré, ein Vetter Buaches, an dieses Institut kam; dieser entwickelte genau in dem Augenblick neue Methoden der Hydrographie, als man besonders in der Ostsee und der Nordsee und noch dringender für die großen Forschungsreisen exakte Daten benötigte.

Bevor sich Europa die Führungsrolle in den Techniken der Seefahrt mit den Vereinigten Staaten teilte, bewahrte es im 19. Jahrhundert seinen Vorrang im Bereich grundlegender Entdeckungen und damit lange Zeit, besonders in England, den ersten Rang in der internationalen Seefahrt. Auch mit Dampfantrieb war in Frankreich und England (1690 Denis Papin, 1736 Jonathan Hulls und vor allem 1783 Jouffroy d'Abbans) schon experimentiert worden, bevor der Amerikaner Fulton seine Versuche unternahm. Die Übernahme der Schiffsschraube und der Bau von Schiffsrümpfen aus Metall auf französischen, englischen und schwedischen Werften in der Mitte des 19. Jahrhunderts führte zum Bau der ersten modernen Großschiffe, die schneller zwischen Europa und Amerika verkehren konnten (die 1841 in Le Havre gebaute *Napoléon* lief 11 Knoten), beträchtliche Ausmaße (*The Great Eastern* von 1843 war 210 Meter lang) und große Feuerkraft besaßen (die 1859 gebaute *Gloire* war der erste Panzerkreuzer).

Ein dritter Schwerpunkt der europäischen Forschung war die Hygiene an Bord und die Gesundheit der Seeleute. Dazu leistete zwar auch das naturwissenschaftliche Interesse der Aufklärung seinen Beitrag, aber mehr noch die sehr schlimmen Epidemien auf den Schiffen und in den Häfen. Die Pestepidemie von Marseille (1720) war für Europa nichts Neues, und die katastrophalen hygienischen Bedingungen auf den Schiffen waren allseits bekannt. 1746 und 1757–58 grassierte der Typhus in den Flotten des Herzogs von Anville und des Emmanuel Dubois de La Motte in solchem Ausmaß, daß ihre Mission in Kanada verhindert wurde. Daraufhin beschäftigten sich die Marineakademie und die noch junge Medizinschule von Brest mit den wichtigsten Problemen, und zwar zunächst mit dem Trinkwasser. Ohne großen Erfolg schlugen Schiffsärzte und Schiffschirurgen verschiedene Behandlungsmethoden für das mitgeführte Süßwasser vor, darunter ein dänisches Verfahren der Filtrierung durch Sand und Kies. Bougainville erfand einen Kolben zur Destillation von Meerwasser, was sich besonders bei längeren Reisen anbot. Die beste Lösung aber blieb immer noch, möglichst reines Wasser zu bunkern und es an Bord sorgfältig aufzubewahren.

Schwerwiegender als das Trinkwasserproblem waren die Verluste an Menschenleben, besonders während des Siebenjährigen Krieges. Die englische Marine verlor innerhalb von 20 Jahren 80000 Mann, etwas mehr als zehn Prozent ihres gesamten Bestandes. Krankheiten vernichteten mehrere französische Geschwader und kosteten Frankreich Kanada. Neben Typhus war die große Plage aller Seeleute der Skorbut, dessen Symptome seit Jahrhunderten bekannt waren. Schon Joinville beschrieb, wie Skorbut in der Flotte Ludwigs des Heiligen vor Ägypten wütete; Reiseberichte aus der Zeit der Entdeckungen beschreiben, wie die Besatzungen Vasco da Gamas, der Brüder Parmentier aus Dieppe und des Jacques Cartier heimgesucht wurden. Bevor man am Ende des 19. Jahrhunderts Vitaminmangel als Ursache von Skorbut erkannte, versuchte man mit den unterschiedlichsten Methoden, der Krankheit vorzubeugen und sie zu heilen. Das Massensterben auf den sieben Schiffen des britischen Admirals Anson zwischen 1740 und 1744 führte in England und Frankreich zu erhöhten Forschungsanstrengungen.

Lange Zeit schwankte man in der Therapie. Nachdem es James Lind, einem schottischen Arzt der englischen Marine, 1747 gelungen war, an Skorbut Erkrankte mit Zitronen zu heilen, wurden diese – gegen vielerlei Widerstände – zum Allheilmittel. Paradoxerweise behinderten ausgerechnet Cook selbst und die *Royal Society*, die den Einsatz von Malz und Sauerkraut zusammen mit Essig und Vitriol bevorzugten, den größeren Einsatz von Zitronensaft, der erst 1795 in der englischen Marine obligatorisch wurde, allerdings mit 10% Brandy versetzt, um den Widerwillen der Matrosen zu überwinden. Die königlich französische Marine verwendete dagegen weiterhin Essig und Kraut. Auf diese Weise waren die eigentlichen Sieger von Trafalgar über die vom Skorbut dezimierten französisch-spanischen Mannschaften die sizilianischen Zitronen, welche die englische Marine tonnenweise konsumierte. Nach so vielen Irrwegen verschwand der Skorbut erst vollständig, nachdem die langen Fahrzeiten auf See entfallen waren, die Schiffe Kartoffelvorräte mitführten und die moderne Kühltechnik sich allgemein durchgesetzt hatte.

Eine weitere wissenschaftliche Leistung von Rang war in der Folge die Lösung des ernsthaften medizinischen Problems, das vom Blei in den Leitungssystemen der Schiffe ausging. Während des Krimkrieges litten die Besatzungen der westalliierten Flotten schwer unter Bleivergiftungen. Erst die Forschung fand die Ursache heraus und beseitigte sie durch entsprechende Veränderung der Leitungen.

Nachdem Europa den technischen und wissenschaftlichen Fortschritt im Schiffbau (die *Dreadnoughts* genannten Schlachtschiffe und die ersten Unterseeboote), in der Telekommunikation und der Medizin immer weiter vorangetrieben hatte, mußte es die Initiative mit den Vereinigten Staaten und bald auch mit Japan teilen. Europa hatte die wissenschaftlichen Grundlagen geschaffen, aber deren praktische Auswertung sollte kein europäisches Privileg bleiben.

Meer und Gesellschaft: Die Moden

Neu ist die Rolle des Meeres im gesellschaftlichen Leben Europas. Bis ins 19. Jahrhundert blieben, abgesehen von den Hafenregionen, viele Küsten fast leer, in einigen Gegenden bis in die jüngste Zeit. Natürlich kannte man das Meer, aber man schenkte ihm nur flüchtige Aufmerksamkeit, die sich manchmal in Tändeleien, Spielen und Festen der Landbewohner auf dem Wasser erschöpfte.

In der zweiten Hälfte des 15. Jahrhunderts unternahm König René von Anjou häufig mit seinem Gefolge Vergnügungsfahrten auf See, und Charles du Maine unterhielt ein Schiff für seine Lustbarkeiten. Zur See fuhren Fürsten nur, wenn sie reisen mußten, etwa zwischen den Britischen Inseln und dem Kontinent, aber auch zwischen Spanien, der Bretagne und den Niederlanden; so legte die Tochter des Königs von Navarra auf ihrer Reise zur Hochzeit mit Johann IV., dem Herzog der Bretagne, mit einem «ganz vergoldeten Schiff» in Saillé bei Guérande an. Ein ebenso prachtvolles Schiff bestieg der Doge von Venedig zur Feier der «Hochzeit mit dem Meer».

Die Renaissance baute diese gesellschaftliche Rolle des Meeres weiter aus. Als Franz I. 1515 nach Lyon kam, geleitete ihn ein großes Gefolge ans Ufer der Saône, wo ihm ein Schauspiel auf dem Wasser vorgeführt wurde, dem «ein großes Schiff in der Art eines Hochseeschiffs» als Kulisse diente. Zwei Jahre später wurde dem König in Marseille ein Seegefecht vorgeführt, bei dem Orangen die Kugeln ersetzten, bevor er die Arsenale und die Galeerenflotte inspizierte. Auch als er 1533 wieder nach Marseille kam, um dort mit Papst Clemens VII. zusammenzutreffen, wurden Feste am und auf dem Wasser arrangiert. Aber insgesamt dienten Meer und Seefahrt nur als Dekor für die zeremonielle Darstellung von Macht und Größe. Als sich 1518 der Dauphin Franz mit Maria, der Tochter Heinrichs VIII., verlobte, wurde unter der Leitung der beiden Italiener Visconti und Rincio ein Schauspiel unter einem blauen Zeltdach aufgeführt, auf dem das Himmelszelt abgebildet war; das königliche Emblem des Salamanders ersetzte das Sternbild des Großen Bären, das den König als den Steuermann des Königreiches lenken sollte. Luise von Savoyen, die Mutter des Königs, hatte einen Schiffsanker zu ihrem Emblem erkoren.

In den Mysterienspielen, der Commedia dell'arte wie in den klassischen Theaterstücken des 17. Jahrhunderts fanden maritime Themen ihren Niederschlag, benutzten die Regisseure die Sprache der Seeleute. Bekannt sind schließlich die Feste im Neptunbecken und auf dem Großen Kanal in Versailles mit ihren *Plaisirs de l'île enchantée.*

Diesem Beispiel folgte das 18. Jahrhundert, das Meer kam regelrecht in Mode. Bald gehörte es zum guten Ton, sich für die Berichte über Seereisen zu interessieren und ein Kabinett, das heißt eine Sammlung von Steinen und ausgestopften Tieren aus fernen Ländern, zu besitzen und sein Herbarium mit exotischen Pflanzen auszustatten. Die *Enzyklopädie* mit ihren genauen

Zeichnungen zu Artikeln aus der Feder damals unanfechtbarer Spezialisten machte das aufgeklärte Bürgertum mit Disziplinen, Praktiken, Gebräuchen und Berufen der Seefahrt vertraut, die es bis dahin nicht gekannt hatte. Kaufleute aus Rouen, Nantes, Bordeaux und Marseille, Lissabon, Sevilla, Amsterdam und London traten wissenschaftlichen Gesellschaften bei, die sich mit Fragen der Seefahrt befaßten. Beliebt wurden Hafenbesichtigungen, wie sie Bernardin de Saint-Pierre in Lorient durchführte. Wer sich keinen Ausflug leisten mochte, besuchte etwa die Ausstellung, über die Diderot berichtete, und in der zweiten Hälfte des 18. und zu Beginn des 19. Jahrhunderts gab es kaum eine adlige oder bürgerliche Residenz, die keine Stiche von Ozanne besaß.

Hohe Persönlichkeiten bereisten die Küste. Ludwig XV. besichtigte Le Havre, und Ludwig XVI. machte zu Beginn seiner Regierungszeit auf seiner Rückreise von Cherbourg dort Station. Brest empfing neben dem Grafen von Artois (dem späteren Karl X.) Kaiser Josef II. und den Erben der Großen Katharina. Mit dem amerikanischen Krieg wuchs die Begeisterung der französischen Gesellschaft für die Marine weiter, in Mode kamen unter Ludwig XVI. die seltsamen Frisuren *à la Belle Poule* oder *à la Frégate*, hoch aufgetürmte Haarkreationen, auf deren Spitze die Nachbildung eines Schiffes schwankte. Eine bekannte Anekdote karikiert diese Mode, die sich begreiflicherweise nicht lange hielt. Eine junge Dame von Welt sprach: «Ich besitze drei Hüte, und ich taufe sie, wie man in der Marine die Kriegsschiffe tauft, Court-toujours, Va-t-en-ville und Glorieux.»

Mit der Revolution und ihren Kriegen verlor das Meer für eine Weile an Popularität. Doch im Zeitalter der Restauration flammte die Mode nach englischem Vorbild erneut auf. 1781 war der Strand von Brighton Treffpunkt der eleganten Welt Englands. Auf französischer Seite übernahm diese Rolle Dieppe, wo die Herzogin von Berry das – sehr diskrete – Bad im Meer selbst für Damen aus besseren Kreisen gesellschaftsfähig machte. In der Folgezeit profitierte Dieppe von der Nachbarschaft von Eu, wo die Fürsten von Orléans residierten. Zwanzig Jahre später eröffnete Kaiserin Eugénie in Biarritz an der Küste des Baskenlandes, vor den Toren ihres Heimatlandes, die Herbstsaison. Die britische Gentry bevölkerte die südenglischen Strände. Die mondäne Welt entdeckte das Meer, ein gesamteuropäisches Phänomen. Chateaubriand badete im Meer. Roscoff zog die Leute an, die in Paris zum mondänen und literarischen Milieu zählten. Heinrich Heine badete vor Norderney. Seltsamerweise setzte sich die Mode am Mittelmeer und an der Adria nur zögernd durch. Flaubert liebte das Mittelmeer; vor ihm soll sich Lord Byron 1810 das Vergnügen geleistet haben, die Dardanellen zu durchschwimmen. Michelet lobte 1858 den milden Winter in Hyères; aber wenn er das Mittelmeer auch schön fand, so nannte er es doch zugleich «rauh». Gegen Ende des Jahrhunderts kam die Côte d'Azur in Mode, und die Briten strömten herbei. Für sie bedeutete der Ärmelkanal eine Sicherheitsschleuse, die kontinentale Einflüsse von ihren Inseln fernhielt; aber sie vergaßen keineswegs, daß er auch ein Bindeglied ist; darauf verweist auch die Anglomanie der Belle Epoque, die das Franglais erfand, den sprachlichen Ausdruck einer regelrechten Ärmelkanalkultur.

Maler bannten die küstennahen Hochburgen der europäischen Schickeria auf die Leinwand; die von Daguerre erfundenen und durch Postkarten verbreiteten Photographien zeigten einem breiteren Publikum die Freuden des Strandes und der Vergnügungsfahrten. Die international übernommene Bezeichnung Yacht für die dazu benötigten Schiffe verweist auf ihren niederländischen Ursprung. Erste Wettfahrten fanden bereits 1718 in Rußland statt; die Mode eroberte England, wo der Name Cowes an die ersten Regatten Europas (1775) erinnert, denen die nicht weniger berühmten von Tor Bay folgten. Das viktorianische England sah im Wassersport das Symbol seiner imperialen Berufung.

Zwei Wendungen formulieren dies in bezeichnender Weise. Die eine definiert den Beruf des Seemanns mit *to follow the sea*, die andere, *The Ship and I are two brave fellows*, bringt die unauflösliche Verbundenheit des Seemanns mit seinem Schiff zum Ausdruck. Von der Mitte des 19. Jahrhunderts an begann ganz Europa dem englischen Vorbild nachzueifern. Die Schriftsteller machten sich zu unfreiwilligen Propagandisten, indem sie die Ansicht verbreiteten, die Fahrt nach Übersee sei eine Art Mannbarkeitsritus. Flaubert verwandte einen Teil seiner Einkünfte für

Vergnügungsfahrten, und aus dem gleichen Grund erwarb Maupassant sein Schiff *Bel-Ami*. Jules Verne baute drei Schiffe mit dem Namen *Saint-Michel* und verband so hingebungsvoll das Schreiben mit dem Handeln.

Um 1900 wurde aus der mondänen eine sportliche und schließlich eine nationale und politische Rivalität. Dies wurde augenfällig, als bei der Kieler Regatta von 1912 die Yacht *Grille*, der ganze Stolz Kaiser Wilhelms II., gegen die von seinem englischen Vetter Eduard VII. ausgestattete Yacht *Victoria and Albert* antrat.

Seitdem und besonders seit dem Ende des Zweiten Weltkriegs wetteifern die Europäer auf breiter Front bei ihrer alljährlichen Völkerwanderung zu den Sommerstränden, die zumindest in Frankreich, Belgien und Deutschland durch den gesetzlich geregelten Urlaub erleichtert wird, aber in mindestens demselben Maße durch das Wachstum des Marktes für schwimmende Geräte aller Art. Gewiß liegen in den großen Touristenzentren viele Yachten, die kaum auslaufen und ihren reichen Besitzern als Ferienwohnung dienen. Wenn diese zur See fahren, dann als Teilnehmer an organisierten Kreuzfahrten auf luxuriösen Passagierschiffen. Aber der Seetourismus versucht auch, das große Publikum zu erreichen. Wo dieses keinen Zugang findet, verfolgt es mit wachsendem Interesse große Wettfahrten auf See und ausgefallene Unternehmungen einzelner, an denen Europa immer noch maßgeblich beteiligt ist. Die Zukunft scheint durch die jugendliche Freude am Wassersport gesichert; zwar ist das Surfbrett kein Schiff, aber es kann die Jugendlichen an das Meer gewöhnen, sie in seine Geheimnisse einweihen, sie mit seinen Risiken und Freuden bekannt machen. Ein maritimes Europa der Freizeit und des Sports existiert bereits. Jedoch sollte das Meer nicht ausschließlich als Tummelplatz für Freizeitvergnügungen und als Raum des Profits betrachtet werden. Die Geschichte erinnert Europa immer wieder daran, daß das Meer oder vielmehr alle Meere der Welt für die Zukunft Europas eine unendlich größere Bedeutung besitzen.

Epilog

Das Meer und die europäische Einigung

Am Ende unserer Reise durch die Vergangenheit stellt sich uns die schon von Erasmus formulierte Frage: «O Unglück! Die Völker trennt allein der Name ihrer Länder. Warum nur versöhnen so viele Gemeinsamkeiten sie nicht?»

Eine der beständigsten und fruchtbarsten Gemeinsamkeiten der Europäer ist das Meer. In Geschichte und Geographie eint es und trennt es, je nach Interessenlage und ohne jeden Determinismus sehen auch die Völker im Meer ein trennendes oder einendes Element. Die historische Erfahrung zeigt denen, die «Europa bauen» wollen, die Chancen, die das Meer bietet, und die Hindernisse, die es ihrem Vorhaben entgegensetzt. Die Meere, das Mittelmeer und vor allem der Atlantik, sind günstige Beobachtungsposten. Man kann Edgar Morin nur zustimmen, wenn er schreibt, es sei «schwierig, Europa von Europa aus oder auch nur von einem bestimmten Punkt Europas aus zu erfassen». Abstand ist notwendig, und das Meer ermöglicht ihn.

Das Meer, ein gemeinsames Erbe

Das Meer erwies sich in der europäischen Geschichte als entscheidender Faktor der Einigung. Europa arbeitete schubweise, aber mit Ausdauer daran, auf lokaler oder überregionaler Ebene und über Jahrhunderte hinweg. Als erster wagte einst Themistokles seinen Mitbürgern zu sagen, man müsse «das Meer für sich gewinnen» (Thukydides I, 93–94), und das Meer schuf die athenische Seeherrschaft. Dann bot das Meer Rom ein Imperium an, nachdem Pompeius es von Piraten befreit hatte. Später hielt es die «barbarischen» Invasionen im Zaum. Aus dem Orient trugen die Wellen des Mittelmeers den christlichen Glauben nach Europa, der den Kontinent erstmals in der *Christianitas* einte, dasselbe Meer, dessen Stürmen der Apostel Paulus trotzen mußte, um seine Botschaft zu überbringen. Und wiederum war es das Meer, das den Einfluß orientalischer Wüstenmönche bis nach Island trug. Das Meer war die Grundlage der Königreiche Dänemark und Norwegen, auf dem Atlantik umfuhren die Normannen Europa, wo sie den Staat Sizilien gründeten und die Vorhut der Kreuzzüge bildeten. Ihren zu Hause verbliebenen Brüdern diente das Meer als Verbindung zwischen der Normandie und England, dann als Gravitationszentrum des Plantagenet-Reiches zwischen den Britischen Inseln und Aquitanien. Schließlich prägte das Meer das Schicksal Englands, das in seiner Insellage die Basis einer in der Neuzeit einzigartigen Seemacht fand, nachdem es am Ende des Hundertjährigen Krieges vom Kontinent verdrängt worden war.

Europa verdankt seine politische Gestalt zum großen Teil der prägenden Kraft des Mittelmeers. Ohne das Meer wären Venedig und Genua ebenso unvorstellbar wie das Königreich Aragon, das im 14. und 15. Jahrhundert das westliche Mittelmeer zu einem katalanischen Binnensee machte. Ohne das Meer wäre Portugal im 15. und 16. Jahrhundert nicht zur europäischen Galionsfigur bei der Entdeckung der atlantischen und indischen Welten geworden.

Europäische Politik war nur möglich, wenn beide Meereszonen miteinander verbunden wurden. Karl V. gelang es, gleichzeitig den Hansebereich, Flandern und die spanischen und italienischen Küsten zu beherrschen. Nach zögerlichen Anfängen im 13. Jahrhundert weitete auch Frankreich unter Ludwig XIV. seine beiden Küstenbereiche im Westen und im Osten aus, von Dünkirchen bis Bayonne und von Port-Vendres bis Toulon. Neben den Streitigkeiten um Territorien war auch das Meer selbst ständig Gegenstand von Rivalitäten. England legte mit der Eroberung Gibraltars die Grundlage seiner Vorherrschaft auf den europäischen Seewegen und festigte sie später in der Schlacht von Trafalgar. Von der Beherrschung der See hängen alle weiteren Möglichkeiten ab. Napoleon gestand dem Geschichtsschreiber Las Cases: «Nach dem Desaster von Trafalgar habe ich die Flinte ins Korn geworfen; schließlich konnte ich nicht überall sein.» Zweifellos machte er dem Geschwaderkommandanten Villeneuve denselben Vorwurf wie in Ägypten den Seeleuten, die seiner Meinung nach «nichts von dem verstehen, was groß ist». Napoleons ungerechtes Urteil über die Seeleute und seine

Mutlosigkeit nach Trafalgar bestätigen aber die Bedeutung des Meeres für das Schicksal der Staaten.

Darauf verweisen auch zwei Hauptergebnisse des vorliegenden Buches. Zunächst kamen wir zu der Erkenntnis, daß es in allen seefahrenden Nationen Europas ähnliche Strukturen gibt. Ferner konnten wir feststellen, daß sich die Europäer trotz aller trennenden Elemente, aller Rivalitäten und Konflikte nach und nach ihrer Gemeinsamkeiten bewußt wurden.

Vergleichbar waren, wie wir sahen, die Bedingungen der Salzgewinnung am Mittelmeer und am Atlantik, obwohl die Geschichte der Salzproduzenten aus beiden Regionen unterschiedlich verlief. Analogien finden sich auch in der Geschichte der Fischerei zwischen den verschiedenen Gruppen, Arten und Zonen der Fischerei und den diesbezüglichen Rechten und Gesetzen der verschiedenen Länder. Viele gemeinsame Elemente finden sich in der großen Hochseefischerei von Norwegen bis Portugal. Dagegen gibt es heute noch wie unter anderen Voraussetzungen im Mittelalter im Golf von Biskaya Konflikte zwischen Franzosen und Spaniern bei der kleinen Hochseefischerei. Ein uraltes Erbe also.

Auf anderen Gebieten kam es dagegen auch zu Kooperation. Die Anwesenheit italienischer und iberischer Kaufleute an den europäischen Handelsplätzen trug seit dem Ende des Mittelalters entscheidend zur Ausformung einer internationalen Kaufmannsschicht bei, in der Franzosen, Holländer, Engländer und Deutsche zusammenarbeiteten. Ansätze zu einem Zusammenwachsen Europas zeigen sich in der Zusammensetzung der Schiffsmannschaften, der Finanzierung, im Bereich der Versicherung und in der Übernahme italienischer Techniken durch die Deutschen. Dies bezeugen die Korrespondenz zwischen den Kaufleuten und die Banküberweisungen von Ort zu Ort, von Hafen zu Hafen. Auch familiäre Verbindungen wurden geknüpft. Man war miteinander verwandt von Sevilla bis Genua, von Lissabon bis Antwerpen, von Bilbao und Burgos bis Nantes und Rouen wie von Florenz, Genua und Livorno bis London und Southampton, von London bis Hamburg, Bremen, Lübeck und Danzig. Ein Europa der Kaufleute zeichnete sich ab, das sich zwar nicht über die politischen Konflikte hinwegsetzen, aber damit zurechtkommen und sie überleben konnte. Internationalität spiegelt sich auch in der Zusammensetzung der Schiffsmannschaften. Seit dem 16. Jahrhundert bildeten diese ein Gemisch von Menschen unterschiedlicher Herkunft und Sprache, die trotz ihrer Vielfalt und manchmal ihrer Spannungen in der Lage waren, ihre gemeinsame Zugehörigkeit zur Welt des Meeres zu empfinden.

Es erstaunt also nicht, daß mit dem Ausbau der europäischen Seeverbindungen Ähnlichkeiten immer besser wahrgenommen und Gegensätze deutlicher empfunden wurden. Gegebenenfalls verloren die Gegensätze aber an Bedeutung, sobald nämlich das Kontinentale, dem Meer Fremde ins Spiel kam. Bei den Engländern ist die enge Verbindung zum Seeleben natürlich, denn niemand wohnt mehr als 150 Kilometer vom Meer entfernt, während es auch heutzutage noch Deutsche und sogar Franzosen gibt, die das Meer nie gesehen haben.

Dagegen regte die Expansion nach Übersee das Erwachen eines europäischen Bewußtseins an. Im 19. wie im 16. und 17. Jahrhundert projizierten die Europäer ein Bild ihrer eigenen Heimat auf die neuen Welten, aber gleichzeitig übertrugen sie auch ihre Rivalitäten nach Übersee. Gewiß, dies war kein Zeugnis von Zusammenhalt und noch weniger von Zusammenarbeit, immerhin aber kann man darin den Beweis für die Zugehörigkeit zu einer gemeinsamen Vorstellungswelt erkennen. Erst als die Europäer in Übersee zu ihren jeweiligen Heimatländern auf Distanz gingen, hatten sie Gelegenheit zu entdecken, was ihnen gemeinsam ist, und zu fühlen, was sie trennt.

Ein umstrittenes und verkanntes Erbe

Das Erbe ist umstritten; denn alle Anspruchsberechtigten, angefangen mit England, das am besten für die Übernahme der Seeherrschaft gerüstet war, erachten es als sehr wertvoll. Von der elisabethanischen Epoche an erregten die englischen Ambitionen den Neid der Rivalen; in seinem Testament riet Philipp II. seinem Nachfolger, «ständig die Augen und Gedanken auf die Britischen Inseln und Gewässer» zu richten. Besonders präzise erfaßte und beschrieb Richelieu das Problem in seinem politischen Testament: «Das Meer ist das Erbteil, an dem alle Souveräne den größten Anteil beanspruchen, und dennoch sind gerade die

Anrechte jedes einzelnen an diesem Erbteil am wenigsten geklärt. Nie war die Beherrschung dieses Elements irgend jemandem sehr gesichert . . . Man muß schon mächtig sein, um Ansprüche auf dieses Erbe zu erheben.»

Folgerichtig erklärte er Ludwig XIII. in einem «Avis au Roi»: «Das wichtigste war, auf dem Meer, das den Zugang zu allen Staaten der Welt gewährt, mächtig zu werden.»

Die Auseinandersetzungen um dieses Erbe müssen hier nicht mehr beschrieben werden. Ihre Wurzeln liegen zweifellos in den gegensätzlichen Interessen, aber sicherlich auch in der unterschiedlichen Bewertung der Seefahrt und in gegensätzlichen politischen Grundpositionen. Dies ist faßbar in den Rivalitäten und Feindseligkeiten der Vergangenheit, aber auch in den verbalen und diplomatischen Auseinandersetzungen der Gegenwart über die Organisation Europas. Jacques Pirenne schreibt, daß sich die seefahrenden Staaten durch die ganze Geschichte hindurch als individualistisch und liberal erwiesen, während die Kontinentalländer den Vorrang der Gemeinschaft betonten, eher autoritär seien und zu hierarchischer Organisation neigten. Die Diskussionen über das Thema Europa offenbarten grundlegende Differenzen, an denen das Meer einen Teil Verantwortung trage. Neu ist dies nicht. In der englischen politischen Literatur am Ende des Mittelalters kommt Europa praktisch nicht vor, und dennoch überquerten Reisende den Ärmelkanal. Später und verstärkt vom 16. Jahrhundert an erschien Europa, das vom englischen Handel abhängig war, den Engländern als eine andere Welt, was sich sehr deutlich vor rund vierzig Jahren bei der Errichtung der Freihandelszone zeigte. Unter der reservierten Haltung Englands gegenüber der Europäischen Gemeinschaft wird ein tief verwurzelter Individualismus sichtbar, aber auch die Bindung an die Länder des Commonwealth, die ihrerseits über die agrarwirtschaftliche Konkurrenz des europäischen Kontinents beunruhigt sind. Jean Monnet berichtet in seinen Memoiren über «sehr gespannte Gespräche» im Zusammenhang mit dem Schumanplan. Vor diesem Hintergrund wird eine Karikatur verständlich, die zwei alte Damen zeigt, die an der Küste des Ärmelkanals den Horizont durch ihre Lorgnetten beobachten. Die eine spricht: «Bei klarem Wetter erkennt man den gemeinsamen Markt.» Andererseits zeigte sich Jean Monnet an-

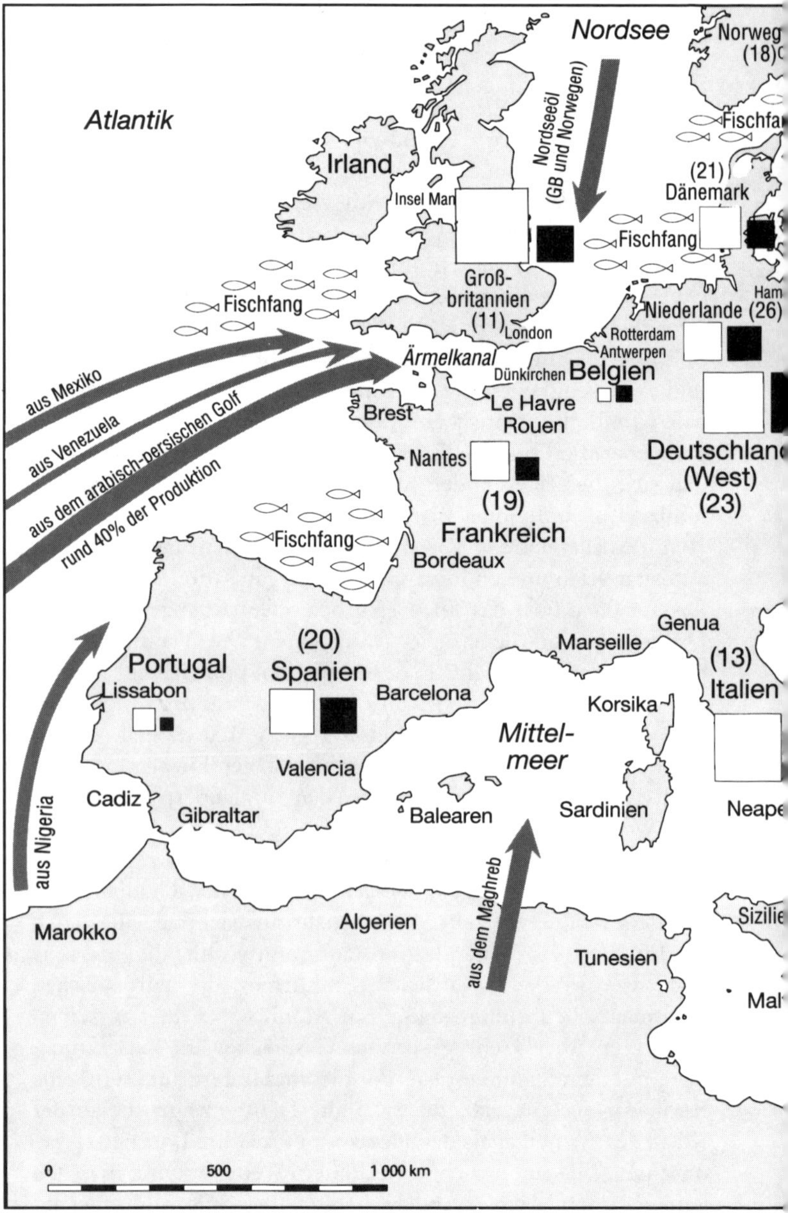
Nordsee
Norweg
(18)
Atlantik
Nordseeöl (GB und Norwegen)
Fischfa
Irland
(21)
Dänemark
Insel Man
Fischfang
Groß-
britannien
(11)
London
Fischfang
Ham
Niederlande (26)
Rotterdam
Antwerpen
Ärmelkanal
Dünkirchen
Belgien
aus Mexiko
aus Venezuela
aus dem arabisch-persischen Golf
rund 40% der Produktion
Brest
Le Havre
Rouen
Nantes
Deutschlan
(West)
(23)
(19)
Frankreich
Fischfang
Bordeaux
Genua
(20)
Marseille
Portugal
Spanien
(13)
Italien
Lissabon
Barcelona
Korsika
Mittel-
meer
Valencia
Cadiz
Gibraltar
Balearen
Sardinien
Neape
aus Nigeria
aus dem Maghreb
Sizilie
Marokko
Algerien
Tunesien
Mal
0
500
1 000 km

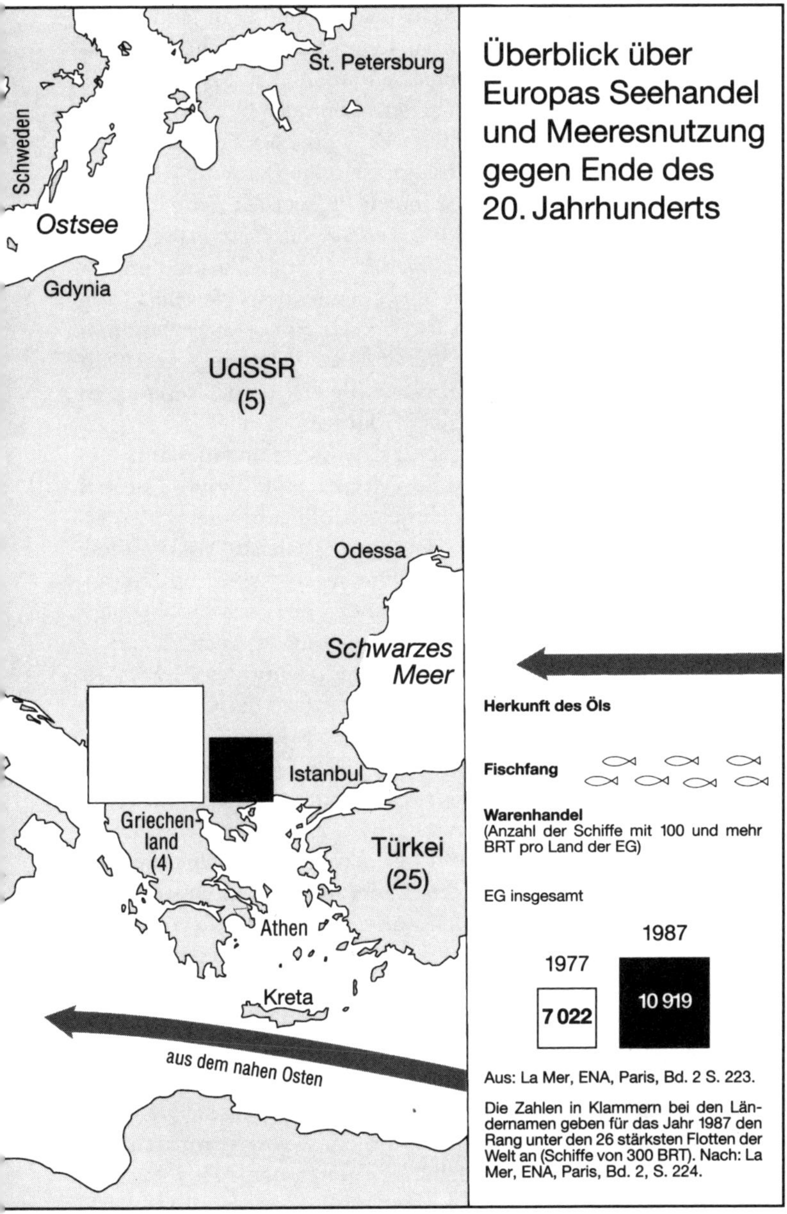

Überblick über Europas Seehandel und Meeresnutzung gegen Ende des 20. Jahrhunderts

Aus: La Mer, ENA, Paris, Bd. 2 S. 223.

Die Zahlen in Klammern bei den Ländernamen geben für das Jahr 1987 den Rang unter den 26 stärksten Flotten der Welt an (Schiffe von 300 BRT). Nach: La Mer, ENA, Paris, Bd. 2, S. 224.

läßlich einer Pressekonferenz General de Gaulles im Januar 1963 schockiert angesichts der Vorstellung, daß schon Verhandlungen über Probleme, «die gemessen am Ziel der europäischen Einheit zweitrangig sind», scheitern könnten. Der Unterschied in der Beurteilung wiegt schwer. Die Frage des Seehandels, die für Kontinentalstaaten zweitrangig sein mag, konnte es für die Engländer nicht sein. Man kann nicht deutlich genug darauf hinweisen, wie schwer das Meer im Erbe der Geschichte wiegt. Ist es Zufall, daß mitten im 20. Jahrhundert die Ausbildung für den Generalstab der Marine die Lektüre des *Peloponnesischen Kriegs* von Thukydides genauso vorschreibt wie das Studium der neuesten Ergebnisse der Wissenschaft? Allerdings geschieht dies jenseits des Atlantiks, im *Naval War College* der Vereinigten Staaten. Und was hält der «alte» Kontinent davon?

Tatsächlich könnten mangelnde Kenntnisse und massives Unverständnis für die Probleme des Meeres die Einigung Europas behindern. Seltsamerweise geht Jean Monnet in seinen Memoiren kaum auf maritime Probleme ein; vielleicht könnte diese Lücke bei einer systematischen Durchsicht seiner umfangreichen Korrespondenz, die in Lausanne in der nach ihm benannten Stiftung aufbewahrt wird, geschlossen werden. Denn es erscheint unvorstellbar, daß er die Bedeutung des Meeres für Europa nicht ermessen hat, er, der 1917–18 an der Organisation der amerikanischen Militärhilfe mitarbeitete und damals schrieb: «Der Nerv des Krieges ist von nun an die Tonnage.» Der Vertrag von Rom organisierte zwar einen gemeinsamen Markt, sah aber keine gemeinsamen Gewässer vor. Zumindest teilweise erklärt sich dieser Mangel wohl mit atavistischen Denkgewohnheiten. In der umfangreichen Literatur der Gegenwart zum Thema Europa verschwenden nur sehr wenige Autoren einen Gedanken oder eine Zeile an das Meer. Auch von den zahlreichen Kolloquien zum Thema Europa räumen nur ganz wenige dem Meer einen bescheidenen Platz ein. Immerhin veröffentlichten 1987 drei Institutionen, die *École nationale d'administration* (ENA), das *Institut français de recherche pour l'exploitation de la mer* (IFREMER) und die *Société navale française de formation et de conseil* (NAVFCO), gemeinsam das Ergebnis von Seminaren und wissenschaftlichen Untersuchungen unter dem Titel *La Mer. Hommes-Richesses-Enjeux*.

Ein bedrohtes Erbe

Das oben erwähnte Buch enthält melancholische Reflexionen: «Erst von 1974 an interessierten sich die europäischen Institutionen für den Transport, obwohl dies in der Logik des Vertrags von Rom lag.» Und weiter liest man: «Das maritime Europa bildet augenblicklich (1987) eher eine Freihandelszone als einen echten gemeinsamen Markt.»

Die Statistiken spiegeln den Niedergang der westeuropäischen Seefahrt. Zwischen 1977 und 1987 sank die Registrierung von Schiffen der EG von 30% auf 17% der Welttonnage. Mit dem Ende der großen Kolonialreiche erschienen auf den Weltmeeren die Flaggen der unabhängig gewordenen Staaten, die den Alleingang der Zusammenarbeit mit anderen Marinen vorzogen. Einst kontrollierte Großbritannien 22% der Welttonnage, heute nur noch 2%; zur gleichen Zeit sanken die Vereinigten Staaten von 33% auf 5%. Diese Zahlen lassen die Art und den Ursprung des Wettbewerbs erahnen. Für die Konkurrenten wiegt es am schwersten, daß der Seehandel eher ein Werkzeug als eine Lebensnotwendigkeit darstellt, was zu einem erheblichen Substanzverlust der Seefahrt führte. Anders als seinen Mitbewerbern gelingt es Europa insgesamt nicht, seine Flotten zu erneuern; die Gründe dafür sind vielfältig, wobei wirtschaftliche Gründe, vor allem der Selbstkostenpreis, nicht die geringste Rolle spielen.

Zwischen 1977 und 1987 sank innerhalb der Europäischen Wirtschaftsgemeinschaft die Zahl der Handelsschiffe um 2%, die Tonnage um 1%; Großbritannien wahrte den ersten Platz vor Frankreich, Portugal, der Bundesrepublik und Griechenland. Noch deutlicher wird der Rückgang in der Plazierung der Handelsflotten nach Nationalitäten im *Lloyd's Register of Shipping*. Griechenland steht an vierter Stelle und damit als einziges EG-Land auf einem der vorderen Plätze, Italien auf Platz 12, Großbritannien auf Platz 14, Norwegen auf Platz 18, Frankreich auf Platz 19, Dänemark auf Rang 20 und die Bundesrepublik auf Platz 22. Die ersten drei Plätze jedoch nehmen Liberia, Panama und Japan ein. Berücksichtigt man allerdings bei der Klassifizierung, daß europäische Reedereien Schiffe besitzen, die nicht unter der nationalen Flagge, sondern einer sogenannten Billigflagge fahren, so erscheint die europäische Position weniger geschwächt, wenn auch nicht frei von Widersprüchen: Griechenland nimmt dann den ersten Rang ein, 50% der Tonnage fahren unter griechischer Flagge; Norwegen folgt an fünfter, Großbritannien an sechster Stelle, kontrolliert aber eine Flotte, die zu 60% die britische Flagge hißt. Die Bundesrepublik steht an neunter Stelle, Frankreich an zehnter, läßt aber getreu seiner Tradition 85% der Schiffe unter nationaler Flagge fahren; die Niederlande stehen an zwölfter Stelle.

Die Zahlen zeigen deutlich, daß die Bedeutung der Billigflaggen zugenommen hat und welchen Einfluß soziale Probleme auf die Schiffahrt besitzen; denn besonders in Frankreich erschweren Sozialabgaben die Einstellung französischer Arbeitskräfte. Mit dem Ausflaggen sinkt die Qualität der europäischen Schiffsausstattung, selbst wenn man sich, ohne auf die Billigflaggen zurückzugreifen, neben nationalen Flaggen formal ein zweites, nicht nationales Register zulegt, was in Norwegen besonders liberal gehandhabt wird; in Frankreich wird die Flagge von Kerguelen benutzt, in England greift man auf die Flaggen von Gibraltar oder der Insel Man zurück.

Die maritimen Interessen Europas sind auch dadurch gefährdet, daß eine Werft nach der anderen ihre Produktion einstellt. Noch um 1960 behauptete England im Schiffbau den fünften Rang in der Welt und in Europa den ersten. Die asiatischen Werften in Südkorea, Taiwan, Hongkong und Singapur verfügen über zahlreiche billige Arbeitskräfte und liefern Europa auf seinem eigenen Markt eine harte Konkurrenz. Dies hängt auch damit zusammen, daß sich der Schwerpunkt des internationalen Handels zum Pazifik und zum Indischen Ozean verlagert und mit den Supertankern neue Schiffstypen zum Einsatz kommen, die nur teilweise unter europäischer Kontrolle stehen.

In noch höherem Maße als der Handel bildet die europäische Fischerei ein verkanntes und lange Zeit mißhandeltes Erbteil. Trotz der Intervention der EG leidet das «blaue Europa» unter einer schwerfälligen Verwaltung und gleichzeitig sowohl unter kurzsichtiger Ausbeutung durch Überfischung als auch unter dem manchmal zügellosen Konkurrenzstreben der Fischer. Die Quotenregelung wird von lokalen Egoismen, von den Hoheitsrechten der Staaten über die Fischereigebiete und dem sakrosankten Prinzip der Freiheit der Meere unterlaufen. An diesem empfindlichen Punkt stockt die Ausarbeitung eines neuen internationalen Fischereirechts.

Schwieriger als anderswo ist in Europa das Problem der Hoheitsgewässer; besonders charakteristisch ist zweifellos der Fall der Ägäis, deren Aufteilung zwischen Griechenland (35 %) und der Türkei (8 %) zu endlosen Auseinandersetzungen führt. Die internationale Konvention von Montego-Bay (1982) unterscheidet zwischen der Territorialzugehörigkeit und der Hoheit über die Gewässer, aber sie konnte nicht in Kraft treten, da nicht alle beteiligten Staaten sie ratifizierten. Manche Juristen vertreten weiterhin die Ansicht, daß die Kompetenz des Staates über ein Territorialgewässer zwar die Jurisdiktion beinhalte, nicht aber die Souveränität.

Auf einer ganz anderen Ebene stellt sich das Problem der europäischen Schiffahrt aus militärischer Sicht. Die politische Zersplitterung Westeuropas und bis in die jüngste Zeit der Ost-West-Gegensatz mit der Integration eines Teils der westlichen Seestreitkräfte in die NATO verhinderten die Planung einer europäischen Flotte. Ernsthafte Bemühungen um Zusammenarbeit wurden durch historische Reminiszenzen, unterschiedliche Auffassungen der Generalstäbe über den Einsatz bestimmter Einheiten wie etwa der Flugzeugträger, vor allem aber durch gegensätzliche nationale Interessen erschwert. In jüngster Zeit bemühte man sich in mehreren Verhandlungsrunden um die Definition eines europäischen Sicherheitskonzepts. Dabei wurde auch die Schaffung einer europäischen Marine vorgeschlagen, die im Prinzip zwar überzeugend begründet wurde, aber noch weit von einer Realisierung entfernt ist, die enorme Probleme aufwerfen dürfte. Immerhin weist die Zusammenarbeit zwischen den europäischen Staaten in diese Richtung, da ganz offensichtlich die Freiheit der Seefahrt fast ununterbrochene Konsultationen erfordert. Dazu zwingen allein schon die Dichte des Schiffsverkehrs und die Vielzahl der Meerengen, aber auch die entfernteren maritimen Interessen, und man darf wohl mit Recht annehmen, daß die Probleme des Nahen und Mittleren Orients den europäischen Staaten zumindest ein verschärftes Bewußtsein ihrer gemeinsamen Seeinteressen vermitteln werden.

Ausblick

Die Architekten der europäischen Einigung scheinen deren maritime Implikationen nicht weiter durchdacht zu haben. Dabei beweisen Geschichte und Gegenwart, daß das Meer ein Teil der europäischen Identität ist. Letztere muß sich nun an maritime Aktivitäten anpassen können, die den gewohnten geographischen Rahmen sprengen, den Europa zum großen Teil selbst geschaffen hat.

Unter den gegenwärtigen, historisch gewachsenen Bedingungen scheinen zwei Zielsetzungen zukunftsträchtige Perspektiven zu eröffnen, und zwar als erstes die strukturelle Veränderung des Seeverkehrs, eine Maßnahme von allgemeiner Tragweite. Die zweite ist spezifischer europäisch und erfordert eine neue geographische Gewichtung des Verkehrs an den Küsten des Kontinents. Ohne die Antwort vorwegzunehmen, kann man sich in diesem Zusammenhang fragen, welche Auswirkungen der Tunnel unter dem Ärmelkanal langfristig für die Zukunft der westeuropäischen Seefahrt haben wird, wenn England fest mit dem Kontinent verbunden ist.

Zunächst ist festzustellen, daß die individualistische Ära der isolierten Häfen zugunsten von Transportketten beendet ist, die nach den Kriterien der Rentabilität und des Wettbewerbs funktionieren. Dies impliziert auf europäischer Ebene die Freiheit des Transports und verändert die Gewohnheiten nationalen Konkurrenzverhaltens grundlegend. So behaupten etwa die Antwerpener gerne, ihr Hafen sei der wichtigste französische Hafen, weil er einen beachtlichen Teil des Verkehrs aus Nord- und Ostfrankreich anzieht. Aber Antwerpen steht nicht alleine und teilt mit Rotterdam die Tendenz zur Konzentration des Verkehrs in den nordeuropäischen Häfen.

Dem Ausgleich dieses Standortvorteils dienen jedoch die von der EG ergriffenen Maßnahmen zugunsten der südeuropäischen Schiffahrt, welche die maritime Landschaft wieder ins Gleichgewicht bringen sollen. Die südeuropäischen Länder verfügen über eine lange Seefahrertradition, über erfahrene Seeleute und dem Wettbewerb gewachsene Schiffahrtsgesellschaften. Dies gilt für Griechenland, das wohl auf den dritten Rang der Weltliste vordringen dürfte, für Italien, Portugal und Spanien, von dem behauptet wurde, es sei, gemessen an der Zahl seiner Schiffe und der Erfahrung seiner Mannschaften, ein Gigant der Fischerei. Die Mittelmeerländer haben nicht vergessen, daß sie jahrhundertelang den europäischen Seehandel prägten; heute noch verlaufen 12–13 % des Welthandels über das Mittelmeer, das nach wie vor eine Mittlerfunktion einnimmt, und zwar sowohl durch die Seeverbindungen als auch durch seine kontinentale Umgebung.

Um seine Chancen zu wahren und zu nutzen, muß Europa jedoch die Handelsbedingungen harmonisieren, die sozialen Bedingungen der Mannschaften und die technische Ausbildung seiner Führungskräfte vereinheitlichen und deren Fremdsprachenkenntnisse erweitern. In diesem Punkt bietet die internationale Verbreitung der englischen Sprache schon eine erhebliche Erleichterung. Unter diesen und manch anderen Bedingungen erscheint die Entstehung eines Europa des Seetransports unausweichlich; aber sie wird sich langsam vollziehen.

Um sie zu beschleunigen, plante man die Einführung einer europäischen Seeflagge, die aber sicher noch nicht so bald gehißt werden wird; denn eine Flagge ist Ausdruck staatlicher Souveränität und Macht, das Schiff ein Symbol des nationalen Territoriums. Kaum vorstellbar, daß Frankreich, Großbritannien, Italien und Spanien bereit sein könnten, darauf zu verzichten. Ein realistischer Vorschlag zielt darauf ab, daß die Schiffe zusätzlich zur nationalen Flagge einen Wimpel als Symbol ihrer Zugehörigkeit zu Europa hissen.

Und dennoch eröffnen sich der europäischen Schiffahrt Zukunftsperspektiven. Die englische und norwegische Erdölförderung in der Nordsee sichert Europa zwar nicht die Autonomie in der Energieversorgung, aber doch einen Platz unter den wichtigeren Produzenten. Mit dem Ärmelkanal verfügt es über eine der Hauptarterien des internationalen Ölhandels und mit Rotterdam in den Niederlanden über einen der weltweit wichtigsten Verteilungshäfen. Auch in der Erforschung des Meeresgrundes haben die Europäer ihre Chancen, sei es in der Verwertung des Planktons oder bei der Suche nach Manganknollen. Vergessen wir nicht, daß schon 1948 die Erfindung und Erprobung des Tiefseetauchgeräts durch Piccard Frucht einer europäischen Zusammenarbeit zwischen Frankreich, Belgien und Italien war. Seit dieser Zeit beteiligen sich Europa und besonders die Seestreitkräfte an der Erforschung der Tiefsee, auch wenn die wichtigsten technischen Neuerungen jenseits des Atlantiks entwickelt wurden, weil nur dort die benötigten umfangreichen Finanzmittel zur Verfügung stehen. Vor allem die von der internationalen Seerechtskonferenz vorgesehene Einteilung der Weltmeere in Nutzungsgebiete reserviert Frankreich und England und damit Europa weltweit beträchtliche Möglichkeiten. Zweifellos hat Europa seine Vorherrschaft auf den Weltmeeren verloren, aber man darf wünschen, daß die Behörden, die seine Einigung vorbereiten, sich seiner historischen Wurzeln erinnern, die auf dem Meer wie auf dem Kontinent das Unterpfand seiner Zukunft sind.

Kommen wir zum Schluß. Die Entschuldigung – wenn nicht gar Rechtfertigung – dafür, daß ein Historiker sich über die ihm vertrauten Gewässer des Mittelalters hinauswagt, liegt darin, daß die Geschichte keine Brüche kennt. Zumindest in seinen Augen ist die lange Geschichte des Meeres Chance und Garant für die Festigung einer europäischen Identität. Denn diese beruht auf einer gemeinsamen Kultur, an der das Meer einen wesentlichen Anteil hat.

Anhang

Literaturhinweise

Allgemeine Literatur

Braudel, Fernand (Hrsg.): Europa: Bausteine seiner Geschichte, Frankfurt a. M. 1989

Bywater, M.: La mer européenne: patrimoine communautaire ou ressources côtières, in: Revue du Marché commun, 1976

Chaunu, Pierre: L'expansion européene du XIIIe au XVe siècle, Paris 1969

Concina, Ennio (Hrsg.): Arsenali e città nell' Occidente europeo, Rom 1987

Conrad, Joseph: Der Spiegel der See. Erinnerungen und Eindrücke, Frankfurt a. M., 1983

Conrad, Joseph: Taifun, Frankfurt a. M. 1978

Duroselle, Jean-Baptiste: L'idée d'Europe dans l'histoire, Paris 1965

Duroselle, Jean-Baptiste: Europa. Eine Geschichte seiner Völker, München 1990

Gast, René u. a.: Des phares et des hommes, Paris 1985

Godino, V. Magalhães: Mito e mercadoria utopia e pratica de navegar seculos XIII–XVIII, Lissabon 1990

Grotius, Hugo: Von der Freiheit des Meeres (Mare liberum 1609), Leipzig 1919

Hague, D. B./Christia, R.: Lighthouses: their architecture, history and archeology, Landysul 1977

Hocquet, Jean-Claude: Le sel de la terre, Paris 1989

Lecerf, Jean: Histoire de l'unité européenne, Paris 1965

Le Pichon, Y.: La mer sous le regard des peintres de la marine, Paris 1989

Lewis, Archibald R./Runyan, Timothy J.: European Naval and Maritime History, Bloomington 1985

Lucchini, Laurent/A. Voelckel, Michel: Les Etats et la mer, Paris 1978

MacKay, Derek: The rise of the great powers 1648–1815, London–New York 1983

Mahan, Alfred T.: Der Einfluß der Seemacht auf die Geschichte, Berlin 1898f. (Repr. Kassel 1974)

Mahan, Alfred T.: Naval Strategy, London 1911

Masson, Philippe: Marines et Océans: ressources, échanges, stratégie, Paris 1982

Mitchell, Simpson (Hrsg.): War, Strategy and Maritime Power, New Brunswick 1977
Mollat du Jourdin, Michel/La Roncière, Monique de: Les Portulans. Cartes marines du XIIIe au XVIIe siècles, Fribourg 1984
Morghen, R.: L'Idea da Europa, Rom o. J.
Monnet, Jean: Erinnerungen eines Europäers, Baden-Baden 1988
Morin, Edgar: Europa denken, Frankfurt a. M. 1988
Roskill, Stephen W.: The Strategy of Sea Power, London 1961
Rougemont, Denis de: Vingt-huit siècles d'Europe, Paris 1961
Rougemont, Denis de: Vingt-huit siècles d'Europe. La conscience européenne à travers les textes, Paris 1990
Villain-Gandossi, Christiane u. a. (Hrsg.): The concept of Europe in the Process of the CSCE, Tübingen 1990
Vogel, Walter: Zur Größe der europäischen Handelsflotten im 15. und 17. Jahrhundert. Ein historisch-statistischer Versuch, in: Forschungen und Versuche zur Geschichte der Neuzeit (= Festschrift Dietrich Schäfer zum 70. Geburtstag), Jena 1919
Weiss, Louise: Un combat pour l'Europe, Lausanne 1984
Wilson, D. M.: (Hrsg.): The Northern World, London 1980

Zeitschriften

The American Neptune, Salem/Mass.
Hansische Geschichtsblätter, Leipzig 1871 ff.
International Fishing News, London 1960 ff.
The Mariner's Mirror. International Journal of the Society for Nautical Research, London 1911 ff.
Marins et Océans. Etudes d'histoire maritime, Paris 1960 ff.
Neptunia, hrsg. v. Société des amis du musée de la Marine, Paris
Relations internationales, Paris (Sondernummern zu Problemen der Seefahrt und -politik 1988, 1989, 1990)
Revista de Historia Naval, Madrid
Rivista Marittima, Rom 1868 ff.
Tijdschrift voor Geschiedenis, Amersfoort 1886 ff.

Kolloquien, Sammelbände

Acerra, Martine/Merino, José/Meyer, Jean (Hrsg.): Les Marines de guerres européennes XVIIe–XVIIIe s. (Kolloquium 1984), Paris 1985
Les aspects internationaux de la découverte océanique aux XVe–XVIe siècles (= 5^e Coll. Int. Hist. Mar. Lissabon 1960) Paris 1966

Balard, Michel (Hrsg.): Etat et colonisation au Moyen âge et à la Renaissance (Kolloquium Reims 1987), Lyon 1989

Balcou, Jean (Hrsg.): La mer au siècle des Encyclopédies (= Actes Colloque Brest 1984), Paris–Genf 1987

Cabantous, Alain/Hildesheimer, Françoise (Hrsg.): Foi chrétienne et milieux maritimes XVe–XXe siècles (= Actes Colloque Collège de France 1987), Paris 1989

Céard, Jean/Margolin, Jean Claude: Voyager à la Renaissance (= Actes Colloque Tours 1983) Paris 1987

Course et piraterie (156e Coll. Int. Hist. Mar. San Francisco 1975), Paris 1975 (Mschr.)

El Estrecho de Gibraltar-Ceuta (= Actas del congresso internacional 1987) Bd. 1–3, Madrid 1988

L'Europa. Fondamenti, formazione e realta (= Kolloquium Rom 1983)

L'Europe et l'Océan au Moyen Age. Contribution à l'histoire de la navigation (= Kolloquium Nantes 1987), Nantes 1988

Les Gens de la mer en société (= 18^e^ Coll. Int. Hist. Mar. Bukarest 1980), Paris 1980

Les Grandes Escales (= 10^e^ Coll. Int. Hist. Mar.), 3 Bde., Brüssel 1968

Groshens, J.-C. (Hrsg.): Cartes et figures de la Terre, Paris 1980

Guerre et commerce en Méditerranée IXe–XXe siècles, Hrsg. v. M. Vergé-Franceschi, Paris 1991

Guerres et Paix 1660–1815 (Journées franco-anglaises d'histoire de la marine, Rochefort 1986), Vincennes 1987

Les Hommes et la mer dans l'Europe du Nord-Ouest de l'Antiquité à nos jours (= Kolloquium Boulogne sur Mer 1984), Sondernummer der Revue du Nord 1986

Il Porti come impresa economica (= Atti della 19e settimana . . . di Storia economica F. Datini, Prato 1987), Florenz 1988

Istanbul à la jonction des cultures balkaniques, méditerranéennes, slaves et orientales aux XVIe–XIXe siècles (= Actes du Colloque de l'AISEE Istanbul 1973), Bukarest 1977

Le genti del Mare Mediterraneo (17e Coll. Int. Hist. Mar. Neapel 1980), 2 Bde., Neapel 1981

Méditerranée et Océan Indien (6e bis Coll. Int. Hist. Mar. Venedig 1963), Paris 1970

La Mer. Hommes. Richesses. Enjeux. 2 Bde. Paris 1989

Mollat, Michel (Hrsg.): Les origines de la navigation à vapeur (= Actes colloque 1960), Paris 1970

Les navigations méditerranéennes et leurs liaisons continentales (11e Coll. Int. Hist. Mar. an Bord der Ausonia 1979), Neapel 1981

Le Navire et l'économie maritime du XVe au XVIIIe siècle (1er Coll. Int. Hist. Mar.), Paris 1956

Le Navire et l'Economie maritime du Moyen Age au XVIIIe siècle principalement en Méditerranée (2e Coll. Int. Hist. Mar.), Paris 1958

Le Navire et l'Economie maritime du Nord de l'Europe du Moyen Age au XVIIIe siècle (3e Coll. Int. Hist. Mar.), Paris 1960

Palacio, Atard Vicente (Hrsg.): España y el Mar en el siglo Carlos III, Madrid 1989

Poleggi, Ennio (Hrsg.): Citta portuali del Mediterraneo (= Atti del Convegno Internazionale, Genua 1985) Genua 1989

Quand voguaient les galères (Sammelband zur Ausstellung im Marinemuseum Paris 1990), Rennes 1990

Renouard, Yves: Etudes d'histoire médiévale, 2 Bde., Paris 1968

Les sources de l'histoire maritime en Europe du Moyen Age au XVIIIe siècle (4e Coll. Int. Hist. Mar. 1959), Paris 1962

Les villes portuaires (16e Coll. Int. Hist. Mar. Varna 1978), Sofia 1985

Monographien und Aufsätze

Ahrweiler, Hélène: Byzanze et la mer, Paris 1966

Albion, Robert G.: Forests and Sea Power, Timber Problems of the Royal Navy 1652–1862, Cambridge/Mass. 1926

Balard, Michel: La Romanie génoise XIIe – début XVe siècles, 2 Bde., Rom 1978

Bernard, Jacques: Navires et gens de mer à Bordeaux (vers 1450 – vers 1550), 3 Bde., Paris 1968

Bournaz-Baccar, A.: La mer et l'aventure marine dans les genres narratifs et dramatiques français de 1640 à 1671, Diss. Univ. Paris III 1988 (Mschr.)

Braudel, Fernand: Das Mittelmeer und die mediterrane Welt in der Epoche Philipps II., 3 Bde., Frankfurt a. M. 1990

Braunstein, Philippe/Delort, Robert: Venise, portrait historique d'une cité, Paris 1971

Bresc, Henri: Un monde méditerranéen. Economie et société en Sicile 1300–1450, 2 Bde., Rom 1986

Brezet, Fr. E.: Une flotte contre l'Angleterre. La rivalité navale anglo-allemande 1897–1914, in: Marins et Océans, Paris 1990

Brosse, M.: La littérature de la mer en France, en Grande Bretagne et aux U.S.A., Diss. Paris, 3 Bde., (Mschr.) Lille 1983

Cabantous, Alain: La Mer et les hommes: Pêcheurs et marins dunkerquois de Louis XIV à la Révolution, Dünkirchen 1980

Cabantous, Alain: La Vergue et les Fers. Mutins et déserteurs dans la marine d'Ancien Régime XVIIe–XVIIIe siècles, Paris 1984

Cabantous, Alain: Le ciel dans la mer. Christianisme et civilisation maritime XVe–XIXe siècles, Paris 1990
Cabantous, Alain: Dix mille marins face à l'Océan, Paris 1991
Carus-Wilson, Eleonora: Medieval merchant venturers, London 1954
Coornaert, Emile: Les Français et le commerce international à Anvers. Fin du XVe siècle, 2 Bde., Paris 1961
Corbin, Alain: Meereslust. Das Abendland und die Entdeckung der Küste 1750–1840, Berlin 1990
Coutau-Bégarie, Hervé: La puissance maritime soviétique, Paris 1983
Czaplinski, Wladislaw: Le problème baltique aux XVIe et XVIIe siècles, in: XIe Congrès des sciences historiques, Rapports IV, Histoire moderne, Uppsala 1960
Del Treppo, Mario: Il mercanti catalani e l'espansione della Corona d'Aragona nel secolo XV, Neapel 1968
Delumeau, Jean: L'alun de Rome XVe–XIXe s., Paris 1962
De Roover, Raymond: The Rise and Decline of the Medici Bank 1397–1494, Cambridge/Mass. 1963
Dollinger, Philippe: Die Hanse, Stuttgart 1966
Doria, Giorgio/Pergiovanni, P. M. (Hrsg.): Il sistema portuale della repubblica di Genova, Genua 1988
Dupont, Maurice: L'amiral Decrès et Napoléon, Paris 1991
Ferreira Priegue, Elisa: Galicia en el comercio maritimo medieval, La Coruña 1988
Fleury, Pierre: Les amours du vent et de la mer, Tours 1984
Gravier, Maurice: Les Scandinaves, Paris 1984
Heers, Jacques: Gênes au XVe siècle, Paris 1961
Hildesheimer, Françoise: Richelieu. Une certaine idée de l'Etat, Paris, im Druck
Israel, Jonathan I.: Dutch primacy in world trade 1585–1740, Oxford 1989
Jeannin, Pierre: L'activité du port de Königsberg dans la seconde moitié du XVe siècle, in: Bulletin de la Société d'histoire moderne 56, 1958
Jenkins, Ernest H.: A History of the French Navy: From its beginnings to the present day, London 1973
Kerhervé, Jean: L'Etat breton aux XIVe et XVe siècles: Les ducs, l'argent et les hommes, 2 Bde., Paris 1987
Ladero-Quesada, Miguel Angel: L'Espagne et l'Océan à la fin du Moyen Age, in: L'Europe et l'Océan au Moyen Age (s. oben), S. 115–130
Lane, Frederic C.: Seerepublik Venedig, München 1980
Lebecq, Stephane: Marchands et navigateurs frisons du haut Moyen Age, 2 Bde., Lille 1983
Malowist, Marian: The economic and social development of the Baltic

countries from the XVth to the XVIIth centuries, in: Economic History Review, Serie 2 Bd. 17 Nr. 2, 1959

Melis, Federigo: Aspetti della vita economica medievale (= Studi nell' Archivio Dantini di Prato), Siena 1962

Merino, José: La Armada española en el siglo XVIII, Madrid 1981

Mollat, Michel: La vie quotidienne des gens de mer en Atlantique (Moyen Age – XVe siècle), Paris 1983

Mollat, Michel (Hrsg.): Histoire des pêches maritimes en France, Toulouse 1987

Mollat, Michel: Der königliche Kaufmann Jacques Cœur oder der Geist des Unternehmertums, München 1991

Mülhenraun, R.: Die Reorganisation der spanischen Kriegsmarine im 18. Jahrhundert, Köln–Wien 1975

Musset, Lucien: La Tapisserie de Bayeux, œuvre d'art et document historique, St. Léger-Vauban 1989

Pritchard, James: Louis XV's Navy 1748–1762. A study of organization and administration, Montreal–Kingston 1987

Reddé, Michel: Mare nostrum. Les infrastructures, le dispositif et l'histoire de la marine sous l'Empire romain, Rom 1986

Rougé, Jean: Recherches sur l'organisation du commerce maritime en Méditerranée sous L'Empire romain, Rom 1966

Seyssel, Claude de: La Monarchie de France, Paris 1961

Spratt, Hereward P.: The birth of the steam boat, London 1958

Taillemite, Etienne: L'histoire ignorée de la marine française, Paris 1988

Thrupp, Sylvia L.: The merchant class of medieval London, Univ. Michigan 1962

Van Houtte, Jan A.: Bruges. Essai d'histoire urbaine, Brüssel 1967

Villain-Gandossi, Christiane: Le navire médiéval à travers les miniatures, Paris 1985

Vogel, Walter: Geschichte der deutschen Seeschiffahrt, Bd. 1, Berlin 1915

Personen- und Ortsregister